中国公证发展报告

Report on Development of Notary in China

第 1 辑

主编 廖永安

执行主编 段 明 吴 振

清华大学出版社
北京

本书封面贴有清华大学出版社防伪标签，无标签者不得销售。
版权所有，侵权必究。举报：010-62782989，beiqinquan@tup.tsinghua.edu.cn。

图书在版编目(CIP)数据

中国公证发展报告.第1辑/廖永安主编；段明，吴振执行主编.—北京：清华大学出版社，2022.11
 ISBN 978-7-302-62172-0

Ⅰ.①中… Ⅱ.①廖… ②段… ③吴… Ⅲ.①公证业务－研究报告－中国 Ⅳ.①D926.6

中国版本图书馆CIP数据核字(2022)第214214号

责任编辑：李文彬
封面设计：傅瑞学
责任校对：欧　洋
责任印制：沈　露

出版发行：清华大学出版社
　　网　　址：http://www.tup.com.cn, http://www.wqbook.com
　　地　　址：北京清华大学学研大厦A座　　邮　　编：100084
　　社 总 机：010-83470000　　邮　　购：010-62786544
　　投稿与读者服务：010-62776969, c-service@tup.tsinghua.edu.cn
　　质量反馈：010-62772015, zhiliang@tup.tsinghua.edu.cn
印 装 者：大厂回族自治县彩虹印刷有限公司
经　　销：全国新华书店
开　　本：170mm×240mm　　印　　张：13.25　　字　　数：249千字
版　　次：2022年11月第1版　　印　　次：2022年11月第1次印刷
定　　价：98.00元

产品编号：092295-01

《中国公证发展报告》编委会

主　　编：廖永安

执行主编：段　明　吴　振

委　　员：（按姓氏拼音排序）

蔡　勇　蔡　煜　车承军　陈　婷　段　伟　冯　斌
解庆利　李全一　刘　疆　马登科　齐树洁　苏国强
谭　曼　汤维建　王　京　王明亮　吴　振　肖建国
薛　凡　詹爱萍　张　鸣　张立平　赵晋山　周志扬

学术秘书：张红旺　刘浅哲

序

  法谚云:"多设一家公证处,就可少设一家法院。"作为一项典型的预防性法律制度和非诉讼纠纷解决机制,公证制度凭借其证明效力、执行效力、要件效力在预防纠纷和社会治理中扮演着极为重要的角色。一个人从出生到死亡所发生的很多行为都可以进行公证,婚姻状况、亲属关系、遗嘱继承、经济交往等不一而足。在一定程度上,可以说公证制度担当着规划国民经济社会活动的功能。不仅如此,公证制度的功能还在不断扩充,通过参与送达、取证、保全、调解、执行等方式成为法院之助手,公证与诉讼的对接成为完善多元化纠纷解决机制的重要一环,尤其是在服务知识产权发展、金融风险防控、"一带一路"建设、社会信用体系建设等国家战略中,公证制度的功能优势日益凸显。目前,中国已有3000余家公证机构,每年办理公证量超过1000万件,公证制度的作用正在日益凸显,并逐渐得到社会的广泛知晓、认可和信任。

  湘潭大学法学院长期致力于调解、公证等非诉讼纠纷解决机制的理论研究和人才培养,经过十余年的沉淀和发展,已经成为中国多元化纠纷解决机制教学研究的重镇。为进一步深化公证理论研究,加强公证人才队伍建设,2021年司法部在湘潭大学设立全国首家"司法部公证理论研究与人才培训基地",力图加强高等院校与实务部门的协同攻关,共同推动中国公证事业的有序发展。2022年,湘潭大学依托司法部基地专门成立了"湘潭大学公证研究与培训中心"。为了更好地呈现中国公证发展的实际面貌,为公证领域的深化改革建言献策,中心决定凝聚全国的公证理论与实务专家,共同编写《中国公证发展报告》。《报告》以凸显公证理论研究的前瞻性、实践改革探索的创新性、国外发展动态的前沿性为编写标准,着力呈现当前中国公证发展中面临的现实问题,坚持立足中国、放眼世界,为中国公证发展提供有力的实证素材和理论参考。

  作为公证改革的"牛鼻子",公证体制改革是当前中国公证发展中争议最为激励的问题之一。回顾 40 余年的发展历程，我国公证体制日臻完善，公证制度的活力正在进一步释放。但我们也应当清醒地认识到，当前公证体制改革发展仍面临着体制不畅、活力不足、理论不足、成效不彰等问题。公证法律服务能力与新时代人民日益增长的美好生活需要仍然存在较大差距，公证行业还存在机构和人员弱化、服务供给能力不足、服务质量效率和公信力不高等问题。从国家治理体系和治理能力现代化的顶层设计出发，如何深化公证体制改革，使公证制度为公民权利保护和市场经济发展做出更大贡献，已然成为未来发展所面临的新问题与新挑战。

有鉴于目前我国关于公证体制改革的理论研究较为滞后，国外公证体制改革动态的译介较少，我们将《中国公证发展报告》第 1 辑的主题定为"公证体制改革"，希望汇聚理论界与实务界的智慧，为深化公证体制改革贡献些许力量。《报告》主要分为三个部分，第一部分（上篇）公证体制改革的历史与现实，主要回顾了我国公证体制改革的历史脉络，客观总结评估了改革的成效不足，并对未来的公证体制改革方向进行了展望；第二部分（中篇）中国公证十大案例评析，从案例研究的角度展开，希望通过公证典型案例的评选与评析呈现我国公证体制改革的样貌，展现不同体制公证机构在公证业务中的特色；第三部分（下篇）域外公证改革的比较与启示，从比较研究的视角对法国、意大利、匈牙利、越南、卢旺达等国家公证体制改革的历程与经验进行了介绍，期冀能够为我国公证体制改革提供些许思考。

《报告》的写作过程中得到了诸多公证同仁的鼎力支持，特别是薛凡、刘疆、段伟等公证界的资深专家为本书的写作提供了实质帮助和宝贵建议，使本书增色不少。此外，还要感谢湘潭大学法学院谢蔚副教授、夏先华博士、张红旺博士、刘浅哲博士为本书撰写与编排付出的辛勤劳动。最后，特别感谢珠海市涉外公共法律服务中心对报告出版提供的支持和帮助。我们期望并相信，在中国公证同仁的关心、支持和积极参与下，报告的面世能够为推动中国公证的改革发展提供有益的理论指导和实践参考。

廖永安

2022 年 7 月

目 录

上篇　公证体制改革的历史与现实

历史与未来：公证体制改革视域下的公证组织法律性质——基于公证权的社会化视角 3
  一、引言 3
  二、改革逻辑：公证组织法律性质的社会化探索 6
  三、域外考察：公证主体性质社会化的世界趋势 11
  四、未来走向：中国公证组织法律性质的多元化 17
  五、结语 24

合作制公证机构改革的困惑与抉择 25
  一、公证机构体制改革应遵循的基本原则 26
  二、合作制公证机构改革的成效及其问题 27
  三、合作制公证机构的民事主体性质分析 29
  四、合作制与事业体制、合伙制的区别 31
  五、合作制公证机构不宜定性为捐助法人 34
  六、完善合作制公证机构改革的几点建议 35

从历史中探寻革新智慧——百年中国公证组织形式变迁的思考 38
  一、百年中国公证组织形式的回顾 39
  二、启示 46
  三、结语 47

社会公共权力属性下合作制公证机构的规范发展 49
  一、公证在国家诚信体系建设中的作用 49

二、公证权的性质争论 ………………………………………………… 51
　　三、社会公共权力理论下公证权的行使主体及应有特征 …………… 53
　　四、社会公共权力理论下合作制公证机构的规范运行 ……………… 55

合作制公证处财产之集体所有论 …………………………………………… 58
　　一、问题的缘起 ………………………………………………………… 58
　　二、合作制的所有权维度：保留私人所有权的合作经济形式 ……… 59
　　三、所有制维度上的合作制：化私为公的公有制经济形式 ………… 63
　　四、合作制公证处：公有制经济层面的城市非经典合作社 ………… 66
　　五、结论 ………………………………………………………………… 68

我国公证体制的再检视——以公证产品的公私二重性与国家治理现代化为
　　逻辑 ………………………………………………………………………… 71
　　一、公证体制的检视逻辑起点 ………………………………………… 72
　　二、事业体制下公证行业的步履维艰 ………………………………… 75
　　三、合作制下公证体制的现代化曙光 ………………………………… 80
　　四、结论 ………………………………………………………………… 85

公证改革三人谈：公证体制改革回望与前瞻（在线对话） ……………… 86
　　一、我国公证体制改革的历史回顾 …………………………………… 87
　　二、如何看待当前公证体制改革的几个主要措施 …………………… 96
　　三、公证体制改革的前瞻性问题探讨 ………………………………… 101

中篇　中国公证十大典型案例评析

十大典型案例入选名单 ……………………………………………………… 115

十大典型案例与专家评析 …………………………………………………… 117
　　案例一：破解"执行难"：公证＋法院＝司法拍卖新模式 ………… 117
　　案例二："时光延展师——家庭公证员"项目 ……………………… 122
　　案例三：国际私法领域的国际公证合作典范：法国公民接受不动产赠与
　　　　　　委托公证案例 ……………………………………………… 125
　　案例四：综合性继承公证方案助孤寡老人顺利继承财产 …………… 129
　　案例五：公证机构全面介入的遗嘱信托公证 ………………………… 132

案例六：公证助力化解烂尾楼　业主如愿顺利住新家 …………… 134
案例七：为一件股权变更事项设计系列公证服务方案 …………… 137
案例八：公证参与深圳市罗湖"二线插花地"棚户区改造项目 …… 140
案例九：公证调解＋赋强公证护航劳动者讨薪 …………………… 143
案例十：杭州互联网公证处创新模式介入慈善捐赠 ……………… 146

下篇　域外公证改革的比较与启示

法国公证的历史、现状和未来 ………………………………………… 151
一、法国公证的历史演变 ……………………………………………… 152
二、法国公证的现状 …………………………………………………… 155
三、对法国公证未来的思考 …………………………………………… 163

法国公证制度的最新发展 ……………………………………………… 165
一、作为公共服务提供者的公证人 …………………………………… 165
二、作为预防性司法官的公证人 ……………………………………… 169
三、作为不动产专家的公证人 ………………………………………… 170
四、作为公证制度推广者的公证人 …………………………………… 171

近二十年意大利公证制度的主要改革——简评第166/2006号法令 … 172
一、引言 ………………………………………………………………… 172
二、2006年4月24日第166号立法令 ………………………………… 173
三、第69/2009号法律和后续改革的一些说明 ……………………… 179

匈牙利公证制度概述 …………………………………………………… 181
一、公证人的角色定位 ………………………………………………… 181
二、非讼事件公证程序 ………………………………………………… 182
三、公证人的执业区域与形式 ………………………………………… 183
四、匈牙利公证行业自治组织 ………………………………………… 183
五、公证行业的信息化建设 …………………………………………… 184
六、公证收费 …………………………………………………………… 185
七、公证人的民事责任 ………………………………………………… 185

乌兹别克斯坦公证制度的转型 ·· 187
 一、改革前的乌兹别克斯坦公证 ·· 187
 二、重启公证改革 ·· 188
 三、走向公证人本位的自由职业公证人体制 ··························· 188

越南公证活动的社会化进程 ·· 191
 一、越南公证活动社会化的基本情况 ····································· 191
 二、越南公证组织的法律性质及其改革历程 ··························· 192
 三、关于公证机构执业目的之争论 ······································· 194
 四、关于公证机构的规划和设置问题 ····································· 195

卢旺达公证服务的民营化改革 ··· 196
 一、卢旺达公证服务民营化基本情况 ····································· 196
 二、卢旺达公证组织的行政层级分布及其改革历程 ·················· 197
 三、民营公证员办理土地交易公证情况 ································· 198

上篇　公证体制改革的历史与现实

历史与未来：公证体制改革视域下的公证组织法律性质
——基于公证权的社会化视角

廖永安　张红旺[*]

摘要：20多年来,公证体制改革由于始终未能有效解决三大问题,即公证服务因国家单方供给而造成的垄断困境,公证组织难以真正获得自主管理权,公证员的工资待遇与其劳动、责任风险不相匹配,致使公证事业发展缓慢。唯有继续沿着公证权社会化的方向前进才能从根源上解决这些问题。但长期以来,因各界对公证权究竟适宜交由何种法律性质的公证组织行使难以达成共识,导致公证权社会化改革进展较缓。结合比较法考察和中国探索经验,未来公证体制改革应通过依据公证服务特性来明确影响公证组织法律性质的相关因素,如公证组织可否为营利组织及其与设立者之间的财产关系和责任关系等,进而为实践划定合理边界的方式来推动公证权的社会化。在坚持党的领导下的公证机构本位和设立资金只出自于公证员的原则下,可参照社会企业允许公证组织适度营利以吸引高素质法律人才加入公证行业。

关键词：公证体制改革；公证权；社会化；合作制；社会企业

一、引言

20世纪末至21世纪初,随着公证体制改革的全面启动,各界对公证权的性质进行了广泛讨论。在争论中,虽有关公证权性质的学说众多,但各学说之间也存在

---

[*] 本文作者：廖永安,湘潭大学法学院教授；张红旺,湘潭大学法学院博士生。

着较大共性,即普遍认为公证权是一种国家权力。① 近年来,尽管有学者提出公证权是一种社会公共权力,②但我们不能脱离公证权的孕育社会环境,而超越时空地谈论其应然性质,无论从中国公证制度的发展历史来看,还是从当前国家与社会之间的关系来看,公证权的实然性质尚不具备社会公共权力的所有特征,因此其国家权力性质无疑。

自改革开放以来,随着市场经济的发展,原先在计划经济体制下形成的国家与社会高度同构的状态逐渐被打破,③政府已难以及时地、全面地满足人民群众日益增长的物质文化需要,"政府负担过重,迫使它不得不通过委托或授权将一部分国家权力'下放'给相关的民间社会组织行使",有学者将此过程称之为权力的社会化。④ 具体在公证领域的表现就是国家将原先只能由国家公证机关行使的公证权委托或授予给社会组织来行使,以实现公证权的社会化。

肇始于20世纪末的中国公证体制体改革也是沿着这一思路展开的。早在2000年司法部就通过启动"合作制"和"合伙制"公证机构的试点工作着手探索适宜承接公证权社会化的公证组织形式。⑤ 但20余年来,各界因对有关公证组织法律性质的一些基本问题争论不休,如公证组织可否为营利组织及其与设立公证人之间的财产关系和责任关系等,而难以就公证权究竟适宜委托或授予给何种公证组织行使这一关键问题达成共识。这也使得有关公证体制改革的政策不断反复,不少试点公证机构因此被迫终止运行。⑥ 加之,由于个别公证机构的不当行为,引起社会舆论广泛关注,形成了恶劣的改革环境。⑦ 在此情形下,公证权社会化的步伐顿足不前。

在公证权社会化未取得有效进展的情况下,中国的公证体制改革朝着另一个方向——"行政转事业"大步迈进。自2000年全面推进该工作以来,司法部历时18年终于完成了将行政体制公证机构全部转为事业体制的历史任务。有目共睹的

---

① 有学者对公证权性质的主要学说进行了梳理,参见段明:《公证债权文书执行研究——基于公证权与司法权的关系视角》,清华大学出版社2021年版,第48-51页。

② 参见《公证权的社会公共属性——中国法理学研究会副会长孙笑侠教授访谈实录》,载上海市东方公证处编:《东方公证法学》第2卷,上海人民出版社2017年版,第33页。

③ 周安平:《社会自治与国家公权》,载《法学》2002年第10期,第19页。

④ 郭道晖:《权力的多元化与社会化》,载《法学研究》2001年第1期,第3-4页。

⑤ 参见《关于开展合作制公证处试点工作的通知》〔2000〕司律公字第001号。

⑥ 参见《"下海"十年突被叫停 南京第三公证处状告司法局》,载中国新闻网,https://www.chinanews.com.cn/gn/news/2008/04-17/1223997.shtml。

⑦ 如2001年全国首家合伙制公证机构因主任受贿而被停止运营和2004年西安市新城区公证处参与的"西安宝马彩票案",都给公证体制改革带来了极大的负面舆论。参见《全国首家试点公证处卷入腐败案 公证处主任受贿61万》,载搜狐网,http://news.sohu.com/25/06/news203070625.shtml;文晔:《公证业之惑》,载《新闻周刊》2004年第23期。

是,"行政转事业"改革在弱化公证的"行政行为"色彩,突出公证的公共服务特性,减少公证机构对国家财政的依赖以及激发公证人员的积极性等方面发挥了重要作用,进一步促进了公证事业的发展。但回顾过往,近20年来的公证事业发展与改革预期仍有较大差距。20年来,我国公证员和公证处的总数变化不大,非常稳定。公证机构数量始终徘徊在3000家上下,公证员人数基本维持在1.3万人左右。(见图1)[①]上述现象如果发生在一个经济社会高度成熟稳定的国度也无可厚非。但事实上,20年间中国的国内生产总值已从2000年的10万亿元增长至2020年的101万亿元,人口也增长了近1.5亿。[②](见图2)总之,本因适应商品经济发展需要而逐渐被各国采用的公证制度,[③]却未能及时跟上中国经济社会高速发展的脚步。

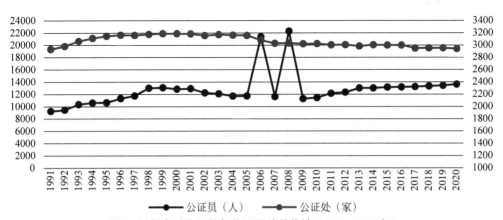

图1:历年全国公证员与公证处总量统计(1991—2020年)

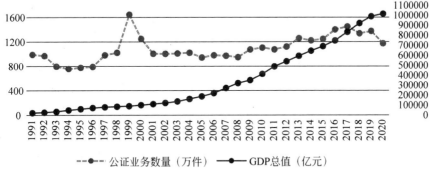

图2:全国公证业务总量与GDP增长趋势对比图(1991—2020年)

---

① 相关统计数据参见《中国统计年鉴》(2000—2021),载国家统计局网,http://www.stats.gov.cn/tjsj/ndsj/,访问时间2022年3月20日。据了解,2006年和2008年的公证员数据统计有误。

② 相关数据参见国家统计局网站,https://data.stats.gov.cn/easyquery.htm?cn=C01,访问时间2022年3月20日。

③ 罗厚如主编:《中国公证制度完善研究》,法律出版社2017年版,第40页。

实践已证明"行政转事业"的公证体制改革方向并不能完全解决我国公证事业面临的困境。事实上,改革者也意识到该问题,并再次启动了合作制公证机构的试点工作,还提出了"推进公证机构分类改革"的目标。① 但正如上文所述,若各界对有关公证组织法律性质的基本问题仍无法形成共识,譬如公证机构可否为营利组织以及其与设立者之间的财产关系和责任关系等,而任由实践盲目探索,恐将重蹈20年前的覆辙。为此,本文将结合多年的改革实践与公证制度发达国家和地区的经验就上述问题进行探讨,希冀就争议问题的分析有助于形成改革共识,从而为我国公证体制改革提供些许参考。

二、改革逻辑:公证组织法律性质的社会化探索

回顾历史,中国的公证体制改革进程和国家与社会关系的发展变化密切相关。改革开放初期,国家为改变高度集中的计划经济体制主动向社会下放部分权力。随着市场经济的发展,市民社会的快速成长,民众对公共服务的需求也日益高涨和多样化,单纯依靠政府的一元化供给已难以满足。② 在此情形下,国家积极号召和支持社会力量参与到公共服务供给之中。国家权力社会化的方式逐渐从"主客体间的放权关系"向"主体间的分权关系"转变。③ 国家与社会关系的发展变化映射在公证体制改革领域的集中表现就是政府对适宜承接公证权社会化的公证组织形式的实践探索。

(一)公证组织性质社会化的政策导向

1979年恢复公证制度时,公证组织延续了之前的行政机构身份。这一身份与新中国成立后国家欲通过借助"党组织和行政组织同构中国社会"的方式集中全部资源和力量为社会主义建设中心任务服务的目标高度契合。④ 但随着市场经济的快速发展,行政机构的性质已难以承载民众对公证服务的多元化需求,因此中央在政策层面对公证组织性质定位产生了变化。整体观之,该变化大致可分为两个阶段。

第一阶段的性质定位为促进经济发展的市场中介组织。改革开放后,随着"以经济建设为中心"的基本路线和社会主义市场经济体制的提出,国家各项工作都紧紧围绕此开展,公证事业自不例外。1993年11月,党的十四届三中全会通过的《中共中央关于建立社会主义市场经济体制若干问题的决定》指出要"发展市场中

---

① 参见《关于深化公证体制机制改革 促进公证事业健康发展的意见》,司发〔2021〕3号。
② 参见王浦劬:《政府向社会力量购买公共服务的改革意蕴论析》,载《吉林大学社会科学学报》2015年第4期,第80页。
③ 严info昱:《从社会管理到社会治理:政府与社会关系变革的历史与逻辑》,载《当代世界与社会主义》2015年第1期,第165页。
④ 参见曹鹏飞:《我国政府与社会关系转型及其趋势》,载《天津社会科学》2010年第5期,第18页。

介组织,发挥其服务、沟通、公证、监督作用。当前要着重发展会计师、审计师和律师事务所,公证和仲裁机构,计量和质量检验认证机构,信息咨询机构,资产和资信评估机构等。"1999年9月,党的十五届四中全会通过的《中共中央关于国有企业改革和发展若干重大问题的决定》进一步提出要"健全中介服务体系。社会中介服务机构要与政府部门彻底脱钩。规范会计、律师、公证、资产评估、咨询等社会中介机构的行为,真正做到客观、真实、公正"。

第二阶段的性质定位为服务于社会全面发展的社会组织。十余年的市场经济发展引发了"社会结构深刻变动,利益格局深刻调整",随之也带来了各样的社会矛盾和问题。"国家意识到经济社会协调发展的现实迫切性,需要借助社会组织的力量协助国家解决社会问题。"[①]2006年10月,党的十六届六中全会通过的《中共中央关于构建社会主义和谐社会若干重大问题的决定》提出要"推进政事分开,支持社会组织参与社会管理和公共服务",强调要"健全社会组织,增强服务社会功能。……发展和规范律师、公证、会计、资产评估等机构,鼓励社会力量在教育、科技、文化、卫生、体育、社会福利等领域兴办民办非企业单位。"2013年11月,党的十八届三中全会通过的《中共中央关于全面深化改革若干重大问题的决定》指出要"正确处理政府和社会关系,加快实施政社分开,推进社会组织明确权责、依法自治、发挥作用。适合由社会组织提供的公共服务和解决的事项,交由社会组织承担。"2018年2月,党的十九届三中全会通过的《中共中央关于深化党和国家机构改革的决定》进一步指出,"加快实施政社分开,激发社会组织活力,克服社会组织行政化倾向。"

从上述文件的相关内容可以看出,中央对公证组织的性质定位是以国家(政府)与社会关系为基础而展开的。公证组织性质定位的变化,反映了国家在不同历史时期对社会力量参与公证事业的不同需求。总之,顶层设计对公证组织性质的理想状态为社会组织,并且公证组织应与政府部门彻底脱钩,实施政社分开,但对于公证组织的法律性质并未给予明确,而交由实践加以探索。

(二)公证组织法律性质的实践探索

21世纪初,沿着将公证机构由国家机关向市场中介组织转变的政策导向,司法部在全国提出了合伙制、合作制两种试点公证组织形式。在合伙制的实践探索方面,1999年11月8日至9日,司法部在北京召开合伙制公证处试点工作座谈会,研究贯彻落实《司法部关于在深圳市进行合伙制公证处试点工作的通知》的有关事宜。同年11月16日,司法部向广东省司法厅印发《司法部关于合伙制公证处试点

---

① 陈天祥、郑佳斯、贾晶晶:《形塑社会:改革开放以来国家与社会关系的变迁逻辑——基于广东经验的考察》,载《学术研究》2017年第9期,第70页。

工作座谈会纪要》。① 同年12月，广东省司法厅向深圳市司法局印发《关于同意设立深圳市至信公证处的批复》。2000年1月，全国首家也是唯一的合伙制公证处正式挂牌成立。2001年年底，该合伙制公证机构因主任受贿问题而被撤销。

在合作制的实践探索上，2000年1月，司法部律师公证工作指导司发布了《关于开展合作制公证处试点工作的通知》，要求各省、自治区、直辖市进行1~2家合作制公证处试点。2000年7月，《国务院办公厅关于深化公证工作改革有关问题的复函》批准司法部下发实施《关于深化公证工作改革的方案》（以下简称《方案》）。该方案提出"积极探索公证组织的新形式并做好试点工作"。2001年9月，司法部发布《关于贯彻〈关于深化公证工作改革的方案〉的若干意见》，要求"年底以前，各省（区、市，不含西藏）至少要抓一个合作制公证处，直辖市和经济发达的省可以多搞一些试点。"随着《公证法》起草过程中对公证执业非营利性的强调，2003年7月，司法部部长张福森在全国司法厅（局）长座谈会上谈到，"目前，全国有39家公证处正在进行合作制的体制试点，这些试点可以继续进行，但数量不能再增加。就是这些试点，也只是一种尝试，并不代表将来公证发展就一定是这个方向。"② 加之，少数事业体制公证机构因逐利而发生的违规执业行为造成恶劣社会影响，合作制公证机构试点工作就此处于了停滞状态。截至2016年底，我国仅存20家合作制公证机构，近一半的合作制公证机构由于种种原因而终止运行。

自20世纪末以来，除司法部自上而下推动的"合作制"与"合伙制"之外，各地也自发进行了不少对公证组织形式的实践探索。他们或是为了在事业体制公证机构难以为继而又不符合合作制公证机构设立条件的情况下，尽力满足当地民众的公证服务需求；或是为了给公证机构争取更大的自主管理权。1997年12月，宁夏回族自治区银川市国信公证处登记为全民所有制企业，后于2020年注销；2003年6月，独山县公证处登记为全民所有制分支机构（非法人），后于2021年申请注销；2005年8月，昌吉回族自治州公证处登记为集体所有制企业；2007年5月，肥乡县公证处曾登记为普通合伙企业，后被吊销；2014年1月，宁夏回族自治区银川市国安公证处登记为特殊普通合伙企业；2014年10月，深圳市政府发布《深圳公证处管理暂行办法》，规定深圳公证处采用法定机构模式运行；2020年至2021年，重庆市忠县、丰都县、巫山县三县公证处由事业单位改制为非法人资格的企业化管理社会组织或专业服务机构。

---

① 该纪要载明"合伙制是社会中介组织的重要组织形式，为大多数社会中介组织所采用，进行合伙制公证处的试点，是探索公证体制改革的重要内容之一，与公证机构作为社会中介组织的方向相一致，也与国际上公证的发展潮流相吻合。"

② 《张福森同志在全国司法厅（局）长座谈会上的讲话》，载《中国司法行政年鉴》编辑委员会主编：《中国司法行政年鉴2004》，法律出版社2004年版，第276页。

在公证权社会化探索未取得有效进展的情况下，公证体制改革朝着"行政转事业"的方向大步迈进。其实，司法部早在1994年就开展了"行政转事业"的改革试点工作。① 据统计，1996年全国已改为事业单位的公证机构有365家，正在进行改革试点的有225家。② 由于没有制度保障等原因，改革推进缓慢。③ 为此，2000年司法部提请国务院批准《方案》作为"行政转事业"改革的制度保障。经过不懈努力，截至2005年9月，全国3146家公证处中，转为事业体制的有1555家，行政体制的还有1553家。④ 不过因为部分地方司法行政部门积极性不高等原因，⑤直至2016年年底全国仍有894家行政体制公证处。2017年，司法部联合中央编办、财政部、人社部印发《关于推进公证体制改革机制创新工作的意见》，提出抓紧将行政体制公证机构转为事业体制的改革目标。在司法部的大力推动下，2017年年底全国889家行政体制公证处最终全部转为事业体制。

虽然"行政转事业"已完成，但由于管办不分的问题突出，许多公证机构仍难以完全享有自主管理权。⑥ 此外，尽管司法部联合财政部等多部委结合公证发展需求提出了"企业化财务管理""绩效工资总量核定"等改革措施，但地方相关部门出于对自身利益、地方财政积累和平衡不同事业单位之间发展的考虑，落实相关政策的动力不足。在此环境下，不少公证机构由于工资待遇过低、职业发展空间有限等原因，"招不来，留不住"公证员，以致全国共出现"一人处"59家，"无人处"114家。⑦

（三）对公证组织法律性质实践探索的反思

从中央的政策导向来看，公证机构应该朝着社会组织方向发展，但我国在小范围试点合作制之后便暂缓了对公证权社会化的探索。事实上，仅有的39家合作制机构整体试点效果也不甚理想。关于试点效果不佳的原因，有学者将其归结为"法律依据不够充分、政策环境不够稳定、改革终极目标不够明确、监管与指导措施不

---

① 参见《肖扬同志在第三次全国公证工作会议暨中国公证员协会第二次代表大会上的讲话》，载张秀夫总主编：《中国司法行政年鉴1995》，法律出版社1995年版，第514页。

② 张秀夫总主编：《中国司法行政年鉴1997》，法律出版社1997年版，第21页。

③ 于滨：《司法部副部长段正坤谈当前公证改革难点》，载《瞭望新闻周刊》2000年第47期。

④ 参见《司法部副部长段正坤就〈公证法〉有关问题答记者问》，载中国政府网，http://www.gov.cn/zwhd/2005-09/02/content_29235.htm。

⑤ 参见张军：《深化公证改革创新　服务经济社会发展　服务人民权益保障》，载《法制日报》2017年8月4日，第1版。
《缺少改革动力和压力　公证体制改革"烂尾"17年》，载中国新闻网，https://www.chinanews.com.cn/gn/2017/08-28/8315788.shtml。

⑥ 参见《全国人民代表大会常务委员会执法检查组关于检查〈中华人民共和国公证法〉实施情况的报告》，载中国人大网，http://www.npc.gov.cn/npc/c30834/202112/ce7508b19a8248dfab686ef9c91bf8dc.shtml。

⑦ 目前不少公证处仍处于过渡期内，保有公务员身份的公证员仍在办理公证业务。一旦过渡期结束后，这两组数字可能更大。

够有力,以及部分参与改革的公证人员自身素质不高等"。① 但以上是任何制度试点都可能面临的问题,就合作制试点本身而言,我们认为其还存在一重要问题,即对于合作制这一社会化公证组织形式的法律性质定位模糊。有关合作制试点工作的规范中使用了"其财产由合作人共有,以其全部资产对债务承担有限责任"的表述。② 但该表述不仅于当时的法律体系之内无法找到对应的民事法律主体类型,即便在《民法典》颁布后的今天仍无法找到。这也导致许多与合作制公证机构法律性质相关的基本问题无法得到确切回应。在此情况下,试点效果不佳也在情理之中。

公证体制改革在公证权社会化方向上未能取得实质进展后,将主要精力放在"行政转事业"。正如上文所述,在"行政转事业"全部完成后,我国的公证事业的发展依旧不甚理想。回顾20多年的公证体制改革历程,造成这一结果的主要原因在于其始终未能有效解决三个问题:一是公证组织无论采用行政体制还是事业体制,都是在国家体制内部对公证服务资源的配置,始终没有改变公证服务由国家单方供给的垄断局面。2012年"桐乡事件"和2013年"温岭事件"充分暴露了公证服务垄断将造成的不良后果。③ 在缺乏竞争的情况下,事业体制公证机构倾向于被动满足民众因经济快速增长而增加的刚性服务需求,主动深入社会其他领域服务的动力不足,从而对高素质专业法律人才的需求不大。只有改变公证服务的垄断局面,才能吸引更多高素质法律人才进入公证行业,不断开拓创新公证服务领域,进而从根源上减少不正当竞争和公证服务价格不合理的现象,而限薪等调控措施都只能是扬汤止沸。

二是公证机构难以真正取得自主管理权。自上而下大力推动"行政转事业"改革的初衷本是将公证机构改为"自主开展业务、独立承担责任"的事业法人。但相比于行政体制,事业体制公证机构不仅可能遭受主管司法行政机关的不当干预,还要受到地方财政、人社等部门的较大限制,自主管理权难以保障。在用人方面,部分公证处成为主管机关安排人员岗位的地方,想要的人进不来,不想要的人又挡不住。④ 在财务方面,许多地方财政部门出于地方财政资金积累和统筹安排的考虑,

---

① 刘疆:《机遇和挑战:合作制公证处试点改革若干重大问题》,载《中国公证》2019年第5期,第14页。

② 参见2000年司法部律师公证工作指导司《关于开展合作制公证处试点工作的通知》,〔2000〕司律公字第001号。该表述前半部分明确了合作制公证机构不具有独立财产,因此也就不可能具备法人地位;后半部分却又强调其以全部资产对债务承担有限责任,又似乎意在明确其法人地位,实属自相矛盾。

③ 2012年桐乡市国内生产总值525.58亿元,户籍人口近68万人,在如此大的经济体量和人口数量的情况下,三名工作在桐乡市唯一公证处的公证员,凭借其垄断优势获得了畸高的工资收入,引起舆论的广泛关注。

④ 冯荣、杜云:《对福建公证工作改革与发展的思考(上)》,载《中国司法》2003年第3期,第46页。

对公证处经费实行收支两条线管理。即使一些改为"自收自支"的公证处也要遵守该要求,不少合理经费支出不被批准,公证收入难以全部用于公证事业发展。① 三是公证员的工资待遇与其劳动、责任风险不相匹配。随着2011年国家推行事业单位分类改革,很多公证机构不再被核定绩效工资,有的即使被核定,也与公证员较高的执业准入条件、责任风险以及付出的劳动大不相称。如此不仅难以吸引高素质法律人才进入公证行业,"在干多干少差不多,干得多反而可能错的多"心态影响下,②现有公证人员还将缺少动力主动服务于民众对公证的新需求。

事业体制下的公证服务垄断供给和公证机构自主管理权无法完全保障问题都是源于现行事业单位管理体制而产生的内生性问题,很难凭借司法部推动的纵向改革而彻底解决。尽管国家在2011年提出了"政事分开""管办分离"等加强事业单位法人自主权的改革要求,但十余年来,各地尚未探索出较好的落实举措,公证事业的发展因此也不甚理想。不过,部分改革实践证明了公证权社会化将有助于充分激发公证行业的活力。在此情形下,只有继续按照中央对公证机构社会组织的性质定位,沿着公证权社会化的方向推动公证体制改革,鼓励公证员兴办公证机构,进行多种公证组织形式的实践探索,从而实现公证服务供给主体的多元化,逐步打破公证服务供给的事业体制垄断局面,实现司法行政部门从管理者和监管者的双重身份向监管者的单一身份转变,让公证机构真正获得自主管理权,才能从根本上解决制约我国公证事业发展的三大难题。

为此,我们需继续深入开展公证权社会化的实践探索,但要避免20年前因对有关基本问题界定模糊而导致试点工作收效甚微的问题,应就涉及公证组织法律性质的关键问题,如其可否为营利组织以及其与设立者之间财产关系和责任关系等,给出明确回应,让各地在此边界内进行有针对性的探索,从而筛选出最适宜公证机构发展的法律形式。

三、域外考察:公证主体性质社会化的世界趋势

法国、德国等传统大陆法系国家,普遍认为公证权是一种国家权力,"是国家在对当事人所涉及的法律行为、有法律意义的文书进行证明,以此来证明其真实性、合法性"。③ 不过,这些国家大都在其现代公证制度的形成过程中以法律形式将公证权授予兼具自由职业者身份的公证人行使。受其影响,自20世纪末以来,为满足民众日渐高涨的公证服务需求,俄罗斯、越南以及我国台湾、澳门等亚欧国家和

---

① 山东省司法厅公证管理处课题组:《关于公证机构体制改革的路径思考》,载《中国司法》2014年第6期,第48页。
② 张鸣:《事业体制公证机构存在的突出问题》,载《中国公证》2018年第1期,第22页。
③ 马宏俊:《论公证权的基本属性》,载《中国司法》2004年第6期,第48页。

地区在公证改革中都相继开始了公证权社会化的实践探索。因此,关于这些国家和地区的公证权社会化情况的介绍对于明确影响公证组织法律性质的相关问题具有借鉴意义。

(一)公证主体身份性质的比较法考察

当前,一些传统的大陆法系国家德国、意大利等自其现代公证制度形成以来对公证主体的身份定位始终为国家公职人员。如《意大利公证法》第一条规定公证人是为接受和保管契约、遗嘱等文书,赋予其公信力,以及颁发其副(抄)本而设置的公共事务官员。[①] 不过,作为现代公证制度典范的法国对公证人的身份定位却在立法层面有所变化。1803年法国公证法对公证人的定性为"公务员"(fonctionnaires publics),后1945年颁布的《法国公证事务法律地位之条例》将其改为"公共事务权力持有人"(officiers publics)。[②] "之所以这样定位,是因为公证人的行为不引起国家责任,公证人不拿国家工资,对公证责任自负其责,但他提供的是公共职能服务,他是公共权力的受托人。"[③]因此,法国公证人并非传统意义上的国家公职人员,而兼具自由职业者身份。[④] 事实上,不仅法国公证人具有双重身份,深受其影响的德国、意大利、日本等传统大陆法系国家的公证人亦是如此。

自20世纪末以来相继推行公证权社会化的国家,因采取不同的改革进路,公证人的身份性质也存在不同。在采用双轨制模式逐步推行公证权社会化的国家和地区,仍存在公务员和非公务员两种身份的公证人。例如,俄罗斯公证人分为国家公证办公室公证人和私人执业公证人两种,其中前者为国家公务员。据了解,自1993年以来,由于官僚主义、专业劳动与收益不能有效挂钩等原因,国家公证事务所逐渐走向消亡。2020年,俄罗斯全境仅剩两个国家公证人职位,私人执业公证人成立的公证事务所已近8000个。[⑤] 20世纪90年代,为应对民众与日俱增的公证服务需求,我国台湾设立了民间公证人以缓解法院公证人的压力。[⑥] 民间公证人虽行使公证权力,并且在特定条件下,也负有国家赔偿责任,但其不适用公务人员人事法令,因此亦被称为"准公务员"。[⑦] 截至2018年7月,台湾民间公证人有

[①] 苏国强、汤庆发、刘志云编:《欧洲公证法汇编》,厦门大学出版社2017年版,第515页。
[②] 王公义等著:《中国公证制度改革研究及国际比较》,法律出版社2006年版,第194页。
[③] 林广华:《法国、意大利的公证法律制度与启示》,载《中国发展观察》2010年第6期,第45页。
[④] 赵霄洛:《公证人的双重性初探——兼谈我国公证制度改革》,载《法学研究》1988年第6期,第52页。
[⑤] 参见俄罗斯联邦公证人协会网,https://notariat.ru/ru-ru/news/notariat-rossii-prakticheski-polnostyu-pereshel-na-nebudzhetnuyu-osnovu?msclkid=c6cc4b32ab7311ec919ea07206653efe,访问时间2022年3月20日。
[⑥] 赖来焜:《最新公证法论》,三民书局股份有限公司2004年版,第95-96页。
[⑦] 郑云鹏:《台湾民间公证新制的简介与现况》,载《中国公证》2004年第1期,第29页。

114人,法院公证人有50人。①

然而,波兰、蒙古、匈牙利等国则采用了一步到位的公证权社会化模式,直接将公证权全部赋予了私人公证人行使,之前的国家公证人已不复存在。如《蒙古公证法》第4条规定,公证员是在特许的基础上履行公证员职责,以公证服务的酬劳、收入为经费开展工作的公民。但无论采取何种改革进路,因深受传统大陆法系国家公证制度的影响,上述国家在公证改革中也都继承了公证人的双重身份特征。例如,尽管波兰已将公证权完全赋予私人行使,但《波兰公证法》第2条第1款仍规定"公证人在第一条所规定的职权范围内,作为公信人受到对公职人员提供的相应保护"。② 俄罗斯和蒙古也在立法中强调公证员是以国家的名义履行公证职责。

综上所述,公证人具有双重身份是现今多数大陆法系国家在实现公证权社会化过程中的通行做法。双重身份意味着,一方面,公证人是代表国家行使公证权的公务人员,对法律主体的民事法律行为和有法律意义的事实和文书的真实性、合法性予以证明;另一方面,公证人又是自由从业人员,独立开展公证业务,不拿国家薪金,自负盈亏,自担责任。因此,公证人既要为公民的利益以及自身的利益服务,也要为公共利益而履行公证使命。③

(二)公证主体营利性的比较法考察

在大陆法系国家,关于公证人可否营利问题的讨论不多。公证人因具有自由职业者身份,所以可以按照法定标准向当事人收取公证费用。从各国立法来看,仅有少数国家在法律中明确了公证活动非营业活动。例如,《德国公证人法》第2条规定公证人职业非营业活动(Gewerbe)。④ 但该法第17条规定,"就其职务活动,公证人应当依照法律收取相应费用"。该法第60条规定,"由公证人协会核算的托管的公证人事务所产生的剩余款,应首先用于该事务所成员,如果有事务所成员死亡的,则用于该成员家属"。⑤ 再如,《俄罗斯联邦公证立法纲要》第1条规定"公证活动不是经营活动也不得追求盈利目的",⑥但该法第23条前两款规定"私人执业公证人公证活动的经费来源为实施公证行为,提供法律性、技术性服务而收取的货

---

① 薛凡:《公证改革的逻辑》,厦门大学出版社2018年版,第160页。
② 苏国强、汤庆发、刘志云编:《欧洲公证法汇编》,厦门大学出版社2017年版,第686页。
③ 薛凡:《公证改革的逻辑》,厦门大学出版社2018年版,第95页。
④ 国内多个《德国公证人法》译本都从文本意思出发将此条翻译为"公证人职业为非营(盈)利性质",而未能正确理解"Gewerbe"的商法含义。参见司法部律师公证工作指导司编:《中外公证法律制度资料汇编》,法律出版社2004年版,第679页;苏国强、汤庆发、刘志云编:《欧洲公证法汇编》,厦门大学出版社2017年版,第423页。
⑤ 上述法条分别见苏国强、汤庆发、刘志云编:《欧洲公证法汇编》,厦门大学出版社2017年版,第436、453-454页。
⑥ 司法部律师公证工作指导司编:《中外公证法律制度资料汇编》,法律出版社2004年版,第739页。

币资金,其他不违反俄罗斯联邦立法的收入。私人执业公证人收取的货币资金在缴纳税款、其他强制支付性款项后,归公证人所有。"①

对上述规定的充分理解需结合大陆法系国家明确区分民、商事行为的法律传统。其实,俄罗斯法律中的"经营活动"是指"商活动"。②《俄罗斯民法典》第 23 条第 3 款规定,"对于不组成法人的公民从事的经营活动,如果立法没有不同规定或从法律关系的实质中不能得出不同结论,则适用民法典中调整商业组织法人活动的规则"。由此可知,俄罗斯公证法之所以规定公证活动非经营活动,意在强调公证服务不适用于调整商事组织的活动规则。无独有偶,德国法中的"营业活动(Gewerbe)"也是判定商主体身份的基础概念。德国商法理论将自由职业视为营业活动的消极要件之一。③ 公证人、律师、医生等一系列自由职业被法律明确规定不属于营业活动,但这并非基于其不以营利为目的,更多的是基于历史习惯。"欧洲历史上人们认为,自由职业者(律师、会计师、艺术等)并不是在致力于'丑陋的'营利事业,而是在追求更高层次的利益。"④鉴于自由职业者与普通商主体同样实施营业活动的现实,德国、奥地利等国逐渐有人主张应将自由职业者作为商法调整对象。

此外,有部分国家在立法中直接明确了公证的有偿性。《蒙古公证法》第 12 条规定,"公证服务系有偿服务。公证员进行法律规定的公证事务,提供法律咨询、制作文书,作出公证应收取服务报酬。"⑤2010 年《意大利公证人及公证档案馆法》第 4 条甚至规定"一般情况下,至少每七千人设一名公证人,并保证公证人的全部年职业酬金在近三年内平均不低于 5 万欧元。"⑥也有个别国家就公证的营利性问题做过激烈讨论。越南于 2014 年修订《公证法》时,曾在草案中把"不以营利为目的"增为公证执业原则,各界对此争论不休。⑦ 然而,为了进一步推行公证活动社会化政策,鼓励法律专业人才积极参与到公证服务的供给之中,最终立法进行了折中。越南《公证法》虽没有把"不以营利为目的"增为公证执业原则,但却在第 22 条明确了

---

① 苏国强、汤庆发、刘志云编:《欧洲公证法汇编》,厦门大学出版社 2017 年版,第 851 页。
② 只不过在十月革命后,受意识形态的影响,法学界采用了更为中性的表述"经营活动"。鉴于该表述在俄罗斯立法和法学研究中使用多年,所以民法典等法律沿用了此表述。参见鄢一美:《俄罗斯社会转型与民法法典化》,载《比较法研究》2015 年第 3 期,第 75 页。
③ [德]卡那利斯:《德国商法》,杨继译,法律出版社 2006 年版,第 32 页。
④ 纪海龙:《民法典编纂背景下商事规则的识别点》,载《学术月刊》2017 年第 12 期,第 23 页。
⑤ 苏国强、汤庆发、刘志云编:《亚洲公证法汇编》,厦门大学出版社 2020 年版,第 475 页。
⑥ 同上书,第 516-517 页。
⑦ 参见《关于"公证不以营利为目的"规定的争论》,载越南法律电子报网,https://baophapluat.vn/giay-nay-voi-quy-dinh-cong-chung-khong-vi-muc-dich-loi-nhuan-post178799.html。

公证事务所"无融资成员",也即不承认有限合伙人的存在。① 正因为未纠结于营利性问题,越南的公证机构从2006年的123家增长至2019年的1151家,公证员由380人增长至2782人;2014年至2019年间年均办理公、认证案件量达1580万件,公证事业得到长足发展。②

由此可见,部分明确界分民、商事行为的国家,为将公证活动区别于一般的商事行为,会在立法中强调公证活动非经营活动,但却都允许公证人按照法定标准收取公证费用。有的国家为强调公证活动的非商事性质,甚至将公证服务的收费称作是对公证人的补偿,③而不是一种对价关系。总体观之,各国公证人收取的费用除用于日常办公开支和缴纳税费、保险费等必要费用外,剩余的归公证人个人所有,公证人也因此而享受着较为优厚的待遇。

(三)公证主体法律形式的比较法考察

目前,绝大多数大陆法系国家的公证制度都实行公证人本位。尽管公证人在执业时需建立公证事务所,但其只是公证人办理公证业务的场所,并不具备法律主体意义。意大利、日本、波兰、立陶宛等国为了执业便利,也允许几个公证人在协议基础上成立联合公证处或民事合伙,共同出资租用办公室,分摊设备等办公成本,但各自之间互不影响,均独自以个人名义从事公证活动并对自己完成的公证行为负责。④

随着实践的发展,法国公证人逐渐可以采用民事合伙、自由执业公司等组织形式执业。2015年,《关于公证人地位的第45-2590号法令》修订时以专门条款总结了法国现有的公证执业形式,"公证人可以个人身份或在具有法人资格的实体框架内从事其职业,但赋予其合伙人商人地位的法律形式除外,也可以作为持有公证人办公室的自然人或法人的雇员从事其职业"。其中,具有法人资格的实体框架一般包括以下形式:

其一,职业民事合伙。⑤ 根据1967年《在公证人职业实施1966年关于职业民事合伙的第66-879号法律的第67-868号法令》,公证成为法国首个可采用合伙组织形式执业的自由职业。公证职业民事合伙由两个或两个以上公证人组成,并持

---

① 参见陶维安:《公证处只能以合伙企业形式运行之不足》,载https://daoduyan.com/2020/04/su-bat-cap-tu-quy-dinh-van-phong-cong-chung-chi-duoc-phep-hoat-dong-theo-loai-hinh-cong-ty-hop-danh/。
② 参见《2022年越南全国公证法实施总结会议》,载莱州市政府网,https://laichau.gov.vn/tin-tuc-su-kien/chuyen-de/tin-trong-nuoc/hoi-nghi-toan-quoc-tong-ket-thi-hanh-luat-cong-chung.html。
③ 参见《捷克公证人及其活动法》第106条。
④ 参见罗厚如主编:《中国公证制度完善研究》,法律出版社2017年版,第68页;《波兰共和国公证法》第4条第3款;立陶宛《公证行业法》第6条第2款。
⑤ 在法国,职业民事合伙虽具有法人资格,但其入伙和退伙、合伙事务的执行等方面的规定与我国的合伙企业大致相同。

有公证事务所。合伙人只能作为一家公证职业民事合伙的成员,且需以合伙名义从事职业。合伙人从事职业活动所取得的各种报酬,均属于合伙收入。所有合伙人就合伙的负债对第三人负无限连带责任。不过,合伙债权人只有在向合伙发出清偿债务的催告无果继而通知合伙参加诉讼之后,始得诉请合伙人清偿合伙债务。合伙人以其全部财产对自己实施的行为承担责任,合伙就此与合伙人一起连带承担责任。此外,持有公证事务所的公证人之间也可成立民事合伙,此种合伙被称为"公证人合伙"。[①]

其二,自由执业公司。根据1993年《关于公证人职业适用1990年以自由执业公司的形式从事职业活动的第90-1258号法律的第93-78号法令》(以下简称《第93-78号法令》),公证人可成立受《商法典》第二卷规范的有限责任公司、股份有限公司、简化的股份有限公司或股份两合公司。《法国商法典》第210-1条规定,"公司的商事性质依其形式或宗旨确定。合名公司、普通两合公司、有限责任公司,以及可以发行股票的公司不论其宗旨如何,均依其形式而为商事公司"。因此,虽然自由职业通常是一种"非商事性质的、不领取薪金的活动",但可以"商事公司"的形式来从事这种职业。[②] 公证人自由执业公司是公证事务所的持有人。公证参股人须以公司的名义从事公证服务,并且向公司以及其他参股公证人通知自己的职业活动。公司一半以上的资本与表决权应当由在公司内从事公证的专业人员持有。公司股东均以其全部财产对其完成的职业行为承担责任,公司与股东一起负连带责任。[③] 公司的股份既不得用于设质,也不得进行公开拍卖。

其三,多专业执业公司。2016年《第93-78号法令》修订时,明确了公证人可以联合律师、司法拍卖人、司法管理人、司法代理人、审计员和公共会计师等成立多专业执业公司。多专业执业公司可采取任何形式,但赋予其成员商人地位的公司形式除外,同时必须保证其所从事的每个专业领域都至少有一名合作伙伴。截至2017年6月,法国公证人共有10781人,[④]其中86%以组织形式执业,还有14%以个人身份执业。在以组织形式执业的公证组织中,职业民事合伙(SCP)占总数的83%,而剩下的则为自由执业公司(SEL)。自由执业公司中最常见的是有限责任公司(SELARL),较少见的是简易股份公司(SELAS)。[⑤]

---

① 该种合伙不是公证事务所的持有人,其设立目的是方便各成员从事公证活动,每一合伙人均在其本身是持有人的事务所内执业。公证人合伙只能在同一大审法院辖区内执业的公证人之间设立合伙。
② 罗结珍译:《法国公司法典》(下),中国法制出版社2007年版,第772页。
③ 参见1990年12月31日《关于以公司的形式从事受立法或者条例规则约束或者其名称受到保护的自由职业及自由职业资金参股公司的第90-1258号法律》第16条。
④ 截至2021年底,法国共有16747名公证人,6727家公证组织和1364个分支办公室。
⑤ 参见雅安·瑞多:《公证行业的执业结构》,载上海中法公证法律交流培训中心网,http://www.cnfr-notaire.org/zxtx_show.asp?classid=268。

越南与我国一样实行公证机构本位。在 2006 年通过制定《公证法》推行公证社会化政策前，只有国家公证办公室一种公证组织形式。2006 年《公证法》第 26 条规定了公证组织的两种社会化形式，即由单个公证人成立的私营企业（Doanh nghiêp tu nhân）和由两个及以上公证人设立的合伙企业（Công ty hop danh）。后于 2014 年修改《公证法》时，要求私营企业形式的公证组织补充合伙人从而转换为合伙企业形式。截至 2019 年底，越南 1151 家公证机构中包括 120 个国家公证办公室和 1031 个公证合伙企业。①

综上，多数大陆法系国家的公证组织形式以个人公证事务所为主，以联合公证处和公证人合伙为例外。由于实行公证人本位，因此公证事务所不具备法律主体地位。在明确界分民、商事行为的情况下，法国尽管基于历史习惯将公证视为非商事活动，但为适应实践需求，逐步通过单行法将合伙、公司等商事组织形式适用于公证行业，不过其会结合公证服务的特性对设立人的条件、股权和表决权的分配、责任形式以及股权流转等问题作出特别规定。

四、未来走向：中国公证组织法律性质的多元化

无论从中央对公证组织性质的政策导向和世界公证改革的趋势来看，还是从解决长期困扰我国公证事业发展的三大难题来看，公证权社会化都应成为中国公证体制改革坚持的方向，应支持社会力量参与到公证服务的供给之中，以弥补事业体制公证机构之不足。至于社会力量设立公证组织的法律性质和形式，司法部此前似欲将"合作制"作为其唯一选择。但事实上，实践早已突破了"合作制"的框架，所以未来的公证体制改革应采用更加开放、包容的心态，鼓励各地因地制宜，在现行法律体系下积极探索适宜的公证组织形式。但也需结合公证服务特性，明确影响公证组织法律性质的基本问题，如公证组织可否为营利组织以及其与设立者之间的财产关系和责任关系等，为实践探索划定一个清晰边界。

（一）公证组织的营利目的

在谈论该问题之前，首先应明确我们期冀公证制度在国家治理体系和治理能力现代化中发挥的作用。面对着爆炸式增长的诉讼案件量，我们不应也不能让以预防纠纷而闻名于世的公证制度在我国"怀才不遇"。② 在此基础上，还需考虑以下各方面的现实问题：一是公证服务作为一种准公共产品，具有明显的排他性，不

---

① 参见《2022 年越南全国公证法实施总结会议》，载莱州市政府网，https://laichau.gov.vn/tin-tuc-su-kien/chuyen-de/tin-trong-nuoc/hoi-nghi-toan-quoc-tong-ket-thi-hanh-luat-cong-chung.html。
② 全国法院一审审结的民商事案件已由 2000 年的 471 万件增长至 2021 年的 1574.6 万件。但自 2000 年以来，我国的公证办证量长期维持在 1400 万件以内。

同民众需要和接受到的公证服务在质和量上不具备均等性。① 因此现阶段不应也不能向所有公众免费提供。二是公证文书也绝非仅因国家公证权的背书便具有了公信力。公证的公信力需要以公证服务质量作为保障，而公证服务质量则需要以高素质的法律人才为支撑。三是目前我国的法定公证缺失，②同时民众基于对外交往和行业惯例而产生的刚性公证需求有限，部分公证机构仅靠刚性公证服务收入已难以为继，而且公证机构的设立也不只为满足这部分刚性需求。四是为确保公证服务的可及性，国家对于民众有刚性需求以及对政府信息平台等设施资源依赖强的公证服务实行政府定价，不少公证服务定价可能远低于其服务成本；对于特殊人群还制定了减免收费政策。五是公证员和公证机构不得拒绝公众符合条件的服务需求，同时在执业中因过错给他人造成损失的，需要承担相应的赔偿责任，还可能承担行政责任和刑事责任。

以上是对我国公证服务现状的简要说明。在我国当前法定公证缺失的情况下，如果想要全面激发公证制度在社会治理中的作用，就需激励高素质公证人员主动深入知识产权保护、"乡村振兴"和金融风险防控等经济、社会领域提供公证服务。国家对于涉及民生等公共性较强的公证服务已经制定了较低的服务定价，如果不允许公证机构从其他非刚性公证服务中适度营利，在社会主义市场经济条件下，面对着较高的执业门槛和执业责任风险，难以吸引高素质法律人才从事公证服务。

从比较法层面看，欧洲大陆法系国家主要基于历史习惯将公证视为一种非商事活动，但并未否认其营利目的。事实上，法国和德国的民事合伙作为非商事主体则包括了"非营利目的的合伙与未达程度、规模的营利性合伙"。③ 公证人等自由职业者设立的民事合伙在营利性上与一般商主体并无太大差别。④ 再者，《公证法》规定公证机构不以营利为目的，是强调"公证机构不能唯利是图，单纯地追求经济效益"，⑤而不是说公证机构不能获得一定收益。机械地将公证机构的运营目的分为营利或非营利，"这种非黑即白的划分忽略了人类目的的复杂性与杂合性，因为无论从理论还是从实际考量均存在第三类出资者"，⑥该类出资者以提供优质的公

---

① 任俊生：《论准公共品的本质特征和范围变化》，载《吉林大学社会科学学报》2002年第5期，第56页。
② 杨翔：《公证正在失去平衡——论〈公证法〉的影响及公证制度的若干问题》，载《湘潭大学学报》（哲学社会科学版）2008年第3期，第17-20页。
③ 江平、龙卫球：《合伙的多种形式和合伙立法》，载《中国法学》1996年第3期，第46-47页。
④ 施天涛：《商人概念的继受与商主体的二元结构》，载《政法论坛》2018年第3期，第93页。
⑤ 王胜明、段正坤主编：《中华人民共和国公证法释义》，法律出版社2005年版，第22页。
⑥ 王波：《民办非营利性医疗机构的困境与突破——一个"民办低收益医疗机构"概念的引入》，载《陕西行政学院学报》2014年第3期，第25页。

证服务为首要目的,但同时需要以较低的回报来维系出资的积极性与公证机构的正常运营。事实上,公证组织的营利目的具有依附性,只有在完成供给公证服务这一首要目的后才能得以实现。

此外,以往在改革中为人所诟病的并非完全是公证机构的营利问题,而是部分公证机构和公证员一边享受着国家提供的公证服务设施、事业编制待遇,一边又基于公证行业的垄断优势以不合理的收费标准获得畸高的收入。① 因此,在通过公证权社会化适度改变公证服务供给的垄断局面进而解决公证服务合理定价问题的前提下,基于公证服务较高的执业门槛和执业风险,应允许公证机构适度营利,将获得的收益用于改善服务设施与环境、加强信息化建设、增强自身责任能力以及提高公证执业人员的收入待遇等。

(二)公证组织的营利性

根据《民法典》相关规定,判断一个组织是否为营利性组织,不仅要看其设立目的,还要看其是否向出资人、设立人分配所取得的利润。从历史上看,在公共服务的供给相继经历了政府失灵与市场失灵之后,人们寄希望于非营利组织,相信其因受到"禁止利益分配"原则的约束,可以极大程度地抑制自身提高价格和降低服务质量的动机。② 然而,历史却证明了非营利组织在避免政府失灵和市场失灵的同时,也会产生"组织失灵"。"由于非营利法人财产权结构中股权的缺失,使得董事会成员、管理人员、雇员等法人实际控制者能躲避制衡,在没有利润指标等绩效考核要求和有效问责机制的情况下,非营利法人易于沦为实际控制者的自利工具。"③在此情况下,越来越多的国家开始尝试公共服务的多元协同供给。"政府、市场和社会组织在结构、功能等层面的互补性决定必须通过多元协同合作供给,方能有效求解单一供给方式面临的困境,实现公共服务供给资源的优化配置。"④

所以,公证服务的供给也应充分发挥营利组织和非营利组织的力量,实现两者之间的协同合作,而不是一味地排斥营利组织的参与。营利公证组织在差异化、多层次的准公共服务供给中扮演着重要角色,尤其在金融风险防控、知识产权保护等非刚性公证服务领域表现出色。云南昆明、四川成都的合作制试点经验也有力证

---

① 如2012年的"桐乡事件"和2013年的"温岭事件",其实大家质疑的是事业体制公证处在基于垄断地位和不合理的收费标准获得畸高收入的同时,还享受着国家事业编制的保障问题。参见许斌:《公证不能成了渔利事业》,载海外网,http://opinion.haiwainet.cn/n/2012/1023/c232574-17619244.html;《公证处,到底做"公益"还是做"生意"?》,载共产党员网,https://news.12371.cn/2013/01/18/ARTI1358493317095107.shtml。
② 田凯:《西方非营利组织理论述评》,载《中国行政管理》2003年第6期,第61页。
③ 税兵:《非营利法人解释》,载《法学研究》2007年第5版,第68页。
④ 李蕊:《公共服务供给权责配置研究》,载《中国法学》2019年第4期,第135页。

明了这一点。另外,我国教育事业立法从特别强调教育机构的非营利性,到以"合理回报"方式对营利性模糊处理,①再到明确允许营利性教育机构存在的演变过程,也为营利性组织提供公共服务的可行性提供了例证。允许公证机构向出资人适度分配利润,将有助于激励公证人通过积极设立公证组织或分支机构,改变以往单纯地通过政府定价使公众享受所谓的"低收费"公证服务,转为公证机构之间通过适度竞争让公众真正享受到物美价廉的公证服务。而且,这也是对出资公证人因行使重要事项表决权而对公证机构实施的运营管理活动的一种补偿。

但公证服务的公共性以及公证机构的设置存在一定程度的垄断性,决定了即使公证机构可以向其设立人分配利润,也要受到一定限制。有学者认为"无论是营利组织还是非营利组织,只要同时具备经济目标和社会目标都可以被界定为社会企业。"②鉴于资本的逐利性本质,为保证公证服务供给这一社会目标的优先性,避免实践探索中出现的少数合作制公证处从人合向资合变异的问题,③有必要借鉴其他国家对社会企业的管理经验,对营利公证机构的利润分配予以限制。比如,对公证机构适用资产锁定规则和股利上限规则,④还可以采取要求公证机构定期报送年度工作报告等监管措施。⑤ 此外,由于我国实行公证机构本位且对于公证机构的设置实行"统筹规划、合理布局的原则",因此不免发生公证机构管理者利用"垄断地位"不合理地占有薪资公证员"劳动剩余价值"的问题,所以司法行政部门应根据实际情况适时调整公证机构布局,同时借鉴法国做法对薪资公证员的人数进行限制。⑥

(三)公证组织的民事主体类型

设立公证人与公证组织之间的财产关系和责任关系大致决定了公证组织的民事主体类型。我国公证体制相较于多数大陆法系国家最为不同的一点就是实行"公证机构本位"。尽管在制定《公证法》时有学者主张实行公证员个人本位,但是基于尊重我国公证传统、保障公证质量、增强公证机构抵御责任风险的能力以及降

---

① 魏建国:《"非营利"内涵的立法界定及其对民办教育发展的意义——从〈慈善法〉出台到〈民办教育促进法〉修改》,载《华中师范大学学报(人文社会科学版)》2017年第1期,第159页。
② 金锦萍:《社会企业的兴起及其法律规制》,载《经济社会体制比较》2009年第4期,第130页。
③ 主要表现为合作制公证机构在收入分配中过度地夸大了设立资金的作用,没有对非合作人公证员的执业劳动给予合理分配。参见昆明市明信公证处课题组:《中国公证体制实证分析》,载《中国司法》2011年第1期。
④ 姚瑶:《公司型社会企业的中国化:法律定位与监管逻辑》,载《河北法学》2019年第7期,第81页。
⑤ 樊云慧:《论我国社会企业法律形态的改革》,载《法学评论》2016年第5期,第108页。
⑥ 法国于2015年修订《1945年11月2日关于公证人地位的第45-2590号法令》时,规定持有公证处的自然人公证人不得雇用4名以上的领薪公证员。持有公证处的法人,雇用的领薪公证员人数不得超过在该法人执业的合伙公证人数的4倍。自2020年1月1日起,担任公证人的自然人不得招收2名领薪公证员,担任公证人的法人不得招收2倍于担任合伙公证人的领薪公证员。

低公证工作的管理成本等方面的考虑,立法坚持采用了"公证机构本位"。① 实际上,上述理由无一例外都强调了"组织"相较于"个人"在从事公证服务时的优势。时至今日,我们认为上述理由依旧有其适用空间。同时,党的领导也是我国应坚持"公证机构本位"的重要原因。党的方针政策需要通过公证机构转化为相应的管理制度和执业规则,并将其体现于具体的公证服务之中。另外,也可通过公证机构内部的党组织体系把公证服务约束于党规国法的要求以及总体的政治秩序的安排之中。②

既然实行"组织本位",那在民法典的视野下,公证组织可选择的民事主体类型无外乎:法人或非法人组织,抑或两者皆可。可行的做法是根据适宜公证机构发展需求的财产关系和责任关系来确定其民事主体类型。从财产关系看,《公证法》第 6 条规定,公证机构是依法独立行使公证职能、承担民事责任的证明机构。理论上而言,民事主体只有具备独立的财产才可能具有独立的民事责任能力。一般来说,法人对包括出资人出资在内的所有以自己名义取得的财产享有财产权,而非法人组织的财产只是其设立者财产的一部分,归其设立人所有。但非法人组织是经依法登记的组织,可以自己的名义对外从事民事活动,享受民事权利、承担民事义务,所以一般具备与其经营活动和经营规模相适应的财产或者经费。③ 同时,根据部分有关非法人组织的法律,如《合伙企业法》规定合伙人的出资、以合伙企业名义取得的收益和依法取得的其他财产,均为合伙企业的财产;合伙人在合伙企业清算前,不得请求分割合伙企业的财产,这也确保了合伙组织存续期间可以具有相对独立的财产。

从责任关系看,《公证法》第 43 条规定,公证机构及其公证员因过错给当事人、公证事项的利害关系人造成损失的,由公证机构承担相应的赔偿责任;公证机构赔偿后,可以向有故意或者重大过失的公证员追偿。就法人而言,其虽具有独立承担民事责任的能力,但却仅以自身全部资产承担有限责任,理论上仍存在其全部资产都不足以赔偿对他人造成的损失的可能,届时受损人的权益同样难以得到全面保障。就非法人组织而言,其虽不具有独立承担民事责任的能力,但当其财产不足以清偿债务时,出资人或者设立人将对此承担无限责任。出资人或设立人之间还可能就此承担无限连带责任。从一定程度上说,非法人组织的责任能力可能还强于法人。另外,在承担无限连带责任的情况下,公证组织的设立人在其执业和日常

---

① 王胜明、段正坤主编:《中华人民共和国公证法释义》,法律出版社 2005 年版,第 8 页。
② 顾培东:《法官个体本位抑或法院整体本位——我国法院建构与运行的基本模式选择》,载《法学研究》2019 年第 1 期,第 13 页。
③ 黄薇主编:《中华人民共和国民法典总则编释义》,法律出版社 2020 年版,第 265 页。

管理的过程中可能更加审慎。综上,从财产独立和责任能力来看,法人和非法人组织对当事人和公证事项的利害关系人均具有一定程度的保障,因此两者都可成为社会化公证组织可选的民事主体类型。另外,公证机构的单位责任并未免除公证员责任,在公证机构财产不足以赔偿当事人的损失时,承办公证员对此仍需承担无限责任。

(四) 公证组织的法律形式

正如有学者所言,"组织的法律形式与营利或非营利无关,非营利组织也不妨采取公司或合伙的形式。"①事实上,法、德等国的做法也应证了这一说法。对于本不是商主体的自由职业者,德国为克服《民法典》之不足以适应实践需要从而制定了《自由职业人员合伙公司法》;②法国更是制定了多部将公证自由职业与合伙、公司等商事组织形式相结合的法律。③ 不过,为使得营利组织形式更契合公证服务的特性,可以借鉴法国对采用合伙、公司等商事组织形式的公证组织在设立人条件、股权和表决权的分配、责任形式和股权流转等方面进行特别规定。此外,采用非营利组织形式的还需严格遵守不得向出资人、设立人分配所取得利润的规定,而采用营利组织形式的也不能享受国家对非营利组织的税收优惠。除却营利性之外,公证机构一般还需具备较强的人合性、组织性以及稳定性。

公证组织应具有较强的组织性。我国公证法之所以采取"公证机构本位",就是因为"组织"相较于"个人"在执业过程中具有明显优势。同时,具体个案的公证服务中政治效果、社会效果与法律效果的有机统一也需要公证机构整体力量的统筹把握。所以,在组织性的要求下,公证机构应拥有符合法律规定的名称,从事公证活动的固定场所以及相应的组织管理机构和负责人,使之能够以组织的名义对外从事相应的民事活动。因此,民法典中规定的"契约型合伙"不宜作为公证组织的法律形式。因为该类合伙虽具有一定的组织性,但却不是完全独立的组织体,不具有民事主体资格,其组织性较为松散,财产的独立性以及管理的组织性都不高。

公证组织应具有较强的人合性。公司法中依据公司信用基础的不同,将公司分为人合公司、资合公司和人资两合公司。该分类具有一定的普适性,对确定公证组织的性质也具有很大借鉴意义。从公证实践看,公证机构是典型的人合组织。在对外关系上,公证机构是以设立人的业界声誉、执业经验、法律知识和管理能力

---

① 史际春:《论营利性》,载《法学家》2013年第3期,第12页。
② 肖海军、文宁:《民法典编纂视域下合伙立法的中国架构——基于合伙契约性与组织性的分析》,载《私法研究》2017年第1期,第135页。
③ 主要有《1967年在公证人职业实施1966年关于职业民事合伙的第66-879号法律的第67-868号法令》《1993年关于公证人职业适用1990年以自由执业公司的形式从事职业活动的第90-1258号法律的第93-492号法令》等。这些文件借鉴了许多有关商事组织的法律规范。

作为对外活动基础,而不完全在于设立资本的多寡。在内部关系上,为了机构的稳定和长远发展,设立人之间需要有很强的信任关系和共同的执业理念,这都是典型的人合特征。而在资合公司中,如股份有限公司,"公司的存续并不依赖于投资者的个人资产与信誉以及他们之间的良好关系,公司资本被看成是公司惟一的信用根基。"①此外,个人独资企业和一人有限责任公司没有共同设立人,而基金会则是典型的财团法人,②三者都不具备人合基础,故不宜作为公证组织形式。鉴于公证组织对资本的需求不大,为确保其不过度追求营利目标,所以现阶段不应让社会资本进入公证行业,因此有限合伙也不宜作为公证组织形式。

公证组织应具有较高的稳定性。实践中,部分公证业务如赋强公证具有较长的周期,少数公证赔偿请求也具有一定的滞后性。因此,需要公证机构可以长期存续。我们认为可以从两方面来分析其稳定性:一是设立人的退出或死亡对组织的影响程度。非营利法人中的社会服务机构为捐助法人,一经设立便具有独立性,③并不会随着捐助人和管理者的退出或死亡而自动解散,因此其稳定性最高。有限公司或者合伙企业类型公证机构设立人的退出或死亡虽对组织有影响,但在设立人有多人的情况下,公证机构并不会因为个别设立人的退出或死亡而轻易解散。④二是内部治理结构的清晰与完善程度。一般而言,组织的内部结构越复杂、分工越清晰,则其克服个人执业和管理的弊端和局限性的能力越强,抵御责任风险的能力越高。法人相对于非法人组织而言,有着更为清晰和完善的法人治理结构,却需要较高的制度成本。非法人组织虽在治理机构上有所欠缺,但管理制度成本较低,对于规模小的公证组织也不失为合适的法律形式。

综上,在参照社会企业管理的情况下,民法典规定的营利组织中合伙企业、专业服务机构和有限责任公司,以及非营利组织中的社会服务机构都是公证组织可选法律形式。但如上文所述,这些法律形式还需要结合公证服务的特性在设立人条件、股权和表决权的分配、营收的分配以及责任形式等方面进行改造。同时,设立公证人还需要结合税收政策、公证组织的预期规模、管理协调能力以及当地的经济发展状况等方面来确定最终的公证组织形式。

---

① 甘培忠、吴韬:《有限公司股权转让探析——兼论我国〈公司法〉相关制度之完善》,载《南京大学学报(哲学.人文科学.社会科学版)》2005年第1期,第33页。

② 不少学者认为民法典中的捐助法人属于财团法人,参见罗昆:《捐助法人组织架构的制度缺陷及完善进路》,载《法学》2017年第10期;夏利民:《捐助法人的功能与制度价值——兼评〈民法总则〉法人分类》,载《江西社会科学》2017年第6期等。

③ 杨立新:《民法总则:条文背后的故事与难题》,法律出版社2017年版,第226页。

④ 合伙企业的设立人可以通过转让财产份额或者退伙的方式;公司的出资人则可以转让股权。合伙人或者公司出资人死亡时都可以通过财产份额或股权继承的方式进行。

五、结语

党的十九大报告指出,新时代我国社会主要矛盾已经转化为人民日益增长的美好生活需要和不平衡不充分的发展之间的矛盾。公证服务领域也概莫能外。近年来,党中央对公证事业的发展又提出了新要求,即"法治建设既要抓末端、治已病,更要抓前端、治未病",要"完善预防性法律制度,从源头上减少诉讼增量。"公证制度作为一项重要的预防性法律制度肩负重任。实践表明,当前公证机构单一的事业体制模式在应对公证领域的主要矛盾时尚捉襟见肘,而对党中央提出的新要求更是心余力绌。对此,需坚持公证权社会化的体制改革方向,逐步引导、支持社会力量到"无人处""一人处"所在地等公证服务发展不均衡地区设立公证组织或分支机构,鼓励社会力量在经济发达地区提供多层次、宽领域和个性化的公证服务,以实现在全面保障民众刚性公证服务需求的同时还能满足个人的差异化服务需求。

但长期以来,各界因对公证组织的法律性质和形式难以形成共识,以致公证权社会化发展难以取得实质进展。事实上,20多年的改革经验告诉我们,引不来公证员的公证体制改革终将成为泡影。因此,在坚持党的领导下的公证机构本位和设立资金只出自于公证员的原则下,可以参照社会企业允许公证机构适度营利以吸引高素质法律人才参与公证服务供给。另外,还需通过明确有关公证组织法律性质的其他基本问题,在现行法律体系下就公证组织的法律性质和形式给予社会以多元化选择。或许只有各地结合实际探索出能够真正保障公证机构的自主管理权并使得自身的营利性与其社会职能协调发展的组织形式,进而从根源上解决长期困扰公证体制改革的三大难题后,方能在法定公证缺失的情况下,充分激发公证制度在国家治理体系与治理能力现代化中的作用,让以预防纠纷而闻名于世的公证制度在中国大展宏图。

合作制公证机构改革的困惑与抉择[*]

汤维建 段 明[**]

摘要：作为公证制度改革的核心，公证机构体制改革应当遵循有利于发挥公证职能、有利于调动公证人员积极性、有利于推进公证改革等三项基本原则。改革试点表明，合作制公证机构改革能够有效激发公证活力、拓展公证业务、增强公证服务、提升公证质量，但同时也存在法律性质不明、法律供给不足以及运行管理不善等改革困境。在法律性质方面，应将合作制公证机构定性为具有法人资格的非营利性社会服务机构；在法律依据方面，应当通过修改《公证法》为推进合作制公证机构提供法律保障；在运行管理方面，应当着重完善合作制公证机构的财务管理和监督管理机制。

关键词：合作制公证机构；公证改革；社会服务机构；公证质量；公证监管

进入21世纪以来，我国政府对公证机构体制进行了大刀阔斧的改革，公证改革取得了积极成效，然而同时不能不看到的是，如火如荼的公证机构体制改革仍面临着改革理论不足、改革逻辑不畅、改革动力不够、改革成效不彰等问题。特别是关于合作制公证机构的改革和发展，始终伴随着各种各样的争议，其中仍有许多基础性问题没有得到解决。譬如，合作制公证机构的民事主体性质是什么？合作制公证机构与其他体制公证机构有什么差异？合作制公证机构应该怎样进行治理？国内学术界与实务界对这些问题均尚未形成共识，这在一定程度上影响了公证机构体制改革的进度和成效。有鉴于此，本文拟结合公证机构体制改革的实际，从学理层面对这些问题予以回应和澄清，以期为合作制公证机构改革提供一些理论启迪。

---

[*] 本文作者：汤维建，中国人民大学法学院教授；段明，湘潭大学法学院副教授。
[**] 本文原载《中国司法》2021年第2期。

一、公证机构体制改革应遵循的基本原则

自 2000 年司法部正式启动公证机构体制改革以来,我国公证机构体制已经从单一的行政体制逐渐转变为事业体制与合作制共存的"双轨制"局面。过去长期存在的行政体制公证机构由于体制僵化、活力不够等弊病,难以适应公证事业发展的需要,已经退出了历史的舞台。进入新时代,公证机构体制不顺的问题仍然影响着公证事业的健康发展,如何继续深化公证体制改革,更好地发挥公证在国家治理中的功能作用,业已成为当前公证发展面临的重要问题。公证机构体制究竟应该怎么改?我们认为,公证机构体制改革必须在尊重公证规律和中国国情的基础上,坚持以下三项基本原则。

一是有利于发挥公证职能的原则。作为一项预防性的司法证明制度,公证具有预防纠纷、减少诉讼、增进信用等多重职能,在促进经济社会的有序发展中扮演着重要角色。特别是随着社会治理模式的变迁,公证在诉源治理、司法辅助、知识产权保护、金融风险防控等方面的作用日益凸显。从公证机构体制改革的最终目标来看,就是要优化现行的公证体制,为公证发展注入活力动力,从而最大程度地促进公证职能的发挥。因此,借用韦伯关于"工具理性与目的理性"的分析框架,[①]公证机构体制改革属于"工具理性"的范畴,而促进公证职能发挥属于"目的理性",无论公证机构体制怎么改,都必须始终以促进公证职能发挥为最终目的。如果无法实现这一目的,任何形式的公证机构体制都是不可取的。

二是有利于调动公证人员积极性原则。事业兴衰,关键在人。从公证事业的长远发展来看,公证人才队伍是核心要素。只有吸纳更多的优秀法律人才加入公证队伍,并充分调动公证人员的积极性,公证服务和公证品质才能提升,公证的公信力才能树立。遗憾的是,公证队伍不稳定、公证人员积极性不足是长期困扰公证事业发展的痛点和难点问题。因此,推进公证机构体制改革,关键要看这种体制是否有利于形成高素质的公证人才队伍,是否有利于调动公证人员的积极性,是否有利于提高公证服务的质量和水平。是否能够圆满实现以上目标,构成了衡量公证机构体制改革成功与否的重要标尺。

三是有利于推进公证改革的原则。从公证改革的重要程度来看,公证机构体制改革无疑是整个公证改革的"牛鼻子",直接关乎公证改革的进程和成效。但公证体制改革并不是公证改革的全部内容,只是其中的一个部分。除了公证体制改革以外,公证改革还包括公证队伍建设、公证质量监管、公证事项范围等方面的内容。因此,公证机构体制改革要从公证改革的全局出发,无论怎样进行公证机构体

---

① 参见[德]马克斯·韦伯:《经济与社会》,林荣远译,商务印书馆 1997 年版,第 56-57 页。

制改革,都必须在符合当前我国公证发展实际的基础上,重视公证改革的系统集成和协同高效,以是否有利于公证改革的整体推进为考量因素。不能因为进行公证体制改革,而影响公证制度其他方面的改革,从而影响公证改革的整体效果。

二、合作制公证机构改革的成效及其问题

(一)合作制公证机构改革的成效

从改革决策部门和公证实务部门的主流认识来看,合作制公证机构被认为是符合公证机构体制改革"三项原则"的有益探索。[①] 回溯合伙制公证机构的改革历程,大致可以分为"探索"和"重启"两个阶段。"探索"阶段起始于2000年1月,司法部印发《关于开展合作制公证处试点工作的通知》,要求全国各省、市分别进行1~2家合作制公证处试点。此后,合伙制公证机构改革试点陆续展开,截至2006年,全国共设立38家合作制公证机构。然而,由于法律依据不充分、政策环境不稳定、社会认知度不足、监督管理不到位等因素,合伙制公证机构备受社会争议,南京和重庆等地先后终止了合伙制公证机构的试点。合伙制公证机构改革由此走向低潮,在2016年全国仅保留了20余家合伙制公证机构。[②]

经历了17年的改革"烂尾"之后,[③]司法部在2017年的全国公证工作会议上再次宣布重启公证机构体制改革,合伙制公证机构改革由此进入第二阶段。《关于推进公证体制改革机制创新工作的意见》(2017年7月)、《关于推进合作制公证机构试点工作的意见》(2017年9月)等改革政策文件明确要求:各省、市要在坚持高标准、高起点的基础上,积极稳妥地推进合作制公证机构改革试点。自改革重启以来,全国各省市积极响应,截至2020年11月,全国合作制公证机构的数量已经发展至118家。[④] 相较于第一轮合作制公证机构改革,第二轮改革在顶层设计、思想认识和配套措施等方面均做了相对充足的准备。因此,本轮合作制公证机构的改革成效也较为明显。具体表现为以下几个方面:

(1)公证活力更为强劲。脱离行政体制和事业体制束缚的合作制公证机构,更加适应市场经济发展对公证服务的需求,公证活力被迅速激发,呈现出朝气蓬勃的发展态势。(2)公证业务的范围有所拓展。新设立的合作制公证机构不再局限于传统的公证业务,而是更加积极地回应经济社会发展和社会治理对公证业务的

---

① 参见魏哲哲:《办公证 让群众少跑腿》,载《人民日报》2017年7月18日。
② 参见马宏俊、文亚雄:《重启合作制公证机构试点研究》,载《中国公证》2018年第1期。
③ 参见徐天:《公证体制改革:"烂尾"17年》,载《中国新闻周刊》2017年第32期。
④ 参见司法部公共法律服务局施汉生局长在"党建引领下的合作制公证机构管理"主体研讨会上的讲话《党建引领航向 坚定笃行远方》,载厦门市鹭江公证处:
https://mp.weixin.qq.com/s/uIX-pGuOrYjrnCw_pFK8jQ,访问时间2020年11月15日。

新需求，从而有效拓展了公证业务范围。例如，作为上海市首批合作制公证机构试点单位之一的新虹桥公证处自成立以来，积极推进传统业务互联网化，在知识产权、金融业务和互联网业务等新兴领域进行了积极探索，公证员平均业务收入明显提升。① （3）公证服务意识更强。与体制内的公证机构相比，合作制公证机构更加愿意通过增强服务意识、提高服务品质的方式来拓展业务来源，增强行业竞争力。而且，部分合作制公证机构已经不再局限于只提供公证服务，而是转向提供综合性法律服务，以此吸引市场主体。② 如上海市的张江公证处和新虹桥公证处开创了"一次都不跑"的公证服务，极大地减轻了当事人的办证负担。③ 广州市南沙公证处推行"定点＋巡回"的公证模式，使公证服务更加便民利民。④ 合作制公证机构在服务意识方面的创新，对于提升整个公证行业的服务水平也产生了一定的"鲶鱼效应"。（4）公证质量更加可靠。公证质量是公证工作的生命线，也是合作制试点成败的关键。相较于体制内公证机构，合作制公证机构更加具有自律意识，高度重视公证质量的监管。如无锡市江南公证处通过建立严格的常态化质量监督自查机制，要求公证员每周进行一次卷宗互查，严防错证、假证发生，使其卷宗合格率达到了100%；济南市高新公证处在建立统一受理、质检、签发制度的同时，实行卷宗质量专人定期抽查和邀请第三方随机抽查等机制。没有投诉、复议、撤证，已经成为新设合作制公证处的普遍现象。⑤

改革试点的成效表明，合作制公证机构要比体制内的公证机构更加灵活，在人才引进、业务拓展、服务创新、质量保证等方面具有明显优势，更为适合市场经济的发展要求，也更为契合当前公证事业的发展需要。⑥ 但与此同时，我们也应当清醒地看到，合作制公证机构改革过程中仍然存在诸多方面的问题，亟须加以解决。

（二）合作制公证机构改革存在的问题

第一，合作制公证机构的法律性质定位不明。改革试点过程中，"定性不明"始终是困扰合作制公证机构有序发展的重要原因。迄今为止，学术界与实务界在合作制公证机构法律定性的问题上仍未形成共识。有学者认为，合作制公证处具有

---

① 参见王凤梅、赵芳：《新虹桥公证处1岁啦！听听这个合作制公证处的幸福创业经》，载律新社：https://mp.weixin.qq.com/s/B_oAUTprGXdw_AsE6C9HUA，访问时间2011年11月1日。
② 参见王思雨：《上海2家合作制公证处"逆势增长"的秘密》，载律新社：https://dy.163.com/article/FJ5H0M4K0512D80K.html，访问时间2020年11月1日。
③ 参见余东阳：《上海在线公证实现"一次都不跑"》，载《法制日报》2019年8月6日。
④ 参见耿旭静、董业衡：《南沙公证处：公证大篷车深入"最后一公里"，打造"巡回＋定点"模式》，载《广州日报》2019年12月8日。
⑤ 参见周斌：《合作制公证处试点调查》，载《法制日报》2019年4月15日。
⑥ 参见曹天健：《青岛合作制试点推动公证体制机制改革》，载《法治日报》2020年11月3日。

经济性和公益性的双重属性,属于特别法人;①有学者认为,可以将合作制公证机构定性为不具有法人资格的专业服务机构;②还有学者认为,将合作制公证机构定性为"捐助法人"比较有利于公证事业的发展。③ 从深层次来看,合作制公证机构的定性之所以众说纷纭,其根源在于国内对于"公证权如何定位"这个"元问题"尚未形成共识。④ 名不正则言不顺,言不顺则事不行。只有首先对合作制公证机构的民事主体性质进行准确定位,才能进一步扫除合作制公证机构改革中遇到的各种障碍。

第二,合作制公证机构改革的法律供给不足。目前,在《公证法》《公证机构执业管理办法》和《公证员执业管理办法》等法律及部门规章中,均无涉及合作制公证机构的具体规定。合作制公证机构改革的主要依据是《关于推进公证体制改革机制创新工作的意见》《关于推进合作制公证机构试点工作的意见》,以及各省级司法行政部门发布的改革试点文件。这些改革试点文件由于效力位阶较低、适用范围较窄、内容规定模糊等原因,难以为合作制公证机构提供充分且明确的指引和保障。尤其是当合作制改革涉及重大利益调整时,这些文件往往难以冲破现有的制度束缚,以致改革进程难以顺利推进,甚至出现改革"走样变形"的问题。

第三,合作制公证机构的运行管理有待完善。作为一项较为新生的事物,合作制公证机构在运行管理方面尚不成熟,特别是在内部决策、收入分配、质量监管、外部监督等方面仍缺乏科学合理的制度安排。也正是因为这样,合作制公证机构在运行管理过程中不可避免地出现了一些难题。比如,在内部决策方面,是否按照合作人出资比例行使表决权?以及如何避免合作人之间产生决策纠纷?在收入分配方面,如何既不违背司法行政部门的监管目的,又能有效调动公证人员的积极性、避免出现过度谋利现象?在质量监管方面,运用什么样的监管方式,既不会给公证员造成过多的公证压力,又能够有效提高公证质量?在外部监管方面,司法行政机关、公证行业协会对合作制公证机构的监管范围和监管力度应如何把握,如何避免陷入"一管就死,一放就乱"的怪圈?针对上述问题,各地试点的合作制公证机构仍在摸索之中,亟须顶层设计的引领。

三、合作制公证机构的民事主体性质分析

前已述及,明确合作制公证机构的民事主体性质,是改革得以顺利推进的首要

---

① 参见谢江东:《论合作制公证处的非营利性和发展方向》,载《中国公证》2017年第11期。
② 参见杨立新:《公证机构的法律性质与三种模式》,载《中国公证》2018年第1期。
③ 参见刘疆:《机遇和挑战:合作制公证处试点改革若干重大问题》,载《中国公证》2019年第5期。
④ 参见洪英:《国家治理现代化视阈下公证机构体制改革相关问题研究》,载《中国法律评论》2015年第3期。

前提。因此,本文将以民法典为分析基础,着重从解释论的角度对合作制公证机构的民事主体性质进行解读和澄清。

2020年颁布的《民法典》,将民事主体分为自然人、法人、非法人组织三大类别。合作制公证机构属于其中的哪一类民事主体呢？首先,从合作制公证机构的改革定位和实践运行来看,其应当属于民法上的法人。根据《民法典》第57条、第58条的规定,法人是具有民事权利能力和民事行为能力,依法独立享有民事权利和承担民事义务的组织；法人应当有自己的名称、组织机构、住所、财产或者经费。与此相应,根据《关于推进合作制公证机构试点工作的意见》对合作制公证机构的定义,以及各省级司法行政部门发布的改革试点方案,合作制公证机构的设立必须有符合条件的发起人、开办资金、执业场所、名称、机构设置,并能独立承担民事责任。[①] 从合作制公证机构的上述设立条件来看,基本上符合法人的设立条件,故将合作制公证机构定性为法人应当是没有争议的。

其次可以明确的是,合作制公证机构应当属于法人类别中的非营利法人。《民法典》创设了营利法人、非营利法人、特别法人三种法人类型。根据《民法典》第76条规定:"以取得利润并分配给股东等出资人为目的成立的法人,为营利法人。"第87条规定:"为公益目的或者其他非营利目的成立,不向出资人、设立人或者会员分配所得利润的法人,为非营利法人。"从法条文义来看,营利法人与非营利法人之间的根本区别在于,是否以营利为目的,并将取得的利润分配给出资人或设立人。根据《公证法》第6条规定,"公证机构是依法设立,不以营利为目的,依法独立行使公证职能、承担民事责任的证明机构。"作为公证机构的组织形式之一,合作制公证机构的定性自然也不能脱离《公证法》的规定,即不能以营利为目的。既然不以营利为目的,那么合作制公证机构理应属于非营利法人。相反,如果将合作制公证机构定性为民法上的"营利法人",不仅违背了公证法对公证机构的基本定位,也不利于合作制公证机构的健康有序发展。另外,还需澄清的是,非营利法人的核心并非禁止其营利,而是禁止分配利润,践行其非营利宗旨。[②] 关于"营利"的界定模糊,是社会大众对合作制公证机构经常产生误解的重要因素,因此有必要予以解释。

最后,应将合作制公证机构定性为具有法人资格的非营利性社会服务机构。《民法典》第87条规定,"非营利法人包括事业单位、社会团体、基金会、社会服务机构等。"从排除法的角度来看,合作制公证机构与事业单位、社会团体、基金会的内

---

① 参见上海市司法局《关于进一步推进合作制公证机构试点工作方案》、内蒙古自治区司法厅《关于开展合作制公证机构试点工作的方案》。

② 参见税兵:《非营利法人解释》,载《法学研究》2007年第5期。

涵均不相符,故将其定性为社会服务机构是比较妥当的。"社会服务机构"是我国独创的民法概念,其由原来的"民办非企业单位"改称而来。民政部 2016 年 5 月发布的《社会服务机构登记管理条例(征求意见稿)》,将社会服务机构定义为"自然人、法人或者其他组织为了提供社会服务,主要利用非国有资产设立的非营利性法人。"诸如非营利的民办学校、民办医院都属于社会服务机构的范畴。我们之所以将合作制公证机构定性为非营利的社会服务机构,主要有以下几个方面的原因。

其一,从提供的服务来看,合作制公证机构提供的服务属于社会服务。根据民政部门的解释,社会服务机构分布于各行各业之中,如教育事业、卫生事业、科技事业、体育事业等,其中也包括法律服务业。[①] 合作制公证机构提供的公证服务,既是专业的法律服务,也是公共的社会服务,可将其纳入"公共法律服务"的范畴。因此,从合作制公证机构提供的服务类型来看,将其定性为社会服务机构并无不当。

其二,从设立基础来看,合作制公证机构与社会服务机构都是利用非国有资产设立,在出资财产的性质上具有相似性。

其三,从比较优势来看,定性为社会服务机构较为有利于合作制公证机构的改革和发展,既有助于维护公证机构的社会公信力,也有利于公证机构享受特定的税收优惠政策。

此外,为了增强表述的精准性,甚至可以将合作制公证机构进一步定性为具有法人资格的非营利性的专业服务机构,因为"社会服务"的概念比较宽泛,而"专业服务"比较贴合公证法律服务的性质。但需要注意的是,尽管合作制公证机构与律师事务所、会计事务所等机构一样,提供的都是专业服务,但它们在主体性质上却截然不同,前者为法人,后者为非法人组织。

四、合作制与事业体制、合伙制的区别

在明确合作制公证机构的民事主体性质为具有法人资格的非营利性的社会服务机构之后,我们认为,有必要对合作制公证机构与事业体制公证机构、合伙制公证机构之间的区别作些分析。因为,实践中经常出现关于这三种类型公证机构的认知误差,从而引发不必要的争议和分歧。

(一)合作制公证机构与事业体制公证机构的区别

根据 2017 年全国公证工作会议的改革部署,全国 889 家行政体制公证机构已于 2017 年 11 月全部转为事业体制公证机构,事业体制已经成为我国绝大多数公

[①] 参见中央政府门户网站:《民办非企业单位包括哪些行(事)业》,http://www.gov.cn/fuwu/2014-02/20/content_2616231.htm,访问时间 2020 年 11 月 4 日。

证机构实行的体制。① 推进合作制公证机构试点,在某种程度上是为了克服事业体制公证机构存在的问题,两者之间具有许多明显的差异。

首先,从民事主体性质来看,事业体制公证机构和合作制公证机构均属于非营利法人,但前者属于事业单位,而后者属于社会服务机构,两者在性质上截然不同。其次,从设立主体来看,事业体制公证机构是由国家出资,由司法行政机关按照需要规划设立,利用的是国家编制和资源;而合作制公证机构是由合作人基于自愿共同出资设立,没有使用国家编制和资源。复次,从管理体制来看,事业体制公证机构执行的是事业单位的管理政策,部分公证机构还有可能参照行政单位的管理方式,而合作制公证机构实行的是民主管理和内部自治,合作人根据章程及合作人协议进行内部管理和运行。最后,从收入分配来看,如果是全额或差额拨款的事业体制公证机构,其办公经费和人员工资福利支出由国家财政保障,收取的公证费用实行"收支两条线",实行统一的绩效工资制;如果是自收自支的事业体制公证机构,其办公经费和人员工资福利支出由公证机构承担,实行效益工资并依法纳税。而合作制公证机构的收入分配,是在不违反财税管理规定和司法行政机关关于收入分配原则性规定的前提下自主分配,实行按劳分配、多劳多得的收入分配激励制度。②

正是由于以上方面的差异,决定了事业体制公证机构与合作制公证机构在灵活性和自主性方面存在较大的差异。客观来说,与其他事业单位一样,事业体制公证机构也仍然存在着一定程度的"行政化"色彩,在很多方面都必须参照行政单位的方式进行管理,因此也就不可避免地会陷入体制僵化的发展困境。从实际运行来看,不少事业体制公证机构的确出现了社会化程度不足、公证人员积极性不高、公证质量监管不严等发展弊病。特别是在欠发达基层地区的事业体制公证机构,普遍存在着专业素质不高、业务种类单一、服务意识不强等问题。甚至有些事业体制公证机构的公证人员还存在"以证换证""坐堂办证"等不良现象。③

与此不同,合作制公证机构在坚持"三个不变"的前提下,④脱离了"行政化"的束缚,完全由合作人按照市场规律和自律机制进行民主管理,这极大地提升了合作制公证机构的灵活性和自主性,释放了公证的发展活力。

---

① 参见郭庆良:《2018年中国公证事业发展情况》,载《中国公证》2018年第10期。
② 参见广东省司法厅课题组:《广东省合作制公证机构试点改革的探索与启迪》,载《中国司法》2019年第8期。
③ 参见薛凡:《公证改革视野中的公证文书改革》,载《中国公证》2019年第8期。
④ "三个不变"原则是指:公证机构作为国家法律授权证明机构的性质不变,公证员依法行使法律证明权的身份不变,公证文书的法律效力不变。参见山东省司法厅公证管理处课题组:《关于公证机构体制改革的路径思考》,载《中国司法》2014年第6期。

（二）合作制公证机构与合伙制公证机构的区别

合伙制公证机构是部分大陆法系国家采行的公证组织形式，也曾在中国本土"昙花一现"。2000年1月，为了贯彻落实《司法部关于在深圳市进行合伙制公证处试点工作的通知》，司法部在深圳市设立了全国唯一一家合伙制试点公证处——深圳市至信公证处。之所以进行合伙制公证机构试点，与当时我国政府对公证机构的性质定位密切相关。根据《司法部关于合伙制公证处试点工作座谈会纪要》的记载："公证机构作为社会中介组织，必须与行政机关彻底脱钩，改革现行的公证体制是社会发展的必然要求，势在必行；合伙制是社会中介组织的重要组织形式，为大多数社会中介组织所采用，进行合伙制公证处的试点，是探索公证体制改革的重要内容之一，与公证机构作为社会中介组织的方向相一致，也与国际上公证的发展潮流相吻合。"正是由于当时将公证机构定性为社会中介组织，促成了这次合伙制公证试点。从改革的组织力度来看，各界对此次合伙制试点可谓是满怀期待，但事与愿违，深圳市至信公证处在试点不到两年内便被撤销，合伙制公证试点也以失败告终。[①] 自此以后，国内再未进行类似的合伙制公证机构试点。合伙制公证机构试点何以失败？这可以从合伙制公证机构与合作制公证机构的异同为切入点展开分析。

从相同之处来看，合伙制公证机构与合作制公证机构均摆脱了"行政化"的束缚，改由公证机构自主管理、自主发展。相较于合作制公证机构，合伙制公证机构因为在运行管理方面吸收了部分公司制的优势，因此在灵活性和自主性方面可能更胜一筹，并具有以下几个方面的优势：公证人员积极性高、公证机构自治性强、公证责任较为分明等。

从不同之处来看，合伙制公证机构与合作制公证机构的首要差异就是，合伙制公证机构与合伙制律师事务所相似，属于非法人组织，而合作制公证机构属于法人组织。两者在组织性质方面的差异，由此衍生出两者在第二个方面的不同，也就是责任承担方式的不同。作为非法人组织的合伙制公证机构实行的是无限责任，即当公证机构的自身财产不足以清偿债务时，公证机构的出资人还应当承担无限责任；而作为法人组织的合作制公证机构，实行的是有限责任，公证机构以其全部财产清偿债务，无须合作人再承担剩余责任。由此可见，合作人相较于合伙人而言，承担责任的压力会相对较小。第三个方面的不同是，合伙制公证机构存在片面追求经济效益的风险，从而影响公证机构非营利性的法律定位，进而有损公证的权威性和公信力。与之有别，合作制公证机构在分配方式等方面受到司法行政机关的

---

① 参见詹爱萍：《反思与重构：〈公证法〉施行后公证体制改革述评》，载张卫平、齐树洁主编：《司法改革论评》第8辑，厦门大学出版社2008年版，第117页。

监管和约束,因此片面追求经济效益的风险相对较小。在这方面,深圳市至信公证处就是典型案例。该公证处成立以后,其合伙人多次通过宴请房地产公司,以及向有关单位及个人提供回扣的方式,开拓"证源"。更为严重的是,该处合伙人还通过向深圳市公证处主任陈新田行贿的方式,获得了原本属于深圳市公证处的公证业务。① 最终,深圳市至信公证处因为经济问题而被撤销,陈新田也因受贿罪被判处刑罚。

总体而言,合伙制公证机构"市场化"有余,但"社会化"不足。从当前我国公证制度所处的发展阶段来看,合伙制公证机构并不适合我国的实际。因为,目前我国在公证制度的公信力、公证人员的专业素质、社会公众对公证的认知度等方面均有待加强,如果贸然实施合伙制可能不利于公证事业的长远发展。况且,在缺乏有效监管的情况下,采取合伙制有可能会使公证机构及其合伙人陷入"过度营利"的境地,从而有损公证权的国家性、社会性、服务性、法定性等属性。② 相较而言,合作制公证机构既能摆脱事业体制的僵硬化,又能避免出现合伙制的过度营利性,与我国公证制度所处的发展阶段较为契合,是比较稳妥的体制选择。因此,推动合作制公证机构改革和发展应当成为未来一段时期我国公证制度发展的基本方向。

五、合作制公证机构不宜定性为捐助法人

"捐助法人"是近年来我国学者所创设的民法概念,用以指代大陆法系民事主体制度中的"财团法人"概念,特别是指代公益性财团法人概念。③《民法典》第92条规定,"具备法人条件,为公益目的以捐助财产设立的基金会、社会服务机构等,经依法登记成立,取得捐助法人资格。"由此可知,"捐助法人"是指法人组织中,以公益为目的,以捐赠财产为基础设立的基金会或社会服务机构。为了解决合作制公证机构定性不明的窘境,有实务专家提出可以将合作制公证机构定性为捐助法人,以此推动改革进程。④ 根据司法部公共法律服务局的披露,目前山东省已经采用"捐助法人"的方式设立了8家合作制公证机构。具体做法是:由省司法厅根据规划和需要设立,由多名公证员作为合作人自愿组合、捐资组建,捐资永不收回,也不继承;公证机构根据法人章程运行,自负盈亏,收益盈余主要用于公共积累,终止时的剩余财产只能归于公益。

笔者认为,尽管将合作制公证机构定性为"捐助法人",可能有利于克服改革过

---

① 参见王建中:《打防并举:有效地治理地方腐败现象》,载《改革与战略》2003年第7期。
② 参见汤维建:《以党的十八届四中全会精神指导我国公证行业发展》,载《中国公证》2014年第12期。
③ 参见罗昆:《捐助法人组织架构的制度缺陷及完善进路》,载《法学》2017年第10期。
④ 参见刘疆:《机遇和挑战:合作制公证处试点改革若干重大问题》,载《中国公证》2019年第5期。

程中的部分障碍。但从现行法律规定来看,合作制公证机构并不符合民法典对捐助法人的法律定位,故不宜将其定性为捐助法人。具体阐述如下:

第一,从设立目的来看,捐助法人的设立目的必须是以特定的公益为目的,如慈善事业、扶贫事业、赈灾事业等,而合作制公证机构的设立并非纯粹是为了公益,尽管其提供的公证服务具有某种程度的公益色彩,但与捐助法人要求的公益性相差甚远。从民法理论的分类来看,捐助法人属于"公益性法人",而合作制公证机构较为接近"互益性法人"。[①] 第二,从财产来源来看,捐助法人的全部财产均来源于捐助人的捐赠,属于民法意义上的赠与行为,而合作制公证机构的财产来源于合作人的共同出资,这种出资并不具有赠与的意义,而是具有集体财产的性质。[②] 况且,如果将这种出资定性为"捐赠",既不利于鼓励合作人自愿出资设立合作制公证机构,也不利于公证机构的财产积累。第三,从权力(利)来源来看,合作制公证机构行使的法定证明权来自于国家的授予,而捐助法人的权利来源于捐助人的转授;第四,从法律效力来看,公证具有国家赋予的证明效力、强制执行效力、法律行为生效要件效力等法律效力,而捐助法人实施的行为并不具有类似效力;第五,从管理方式来看,根据《民法典》第93条、第94条的规定,捐助法人是由其决策机构、执行机构、监督机构进行管理,捐助人并不实际参与捐助法人的日常管理,只在特定情况享有法定的查询权和撤销权;而合作制公证机构主要是由合作人根据合作人协议及章程进行管理,合作人对公证机构的管理和运行至关重要。第七,从终止时剩余财产的处理来看,法律明确规定捐助法人终止时,不得向出资人、设立人或者会员分配剩余财产,而合作制公证机构清算后的剩余财产当如何分配尚不明确,部分地区规定按照非营利法人有关规定处理。[③]

综合以上方面的差异来看,合作制公证机构与民法意义上的捐助法人相差甚远,如果强行将合作制公证机构定性为捐助法人,难免有"削足适履"之嫌,这并不利于合作制公证机构的长远发展。

六、完善合作制公证机构改革的几点建议

以上着重从解释论的角度,运用对比分析的方法,对合作制公证机构的民事主体性质进行了澄清,解决了合作制公证机构改革中面临的首要难题。针对合作制

---

① 互益性法人是为了成员间的共同利益所成立,因此其利益接收方与利益付出方是相同的,都是互益性法人的设立人、出资人或者成员。参见张新宝、汪榆淼:《论"为其他非营利目的"成立的法人》,载《法学评论》2018年第4期。
② 参见段伟:《公证原理与实务》,法律出版社2014年版,第63页。
③ 参见《四川省合作制公证处管理办法》第32条,《广西壮族自治区合作制公证处管理办法(试行)》第36条。

公证机构改革中存在的法律依据不充分、运行管理不完善两个方面的问题,本文提出以下几个方面的建议。

(一)加快推动修改现行《公证法》

针对合作制公证机构改革过程中出现的法律供给不足问题,及时修改现行《公证法》是比较彻底的解决方案。现行《公证法》自2005年颁布以来,已有15年没有做过实质性的修改。客观而言,《公证法》中的许多规定已经无法适应当前公证改革的需要。特别是《公证法》对公证机构性质的模糊定位,严重影响了公证机构体制改革。

根据"凡属重大改革要于法有据"的原则,推进合作制公证机构改革必须回到法治的轨道上。及时修改《公证法》既能提升合作制公证机构改革的法理正当性,减少改革过程中的阻力,同时也能为合作制公证机构改革提供清晰的法律指引,使改革进程更加顺畅。关于公证机构的体制,可以在法律中明确规定公证机构可以实行事业体制或合作制,并具体规定两种类型公证机构的运行和管理方式。如此一来,便可以减少公证机构体制改革中的各种乱象,提升公证的权威性和公信力。

(二)完善合作制公证机构的财务管理制度

首先,需要明确合作制公证机构的纳税方式。根据各地发布的试点文件来看,合作制公证机构财务管理实行的基本原则是独立核算、自负盈亏、依法纳税。具体在纳税方面,从全国到地方的试点文件,均未明确规定合作制公证机构的纳税规则。在实践中,合作制公证机构的纳税方式也比较混乱,既有按"经营服务性机构"纳税,也有按照"合伙性质的个体工商户"纳税的做法。[①] 为此,有必要统一合作制公证机构的纳税方式,我们建议将其纳税方式统一为按照"社会服务机构"进行纳税,并给予其一定程度的税收优惠。

其次,完善合作制公证处的收入分配规则。合作制公证机构应实行按劳分配、多劳多得的收入分配规则,这样可以吸引更多的优秀法律人才加入公证队伍,从而解决公证人才"引不进、留不住"的问题。与此同时,为了防止出现公证人员片面追求经济效益、忽视公证质量的现象,合作制公证机构应当实行绩效工资制,而非提成工资制。

最后,还需明确合作制公证机构的出资规则。目前,关于合作人不履行出资义务应当如何处理?合作人退出合作制公证机构时其出资如何处理?以及合作人出资如何继承等问题均无明确的规则指引。我们认为,对于合作人不履行出资义务

---

① 参见广东省司法厅课题组:《广东省合作制公证机构试点改革的探索与启迪》,载《中国司法》2019年第8期。

的,应当通过召开合作人会议的方式将其除名。合作人退出公证机构时,若有正当事由,可以向其退还原始出资,并给予其一定的退出费;若因非正当事由退出,则不予退还原始出资,也不给予退出费。若有合作人死亡或者被依法宣告死亡的,其继承人并不当然继承合作人资格,而应由公证机构向继承人退还合作人的出资,并给予退出费。此外,新增合作人及其出资,应由合作人共同商定。

(三) 完善合作制公证机构的监督管理机制

首先,要理顺司法行政机关行政管理、公证协会行业管理、公证机构自我管理的关系。既要实现对合作制公证机构的有序放权,也要对其进行有效监督,避免合作制公证机构陷入"一管就死,一放就乱"的监管困局。司法行政机关应当充分尊重合作制公证机构的特殊性和自主性,而非将监管体制内公证机构的"老办法"生搬硬套到合作制公证机构上,这样会使合作制公证机构丧失特色和优势。

其次,要完善合作制公证机构的内部治理结构。合作制公证机构应当厘清合作人会议、管理委员会、监督委员会的具体职权,避免出现职权交叉和职责推诿的问题。此外,在决策权的行使方面,建议合作人按照出资比例而非"一人一票"行使表决权,从而提高集体决策的科学性和效率性,避免公证机构内部陷入运行僵局。

最后,要严格加强公证质量监管。合作制公证机构应当更加注重公证质量的监管,不断推进公证服务向精细化、专业化、品质化拓展。因此可以考虑建立公证质量追溯和追责机制,加强办证环节、核实环节、审批环节、出证环节的质量监管,将错证和假证的发生率降至最低。同时,对于重大复杂的公证事项,应提交公证机构集体讨论,从而有效防范公证风险。

从历史中探寻革新智慧

——百年中国公证组织形式变迁的思考

蔡 煜[*]

摘要：公证组织形式的完善，是当前中国公证改革和《公证法》修改完善的重要内容。本文回顾了百年来中国公证组织形式变迁，认为公证组织形式的创新既要充分考虑本国、本地区实际情况，又要积极借鉴域外有益经验与教训；公证组织形式的创新、完善必须要有法律保障；公证组织形式的创新必须依赖从业者的自律与依法、有效、适度监管有机结合；公证组织形式的创新目标定位后，必须要有强有力地舆论宣传引导，提高社会大众对组织形式创新目标的认可度。文章最后提出未来中国公证组织形式的创新制度设想。

关键词：公证组织；历史变迁；改革设想

没有建立起符合当前我国实际情况的公证组织形式，一不能吸引人才加入，二不能稳定现有公证队伍，三无法充分发挥公证制度的各项功能。因此笔者认为，公证组织形式的完善，是当前中国公证改革和《公证法》修改完善的重要内容。历史是最好的老师，本文试从回顾百年中国公证组织形式变迁，吸取有益经验与教训，以期为完善具有中国特色的社会主义公证组织形式提供参考材料。

---

[*] 本文作者：蔡煜，上海市杨浦公证处副主任。

一、百年中国公证组织形式的回顾

（一）清末民国时期

1. 公证人事务所或公证役场形式

（1）1920年12月—1937年12月

在我国东省特别区地理区域（"九一八"事变后不久被日本侵占）施行"法院（审判厅）"监管下的公证人事务所体制。

（2）1937年12月—1945年8月

根据日本天皇发布的"关东州公证人令"，在我国大连地区（时被日本侵占）施行由伪"地方法院"监管下的公证人事务所体制。①

（3）1927年7月—1945年10月在我国台湾省大部分地区（被日本侵占）施行设立由伪"法院"监管下的公证役场，设民间公证人。

2. 法院设机构或由专人办理或兼办

（1）1904年2月—1927年7月我国台湾地区（被日本侵占）大部分由伪法院判官兼任"公证官吏"，伪法院判官如有事故，由伪法院书记代理执行。1919年后，以伪法院书记充任"公证官吏"。1927年7月—1945年10月另设有特别公证机关，由部分伪地方法院的书记执行公证人职务。②

（2）1923年12月15日，北洋政府司法部公布施行山东青岛地方审判厅所拟的《公证试办规则》，规定在山东青岛地方审判厅管辖地区，由山东青岛地方审判厅办理公证事务。③

（3）1936年4月1日—1949年9月30日

在南京国民政府统治区域，已开办公证业务的，由地方法院内设公证处或由推事兼办。汪伪统治地区中开办公证业务的，也由伪地方法院内设公证处或由推事兼办。④

（4）1937年12月—1945年8月在伪满洲国地域，根据伪满洲国《公证法》第一条，废除公证人事务所体制，改为伪区法院管辖，由其所属之伪执行官或伪书记官处理公证事务。⑤

---

① 参见大连市史志办公室编：《大连市志·司法行政志》，大连出版社2000年版，第105页。
② 参见蔡煜：《日据与光复初期的公证制度拾零》，载微信公众号"布衣史话"，2020年10月25日上传。
③ 参见山东省司法厅编：《山东司法大事记》，1989年12月印刷，第24页；山东省司法厅编：《山东司法行政志》，1989年12月印刷，第168-169页。
④ 1936年4月1日是首都地方法院公证处成立日。参见南京市地方志编纂委员会编：《南京司法行政志》，方志出版社2000年版，第129页。
⑤ 参见溥仪：伪满洲国《公证法》（敕令第三百三十九号）。

(5) 在解放区的哈尔滨、沈阳、上海等地从 1946 年至 1949 年后先后在法院由推事兼办或另设机构由公证人或其他法院工作人员办理公证事务。

3. 由行政机关兼办

(1) 1898 年 7 月 16 日,伪"台湾总督"颁布的《律令》第九号《民事商事及刑事有关律令施行规则》第 5 条规定,日本民法施行法、商法施行条例、非讼事件手续法中属于公证人之职务者,暂时由"办务署长"代之。① 边远的恒春、台东及澎湖三"厅"管内公证事务在 1904 年 3 月—1912 年 7 月由该伪厅"厅长"执行。②

(2) 1907 年 3 月 1 日—1937 年 11 月 30 日在我国大连地区(被日本侵占)由伪"民政署长"或伪"民政支署长"负责,具体办理公证事务的"官员"称"公证官吏"。③

(二) 中华人民共和国成立后

1. 法院设机构或指定专人办理或兼办

1949 年 10 月 1 日至 1956 年 7 月在法院内部设立公证处(室)或由法院其他机构、工作人员兼办,1956 年 7 月到 1958 年年底则绝大多数地方由法院设机构或由专人办理或兼办,1959 年后到 1980 年左右则均由法院设机构或指定专人办理或兼办。我国台湾地区至今仍保留"法院"公证人。

2. 由司法行政机关设立的行政或事业体制的公证机构

1956 年 7 月至 1958 年,各地司法行政机关在一些大中城市单独设公证处,编制有行政或事业,以及未有编制。1980 年至今,全国绝大多数设立的公证处均属于司法行政机关设立的行政或事业体制公证处。在 20 世纪 80 年代,设立的公证处以行政体制为主。1993 年 1 月 7 日,司法部党组书记、部长蔡诚在全国司法厅(局)长会议上作报告,提出"要加快现行公证体制的改革,推进公证机构逐步向事业单位过渡。"④ 2000 年 7 月 31 日,国务院以《国务院办公厅关于深化公证工作改革有关问题的复函》批准司法部下发实施《关于深化公证工作改革的方案》,在《关于深化公证工作改革的方案》中提出:"1. 现有行政体制的公证处要尽快改为事业体制。改制的公证处应成为执行国家公证职能、自主开展业务、独立承担责任、按市场规律和自律机制运行的公益性、非营利性的事业法人。今后,不再审批设立行

---

① 参见伪"台湾总督"《律令》第九号《民事商事及刑事有关律令施行规则》,载刘宁颜主编:《日据初期司法制度档案》,"台湾省文献委员会"1982 年版,第 168-169 页。"办务署"指伪"县之厅之下级行政官署"。

② 参见"台湾省文献委员会"编:《台湾省通志·卷三政事制司法篇》第 2 册,"台湾省文献委员会"1972 年版,第 109 页。

③ 参见大连市史志办公室编:《大连市志·司法行政志》,大连出版社 2000 年版,第 105 页。

④ 蔡诚《认真贯彻落实党的十四大精神 积极为加快改革开放和经济建设 建立社会主义市场经济体制提供法律服务和法律保障——蔡诚同志在全国司法厅(局)长会议上的报告》,载《中国司法行政年鉴》编辑委员会编:《中国司法行政年鉴 1995》,法律出版社 1996 年版,第 399、404 页。

政体制的公证机构。2.在改革过渡期内,边远、贫困地区及近三年人均业务收入不足三万元的公证机构,可以暂时保持原行政体制不变,但应按事业单位的模式管理和运行。"①另外,也存在由其他部门设立或管理的事业体制公证处,如成都市高新公证处,成立于1997年,是由成都市高新区政法委行政代管的自收自支事业单位。②

根据2017年7月司法部在哈尔滨召开的全国公证工作会议精神,全国行政体制公证机构在2017年底前要全部转为事业体制。在司法部的强力推进下,至2017年11月14日,889家行政体制的公证处已经提前全部完成改制任务。③

3. 由行政机关等兼办

目前我国澳门特别行政区法务局下属的第一公证署、第二公证署、海岛公证署仍办理公证事务。另外根据《澳门公证法典》第3条规定,专责公证员、就特定行为获法律赋予公证员权限之其他实体得行使公证职能。④

4. 合伙制公证处

1999年11月16日司法部向广东省司法厅印发《司法部关于合伙制公证处试点工作座谈会纪要》,认为"合伙制是社会中介组织的重要组织形式,为大多数社会中介组织所采用,进行合伙制公证处的试点,是探索公证体制改革的重要内容之一,与公证机构作为社会中介组织的方向相一致,也与国际上公证的发展潮流相吻合。"⑤广东省司法厅于1999年12月24日向深圳市司法局印发《关于同意设立深圳市至信公证处的批复》,并于同日颁发了《公证处执业许可证》。⑥ 据此,2000年1月25日,全国第一家在合伙制公证处——深圳市至信公证处正式挂牌成立⑦,后于

---

① 司法部《关于印发〈国务院办公厅关于深化公证工作改革有关问题的复函〉和〈关于深化公证工作改革的方案〉的通知》,载司法部律师公证工作指导司、中国公证协会编:《公证规章汇编》(2010年版),法律出版社2010年版,第191-194页。

② 参见该处官网机构简介,载高新公证网,http://www.cdgxgzc.com/info/7.html,访问时间2021年9月28日。

③ 《全国行政体制公证机构转为事业体制工作提前全部完成》,载中国政府网,http://www.gov.cn/xinwen/2017-11/16/content_5240079.htm,访问时间2021年9月28日。

④ 专责公证员系指就特定行为获法律赋予公证员权限且法律学士学位之公共机关之公务员、服务人员或工作人员。如财政局专责公证员。参见《澳门公证法典》第3条规定;韦思明(Vicente Monteiro)、陶智豪(Frederico Rato)《专责公证员制度》,邝玉球译,法律及司法培训中心2015年版,第2-3页。

⑤ 司法部《司法部关于合伙制公证处试点工作座谈会纪要》(司发函〔1999〕426号),载中华人民共和国司法部编:《中华人民共和国司法行政规章汇编(1999)》,法律出版社2000年版,第130-132页。

⑥ 广东省司法厅《关于同意设立深圳市至信公证处的批复》(粤司公〔1999〕25号)、《公证处执业许可证(证号:001)》。

⑦ 《广东省志》编纂委员会:《广东省志(1979—2000)1 总述卷 大事记卷》,方志出版社2014年版,第373页。

2001年底被终止试点。① 时任司法部党组书记、部长张福森在2001年5月22日，在调研北京国信公证处时说："公证处要活起来，确实需要改革，但是，将来中国的公证，公证处的组织形式是不是就是合伙制，还看不清楚，这是个很大的问题，需要研究。"②

5. 合作制公证处

1998年4月13日南京市经济体制改革委员会、南京市司法局作出《关于同意南京市第三公证处实行股份合作制改革试点的批复》，根据此《批复》，同意南京市第三公证处实行股份合作制后，其事业单位的性质不变，首起资本由第三公证处原有从业人员投入。同年6月30日，又由第三公证处原有从业人员出资30万元，在南京市工商行政管理局注册股份合作制企业，登记名称仍为"南京市第三公证处"，类型为：股份合作制，并取得《企业法人营业执照》。2007年9月7日，南京市司法局作出《关于终止南京市第三公证处股份合作制试点的决定》，将"南京市第三公证处"更名为"江苏省南京市钟山公证处"，原处级建制不变。③ 2018年4月18日，股份合作制企业性质的"南京市第三公证处"因其他原因被注销。④

1998年8月25日，唐山市司法局向河北省司法厅呈报《关于设立唐山市第二公证处的请示》，要求"按照党的十四届三中全会已确定的公证为中介组织的精神，有必要建立适应市场经济发展的股份制公证处试点"，河北省司法厅于1998年8月31日作出《关于设立唐山市第二公证处的批复》，同意"作为全省公证工作改革的试点单位，同意设立唐山市第二公证处"。⑤ 2008年6月23日，经唐山市机构编制委员会批复唐山市司法局，同意将唐山市第二公证处与唐山市公证处等公证机构整合为"唐山市华亿公证处"，作为唐山市司法局所属自收自支事业单位。⑥

1999年10月26日吉林省司法厅作出《关于同意长春市进行合作制公证处试

---

① 参见魏海波：《公证处主任受贿61万被判六年》，载搜狐网，http://news.sohu.com/72/47/news203074772.shtml，访问时间2021年9月15日。

② 张福森《谈谈公证改革》，载张福森主编：《司法部长谈司法行政》，法律出版社2006年版，第127-130页。

③ 参见江苏省南京市中级人民法院《江苏省南京市中级人民法院行政裁定书》[（2008）宁行终字第185号]；南京市司法局《关于终止南京市第三公证处股份合作制试点的决定》（宁司〔2007〕97号）。

④ 南京市第三公证处企业信用信息公示信息，载国家企业信用信息公示系统，http://www.gsxt.gov.cn/%7B7CE1A9B914C0086BE7F76EBA361C8A2737350985515379652DF954444681E0F0696B415D1CF1D9EEC4122506CF5C91D36A689094228F45C361991395337947DBF47BF47BF56946CA850A850A850A850A86CAE46E91146AFE3E573B4135ED2F86E47DE73FFC62F7C847C013D5E2C1012840831F50DF50DF50D-1633503324022%7D，访问时间2021年9月28日。

⑤ 参见唐山市司法局《关于设立唐山市第二公证处的请示》[（1998）026号]；河北省司法厅《关于设立唐山市第二公证处的批复》（〔1998〕200号）。

⑥ 参见唐山市机构编制委员会（唐机编字〔2008〕12号）。

点工作的批复》,原则同意长春市进行合作制公证处的试点工作。① 经长春市司法局研究同意,由4人共同合作组建长春市第二公证处,属于"国家开办的不要国家编制和经费,公证员自我投资,自收自支,自主开展业务,自我发展,自我约束,按市场规律和自律机制运行,独立承担法律责任的事业法人。""公证处形成的法人财产归合作人共有。""公证处以全部法人财产承担民事责任。"②

2000年1月19日,经司法部领导批准,司法部律师公证工作指导司决定由各省、自治区、直辖市进行1~2家合作制公证处试点③。2003年7月25日司法部党组书记、部长张福森提出:"目前,全国有39家公证处正在进行合作制的体制试点,这些试点可以继续进行,但数量不能再增加。就是这些试点,也只是一种尝试,并不代表将来公证发展就一定是这个方向。"④此后,一些合作制公证处因各种原因,被终止试点,如山东省即墨市公证处于2006年2月6日,被终止试点,转为事业体制。⑤

2017年7月13日,司法部、中央编办、财政部、人力资源社会保障部印发《关于推进公证体制改革机制创新工作的意见》,要求"推进合作制公证机构试点,完善配套扶持政策,更好地满足人民群众和经济社会发展对公证服务的新需求。"⑥2017年9月5日,司法部又印发《司法部关于推进合作制公证机构试点工作的意见》。⑦据此,全国又成立一批合作制公证处。

6. 公证人事务所

我国台湾地区于1999年4月21日修改有关规定,建立"民间公证人"制度,2001年8月20日,民间公证人杨昭国率先获得"遴任证书",并于同月27日在所属"地方法院"登录。之后民间公证人与法院公证人并行运作,目前设有数十家民间公证人事务所。至2019年12月底,台湾地区民间公证人共有123人。⑧

---

① 参见吉林省司法厅《关于同意长春市进行合作制公证处试点工作的批复》(吉司公发〔1999〕108号)。
② 参见长春市司法局《长春市司法局关于成立长春市第二公证处的请示》(长司公〔1999〕5号)。
③ 司法部律师公证工作指导司《关于开展合作制公证处试点工作的通知》(〔2000〕司ေ公字第001号),载司法部律师公证工作指导司、中国公证协会编:《公证规章汇编(2010年版)》,法律出版社2010年版,第305页。
④ 《张福森同志在全国司法厅(局)长座谈会上的讲话》,载《中国司法行政年鉴》编辑委员会:《中国司法行政年鉴2004》,法律出版社2004年版,第270、276页。
⑤ 山东省即墨市公证处于2001年10月9日整体改组为合作制公证处。参见山东省公证协会:《山东公证大事记1949—2019》,2020年3月,第85、86、118页。
⑥ 司法部、中央编办、财政部、人力资源社会保障部《关于推进公证体制改革机制创新工作的意见》(司发〔2017〕8号)。
⑦ 司法部《司法部关于推进合作制公证机构试点工作的意见》(司发通〔2017〕95号)。
⑧ 参见2001年度"民公证字第○○○一号""民间公证人遴任证书";台湾地区有关部门所统计的2019年《民间公证人办理公证事件终结情形——按机关别分》(一)公证事件中备注。

另据叶自强老师介绍,北京市海淀区公证处曾于1995年更名为"海淀公证人事务所",笔者虽多方打听,尚未得见更名文件。①

7. 企业

(1) 全民所有制企业

举例:据笔者2021年9月28日在线查询国家企业信用信息公示系统,宁夏回族自治区银川市国信公证处登记类型为全民所有制,注册资本为人民币40万元。1997年12月8日成立,核准日期为2020年11月27日,2020年11月27日因责令关闭被注销。② 而独山县公证处登记类型为全民所有制分支机构(非法人)。2003年6月10日成立,核准日期为2021年6月8日,2021年6月8日因决议解散被注销。③

(2) 集体企业

举例:据笔者2021年9月28日在线查询国家企业信用信息公示系统,昌吉回族自治州公证处登记类型为集体所有制,2005年08月18日成立,核准日期为2016年4月12日,其中赵卫利为自然人股东,昌吉回族自治州司法局为其他投资者,注册资本为人民币10万。④

(3) 合伙制企业

举例:据笔者2021年9月28日在线查询国家企业信用信息公示系统,宁夏回族自治区银川市国安公证处(特殊普通合伙)登记类型为特殊普通合伙企业,2014年1月14日成立,共有3位合伙人,合伙期限至2024年1月13日,核准日期为

---

① 更名时间据其自前言时间推定。参见叶自强:《现代公证制度应用研究》,中国民主法制出版社1996年版,前言,第24页。

② 宁夏回族自治区银川市国信公证处企业信用信息公示信息,载国家企业信用信息公示系统,http://www.gsxt.gov.cn/%7BB7A462FCDF85C32E2CB2A5FFFD594162FC70C2C09A16B220E6BC9F018DC42BB5A22E8A18DE8436DB2704E915A7B00258FDE3424C896D3F19FD5C5A7C98725F5B86F086F086E1E5384E384E384E384E385E28F1BDC0A6D0129A82CBE22123879F382F0C0EB9DE94E29467D538C476FAE2E0571D6B1D6B1D6B-1633575460544%7D,访问时间2021年9月28日。

③ 独山县公证处企业信用信息公示信息,载国家企业信用信息公示系统,http://www.gsxt.gov.cn/%7BE3A436FC8B85972E78B2F1FFA9591562A87096C0CE16E620B2BCCB01D9C47FB5F62EDE188A8462DB7304BD15F3B05658A9E3164CDD6D6B19A95C0E7CCC720B3921032103210-16335751261551%7D,访问时间2021年9月28日。

④ 昌吉回族自治州公证处企业信用信息公示信息,载国家企业信用信息公示系统,http://www.gsxt.gov.cn/%7B55A480FC3D85212ECEB247FF1F59A3621E7020C07816502004BC7D016FC4C9B5402E68183C84D4DBC5040B1545B0E0581FE3A04C6B6DDD191F5CB87C7A72BD5BDF4BDF4BDF39BD1396029602960296029602AA4CC8E88278D31839D99F6520D514F4A1248A1E8A9BCBC4DA8AE41EFEAB039703970397-1633444486885%7D,访问时间2021年9月28日。

2020年6月16日,目前已被列入经营异常名录。① 肥乡县公证处登记类型为普通合伙企业,2007年5月17日成立,共有2位合伙人,合伙期限至2012年6月1日,核准日期为2007年5月17日,于2021年4月27日因《中华人民共和国公司法》第211条第一款原因,被市场监督管理部门吊销营业执照,但未办理注销登记手续,目前也已被列入经营异常名录。②

8. 法定机构、委托公证人及其他形式公证组织

(1) 2014年10月23日,深圳市政府五届一百二十次常务会议审议通过《深圳公证处管理暂行办法》,从2015年1月1日起,广东省深圳市深圳公证处成为全国首家采用法定机构模式运行的公证机构。公证处建立以管理委员为核心的法人治理结构,实行决策、执行、监督有效制衡的治理机制。

(2) 在公证组织改革过程中,据笔者了解,我国还出现了一些仅有司法行政部门颁发的公证机构执业证书的公证机构,不属于行政、事业、合作制、合伙制、企业、法定机构性质。

(3) 司法部先后在香港、澳门建立委托公证人制度,委托具有相应资格的律师办理有关公证事务。2022年共注册429名中国委托公证人(香港)③,澳门现有16名中国委托公证人(澳门)④。同时,经司法部办公厅研究,中国法律服务(澳门)公司可根据当事人申请,直接办理《公证法》第11条和第12条规定范围内、发往内地使用的公证文书。⑤

(4) 我国澳门地区于1991年新设了私人公证员制度,由符合条件的律师兼任,我国台湾地区也建立符合条件的律师兼办公证制度。另外在香港特别行政区,

---

① 参见宁夏回族自治区银川市国安公证处(特殊普通合伙)企业信用信息公示信息,载国家企业信用信息公示系统,http://www.gsxt.gov.cn/%7BB8A46DFCD085CC2E23B2AAFFF2594E62F370CDC09516BD20E9BC900182C424B5AD2E8518D18439DB2804E615A8B00D58F2E34D4C866D3019F25C557C9772505B89F089F089E1EA384138413841385128FEBDCFA6DF129582C4E22E23889F372F030EB6D9BE39B67DA38CB76F5E2EF57126B126B126B-1633567296198%7D,访问时间2021年9月28日。

② 参见《中华人民共和国公司法》第211条第1款:公司成立后无正当理由超过六个月未开业的,或者开业后自行停业连续六个月以上的,可以由公司登记机关吊销营业执照;肥乡县公证处企业信用信息公示信息,载国家企业信用信息公示系统,http://www.gsxt.gov.cn/%7B53CE86963BEF2744C8D841951933A508181A26AA7E7C564A02D67B6B69AECFDF46446E723AEED2B1C36E0D7F43DAE6321989A6266D07DB731936BE167C18BB7F966E966E9652BB4310D2857D857D8547857D852AD23AFE51A951A906EEA2A432F5521F93B92F069F32BE87BD43CD5116C5033417D7FE9655C986098609860-1633503324022%7D,访问时间2021年9月28日。

③ 司法部《司法部关于印发2022年度注册的中国委托公证人(香港)名单的通知》(司发通〔2022〕1号)。

④ 司法部《司法部关于连续委托林笑云等16名澳门律师为中国委托公证人(澳门)的通知》(司发通〔2021〕35号)。

⑤ 司法部办公厅《司法部办公厅关于明确中国法律服务(澳门)公司业务范围的通知》(司办通〔2019〕51号)。

还设有国际公证人,均由资深律师担任。

二、启示

(一)公证组织形式的创新既要充分考虑本国、本地区实际情况,又要积极借鉴域外有益经验与教训

中国采用什么样的公证组织形式,终究离不开中国的实际情况,中国这么大,地区之间差异非常大,"一刀切"事实上已经证明不符合实际情况。在立法上不做规定,仅靠规范性文件与各地自发性创新,也非长久之策。建议可以对中国现存各种公证组织的效率、质量、人员素质、收费、服务项目、人员规模、人员结构、从业人员对体制选择意愿进行充分调研,总结合作制公证处、合伙制公证处改革报告以及广东省深圳市深圳公证处开展的法定机构试点报告,同时梳理世界主要国家现存的公证组织形式及其优劣,并借鉴律师、会计师、仲裁机构现在组织形式,形成有价值的调研报告报送全国人大常委会,供修法决策参考。

(二)公证组织形式的创新、完善必须要有法律保障

没有法律保障的创新、完善,终究是难以持续。在中国公证组织形式改革过程中,回顾历史,我们近四十年来一直在探索,但是许多探索,因为缺少法律依据,一些非常有价值的改革设想最终都没有达到预期成效。1994年1月4日,时任司法部党组书记、部长肖扬在全国司法厅(局)长暨劳改局长、劳教局长会议上的报告中提出"党的十四届三中全会决定已明确公证机构是发展市场经济的中介组织,可以逐步实行同律师事务所、会计师事务所、审计师事务所的名称相一致,并将管理部门与办证部门分开,这样有利于与国际惯例接轨,也有利于各地公证机构的公平竞争,克服垄断性办证。"[①]除了据叶自强老师介绍,"司法部长肖扬曾提出公证处应更名为'公证人事务所'。作为响应,北京市海淀区公证处已正式更名为'海淀公证人事务所'"外,公证机构名称改为"公证人事务所"的想法至今也没有得到实现,北京市海淀区也不复存在"公证人事务所"。[②] 司法部曾经在深圳试点过合伙制公证处,这是一个今天看来也是一个非常超前的改革设想,没有成功的原因很多,但重要的一条是,缺乏法律依据,光有领导者的大胆设想和改革勇气,但没有法律依据与保障,很难行稳致远。

---

① 《肖扬在全国司法厅(局)长暨劳改局长、劳教局长会议上的报告》,载《中国司法行政年鉴》编辑委员会编:《中国司法行政年鉴1995》,法律出版社1996年版,第445页。

② 叶自强:《现代公证制度应用研究》,中国民主法制出版社1996年版,第24页。

（三）公证组织形式的创新必须依赖从业者的自律与依法、有效、适度监管有机结合

没有制约的权力趋于腐化。民国时期在东省特别区地域推行的"公证人事务所"体制中，一些公证人"前腐后继"。如第二公证事务所公证人吉米得力也夫因案撤办①。第三公证事务所公证人沙果维赤因舞弊被伊作多夫接任，结果伊作多夫因侵蚀当事人买卖房地款伪币 1 万元，至期不能交付，隐匿不见，导致第三公证事务所被查封。结果还是由沙果维赤充任。② 因为在东省特别区地域执业的公证人人数极少，最多时只有 5 家公证事务所，公证人人数据笔者现有资料查证，总计也就在 10 余位。贪腐比例之高，令人震惊。深圳市至信公证处试点终止的重要原因，也就是卷入行贿案件。③ 从业者的自律需要有较高的入职门槛，保证执业人数不过多，从业者具有较高的综合素养；完善的执业保障，保证从业者相应的物质、福利待遇，能够体面执业，不至于为了生存恶性竞争；行业需要增强透明度，自觉接受外部有效制度监督；行业协会充分发挥行业监管功能。这些内容需要在《公证法》及其附属法规、规章、行业规范有力体现。同时需要注意的是，对公证行业的监管需要依法、有效、适度。如果离开《公证法》和国家其他法律制度安排，脱离办证实际情况，层层加码，过度追责，就很容易导致公证队伍不稳定。"皮之不存，毛将焉附！"如果因为过度监管，许多素质高的公证员和公证员助理都留不住，或是"身在曹营心在汉"，那又何从谈公证组织的创新？

（四）公证组织形式的创新目标定位后，必须要有强有力地舆论宣传引导，提高社会大众对创新目标的认可度

公证处是国家机关的认识，是因为历史的原因。对于社会民众而言，这种认识，影响很深。而我们在宣传中国公证改革成果时，对于合作制等新体制的公证机构的体制改革宣传力度仍然不够，社会接受程度不高。因此，如果《公证法》要对公证组织形式作出创新性安排，就需要提前做好舆论引导与宣传，以减少不必要的改革阻力。

三、结语

关于未来中国公证组织形式的创新制度安排，笔者有以下两种改革设想。

---

① 参见东省特别区域高等审判厅《东省特别区域高等审判厅训令》（第一三五一号），哈尔滨市档案馆 LD005-001-1164 号档案。

② 《第三公证事务所已恢复开办》，《时报》1934 年 9 月 19 日。

③ 参见魏海波：《公证处主任受贿 61 万被判六年》，载搜狐网，http://news.sohu.com/72/47/news203074772.shtml，访问时间 2021 年 9 月 15 日。

第一个方案,按照目前公证组织形式现状,将事业单位性质的公证机构按照广东省深圳市深圳公证处模式改造为法定机构模式,在机制运行、薪酬保障、监管方面给予创新,同时将合作制性质的公证机构形式也写入《公证法》,属于小修小补方案。优势在于执行成本低,缺点在于不能在全国层面解决公证发展问题,法定机构模式因地方财力有限,不能解决边远、不发达地区公证机构人才引进、队伍稳定等问题,公证机构规模偏小、抗风险能力低问题也无法解决。

另外一个方案,则是大动方案。将现有的事业体制的公证机构重组为一个全国性的法定机构(或者是按省、自治区、直辖市地域范围分别组建),按照市场规律和自律机制运行。从业人员的薪酬水平根据向社会提供的服务数量、质量、公益服务,并参考当地类似行业,如律师、会计师行业的类似岗位平均而定。纳入民生类的公证服务收费,由政府进行管控,其余公证服务收费由市场决定。同时在立法中将现有的合作制性质的公证机构改造为有限责任公司,并引入合伙制性质的公证机构。这样可以根本上调动公证从业人员积极性,特别是事业体制的公证人员积极性,解决目前许多地方事业体制的公证人员绩效工资核定偏低,职员级别与职称评定受限,大城市与偏远地区之间公证人员流动是单向,经济不发达地区缺少公证机构、公证员问题,对于提高公证质量,方便群众与市场主体,提高抗风险能力,有诸多好处。对于合作制性质的公证机构通过改造为有限责任公司,也能解决其所担忧的公证赔偿问题。同时引入合伙制性质的公证机构组织形式,通过高执业风险,督促从业人员严守执业操守,同时通过"鲶鱼效应",迫使其他公证机构提高服务效率,节约不必要成本,降低服务价格。缺点在于,对事业体制的公证机构重组成本高。"有限责任公司""合伙制"形式,会有人认为与《公证法》第6条"不以营利为目的"相悖。

最后笔者建议,一定要在《公证法》中明确规定公证机构的各种组织形式,以及各种组织形式的公证机构与公证员的相应的权利、义务、法律责任。这样无论在何种形式的公证组织执业,公证员都能明确自己的权利、义务与法律责任。同时对于被注销的公证组织形式后,有关公证赔偿、投诉问题以及"当公证组织资产不足以全额支付公证赔偿,国家是否承担最终托底责任"问题,建议在修改《公证法》时,也应予以明确。我个人的意见,可以借鉴我国台湾地区的经验,在被害人不能获得有效民事救济时,得请求国家赔偿。[1]

---

[1] 参见我国台湾地区"公证法"第68条。

社会公共权力属性下合作制公证机构的规范发展

王媛媛*

摘要：公证作为一项证明活动，是对非争议、非诉讼的既存事项进行真实、合法的判断性证明，这种证明活动在当下我国国家治理体系尤其是国家信用制度建设过程中发挥着重要作用。对于国家治理而言，存在三种权力，即公权力、私权力和社会公共权力，随着国家治理模式的变革和公证权的社会化，公证权权力属性的探讨正是在这一背景下展开。社会公共权力属性下，合作制公证机构在其权力属性上具备公益性、非营利性、证明性、非强制性等特征，其权力主体应当落实到具体从事公证业务的公证员而非公证机构。在公证权运行过程中，公证权的行使范围在市场环境中需要随着社会和技术的发展而适当扩大，同时，需加强质量监管和来自公权力及行业协会的审查和监督。

关键词：国家诚信体系；社会公共权力；合作制公证机构

一、公证在国家诚信体系建设中的作用

推进国家治理体系和治理能力的现代化是当下全面深化改革的目标之一，诚信问题是国家治理的重要内容。其中，公证在诚信体系建设中发挥着重要作用。正如张卫平教授所言，"公证行业提供公证服务本身就是在维护诚信"。[①] 公证的社会信用主要体现在以下两个方面：一是通过公证证明活动保障各主体间互信互利，预防和减少风险的发生；二是公证服务本身就是一种诚信服务，当事人正是基

---

* 本文作者：王媛媛，深圳大学法学院副研究员。

① 张卫平：《公证体制改革与公证公信力的提升——中国民事诉讼法学研究会会长张卫平教授访谈实录》，载上海市东方公证处编：《东方公证法学》第 2 卷，上海人民出版社 2017 年版，第 23 页。

于公证服务的"信"而信任公证机构和公证人。① 公证体现了最高的社会信用,其中,最重要也最具有普遍意义的是公证文书的证据效力。

公证公信力与社会诚信存在着辩证关系。② 为了更好地发挥公证在诚信体系建设中的作用,需要进一步提高公证的诚信度与公信力。我国现有《公证法》《公证程序规则》及其他相关法律法规仅原则性规定对申请公证事项的"真实""合法"予以证明,这种模糊性带来实践中的困境,"真实"的程度如何确定(因为"合法性"要求在内容、形式、程序上符合现行法律的明确规定,如何判断,只需按照法律的规定即可,较容易)这种对真实性程度的不同理解不仅影响了公证书的公信力、也给公证员责任带来不确定性。

十八届四中全会提出依法治国是实现国家治理体系和治理能力现代化的重要途径,在此背景下,公证活动需要在找准自身定位的基础上,通过优化和创新公证法律服务的范围和质量,促进公证体制改革,发挥在多元化纠纷解决机制中的应有作用,从而为推动国家治理体系和治理能力现代化提供可靠支撑。③ 然而,公证机构的性质、公证权的性质、公证与诉讼的关系等其他理论问题始终未得到澄清,公证实践也难以应对社会的新变化和新的实践需求。

公证作为专业的法律服务机构,是一种预防纠纷、减少诉讼的社会治理方式,承担着法律赋予的职能。④ 其在现代国家治理中的治理能力主要体现在通过参与司法协助,成为多元化纠纷解决的重要一环。多元化纠纷解决机制是国家治理中不可或缺的重要分支,在国家治理现代化过程中发挥着重要作用。多元化纠纷解决机制有着悠久的历史,其产生既是社会的客观需要,也是依法治国的必然要求。⑤ 根据最高人民法院《关于人民法院进一步深化多元化纠纷解决机制改革的意见》,公证参与司法体现在以下五个环节:调解、送达、取证、保全、执行。有学者指出,公证活动本身具有中立性、公正性、专业性、高效性、便捷性和低成本的特征,使得其具有替代法院诉讼解决纠纷的明显优势。公证员在公证活动中可以采取保全、提存、强制执行等公证方式,使得公证与其他纠纷解决方式相比也具有明显优势。公证参与司法一方面拓宽了公证业务范围,另一方面也凸显了公证制度的司法属性,促使公证人由单一的证明人向法律职业人转变。⑥

---

① 马宏俊:《中国公证十年文萃:公证法的理论与实践》,北京大学出版社2016年版,第24页。
② 张卫平:《公证体制改革与公证公信力的提升——中国民事诉讼法学研究会会长张卫平教授访谈实录》,载上海市东方公证处编:《东方公证法学》第2卷,上海人民出版社2017年版,第24页。
③ 黄群:《在推动国家治理体系和治理能力现代化中找准公证定位》,载《中国司法》2014年第3期。
④ 马宏俊:《比较法视野下公证职业属性研究》,载《中国政法大学学报》2016年第3期。
⑤ 王强:《多元化纠纷解决机制之公证价值》,法律出版社2018年版,第11页。
⑥ 薛凡:《公证参与司法辅助事务价值和定位的初步思考》,载《中国公证》2017年第10期。

二、公证权的性质争论

关于公证权的性质在我国仍存在较大争论,公证权性质的确定关系到公证机构的性质和公证体制改革。我国公证机构的性质一直饱受争议,其性质影响和决定了公证机构的地位、责任及其他相关制度设计等一系列问题。因此,完善我国公证法律制度的首要任务是如何定位公证权的属性。[①] 公证权的属性经历了司法性、行政性、准司法性、社会权属性的变迁。

(一) 国家行政权说

该说的支持者认为公证权属于国家行政权有立法依据,即《公证暂行条例》第3条:"公证处是国家公证机关",第6条规定了"公证处受司法行政机关领导",国家行政权说下公证权代表国家公权力,公证权是经过国家授权行使国家公证职能。随着公证功能日趋显著,公证行政化的弊端越来越明显。在当时的社会背景下,与立法权和司法权相比,将公证权归入行政权便显得理所当然。在行政权观念下,作为国家行政机关的公证机构呈现出以下特点:一是公证机构的设立、公证人员的任命和管理、公证机构运营所需经费需要由政府行政机关组织实施;二是公证人属于国家公务员,公证员身份和待遇上同行政机关公务员类似,其收入由财政拨款,采取固定工资制;三是公证机关从事公证活动受司法行政机关的领导和监督,公证的救济也采取行政法上的复议、行政诉讼等方式。随着社会主义市场经济体制建设,各地尝试对公证处的行政体制进行改革,行政化色彩越来越淡化。公证权的国家行政权属性影响了公证机构行政体制的确立。

(二) 国家司法权说

国家司法权说影响下,公证机构设立于法院。例如,我国台湾地区部分公证机构设立于法院,作为法院的组成部分,在台湾地区学者看来,公证权本质上属于特殊的程序性司法活动。[②] 公证权的国家司法权说存在的问题是,司法权是解决纠纷的判断权,而公证权不是对争议的终局性判断而是对无争议事项的确认和证明。

同时,需要注意的是,公证行为不是司法行为并不意味着与司法毫无关联。相反,这种证明行为在司法上或诉讼上具有重要的意义,这主要体现在:第一,公证活动是为了预防纠纷、减少诉讼而开展的司法证明活动,很多情况下与诉讼活动密不可分;第二,公证的事项范围、公证程序、公证员主体资格等均有明确的法律规定。第三,公证人在从事公证过程中离不开对案件事实的掌握,同时在必要时通过

---

① 黄群:《在推动国家治理体系和治理能力现代化中找准公证定位》,载《中国司法》2014年第10期。
② 张文章:《公证制度新论》,厦门大学出版社2005年版,第1页。

出庭、接受质证和询问等方式参与到诉讼活动中来;第四,周知,在诉讼领域查明事实是三大诉讼制度解决纠纷,适用法律的前提,而事实的查明依靠证据,作为诉讼脊梁的证据也就成为庭审活动的中心。公证文书作为免证事实之一,在法官认证过程中具有重要意义。

(三)准司法权说

在特殊社会公权力说下,公证权与公证机构的属性的关系可以进一步理解为公证这种特殊的社会公权力应当交由什么性质的主体来行使。① 前已提及,作为社会化了的公权力,需要考虑将该权力应交由谁行使较为合适?权力与权利相对,权力的行使主体往往属于国家机关、由国家机关授权或委托的组织。公证权作为社会化的公权力,随着政府职能的转变,由国家通过委托的形式交给非国家权力机关,因此,公证机构在性质上不能归属于国家立法机关、司法机关、行政机关的范畴。与此同时,作为受委托的非国家权力机关,其表现形式上多种多样。

(四)社会公共权力理论

社会公共管理权不仅包括社会公共行政权,也包括广泛运用政治的、经济的、管理的、法律的方法,强化政府的治理能力,从而实现公共福祉和公共利益的其他社会公共权力。社会公共管理的目的是实现社会公共利益、主体是政府组织和非政府组织、客体是社会公共事务(社会公共事务包括社会问题、公共项目、公共物品和资源)、基本职能是服务职能、经济职能、政策与法律职能和社会保障职能、可运用一切公私管理手段。②

社会公共管理权的产生源于国家权力的分化,真正意义上的国家权力分化始于资产阶级民主共和时期,三权分立是其最初表现形式。权力的社会化源于以下几个原因,一是国家阶级镇压只能消退后社会管理职能日益增强,二是市场经济推动了社会多元化格局。③ 国家将一部分非专政性公权力转交社会组织来行使,并承担相应的责任。从而使公权力行使主体出现了社会化潮流,由此公证权具有社会权力属性。④

---

① 在公证权性质和公证机构属性问题上,有学者认为该权力交由什么机构行使仅仅是社会的制度安排问题,公证权的性质对公证机构属性不具有必然的决定作用,两者不需要相匹配。我国事业单位性质具有多元性,既有承担行政职能的事业单位,也有大量非营利性公益性机构,公证机构属性不需要整齐划一。参见李全一:《公证证明论》,法律出版社2016年版,第80页。
② 洪英:《国家治理现代化视阈下公证机构体制改革相关问题研究》,载《中国法律评论》2015年第1期。
③ 林喆:《权力的分化及国家权力的社会化——评郭道晖的〈论权力的多元化与社会化〉》,载《政治与法律》2001年第2期。
④ 洪英:《国家治理现代化视阈下公证机构体制改革相关问题研究》,载《中国法律评论》2015年第1期。

从公证权的域外发展来看,公证权不属于官方权力在实践中已得到欧洲法院判决的认可。① 为什么公证权不属于官方权力,欧盟法院界定了对官方权力的行使进行识别的标准,即该行为本身与官方权力有着直接而明确的关系,那些具有完整的自由决定的权力并不包含在其中,而公证权的行使恰恰以这一完整自由决定活动为前提,即公证权取决于当事人自由决定公证的文本内容、权利义务范围、是否进行公证等。公证权不是官方权力,即使公证权在很多情况下与行政权、司法权密不可分。公证权既然不属于官方权力(立法权、行政权、司法权),具体而言,公证权不属于行政权,也不属于司法权,那么公证权的行使者公证机构或公证员将难以纳入行政体制或司法体制。

三、社会公共权力理论下公证权的行使主体及应有特征

(一)社会公共权力理论下公证权的行使主体

公证权行使主体的研究与公证责任制密切相关。公证权的行使主体主要包括公证组织和公证人,在我国,公证的主体是公证机构而不是公证员个人。对此,有学者认为,公证机构本位制是值得肯定的。公证机构本位有助于提高公证活动的质量、增强公证机构的自律性和抵御风险的能力。② 笔者不同意此种观点,公证机构作为公证权的行使主体无论在理论上还是实践中都会引发诸如公证审批制度、推诿公证现象等问题。

从世界各国来看,多数国家在立法上将公证权赋予公证人,例如,法国和西班牙公证制度中规定由公证人统一行使公证权,即公证权承载主体是公证人,而非公证机构。公证机构仅是公证人行使公证权的组织形式而已,这种组织形式在不同国家有不同的体现,并非固定为某一特定类型。所以,这些国家关于公证的立法则直接命名为公证人法,如德国《公证人法》、日本《公证人法》,从而对公证人行使公证权的资格、范围、职责和程序进行规范。

因此,关于公证体制的研究,不应该将重点放在对公证机构组织形式和性质的探寻上,而应着重研究公证人的属性,因为公证人的属性决定了公证机构的形式。

我国公证权的行使主体应为公证员个人,公证员应独立行使公证权、独立办理案件并独立承担责任。当然,公证人作为公证权的行使主体并不意味着公证人可以脱离公证机构成立独立的公证人。在我国,公证人必须从属于特定机构才能从事公证活动,而自然人不具备公证主体资格不得单独接受委托开展公证业务。有

---

① 钱一栋:《公共官方——欧洲法院有关公证权性质判例的初步思考》,载王兴和主编:《东方公证法学》第2卷,上海人民出版社2017年版,第65-73页。
② 尹飞:《关于公证体制改革的若干思考》,载《中国司法》2017年第10期。

学者主张应当借鉴英美法系的公证制度,只要公证人具备相应的专业知识或经验就可以接受委托,公证业务为公证机构垄断并无必要,而且损害了公证的市场灵活性。笔者认为,不论从诉讼模式、公证人的能力、公证在诉讼中的作用还是公证错误的救济,我国还不具备将公证主体扩大到自然人的条件。

(二)社会公共权力学说下公证权的应有特征

1. 中立性

公证权的中立性是指公证人员按照一定的程序要求作出客观公正的判断,不受其他因素的干扰。公证本身的特性才是影响其中立性的根本因素。公证员在公证活动中不能偏袒一方当事人,而是运用自己的专业知识和技能,遵循法律规定的步骤、方式、时限和顺序作出客观的证明。然而,在公证实践中,并不是每一项公证活动都能做到中立性,由于相关立法的空白,监管的缺失,放任了拜金恶习的肆意生长,给了部分公证机构可乘之机,他们以利益为导向,僭越了自己的执业范围,实施了非正当的职业行为,破坏了公证机构应当保持的中立性,也给公证公信力带来沉痛的伤害。

2. 公证权是经国家确认的一种证明权

公证权虽然不属于与立法权、行政权、司法权并列的国家权力,但从各国立法来看,公证权都通过立法的形式由国家建议确认,并赋予公证证明的事实更高的证明效力。同时,各国也在立法中明确公证员的条件和任命方式。公证权是一种证明权,而不是管理权。公证权不具有强制性,它以当事人的自愿申请为前提。公证权介入的主要是民事领域,但有别于私权。私权体现最大的意思自治原则,而公证权的行使具有严格的法定程序,是基于法律的要求和社会的需要被法律赋予的权力。

3. 专业性/职业性

公证活动是一项社会职业,其展开依靠专业的公证人员进行,公证人员的资格取得、选拔和培训有着一套固定的标准,公证业务的开展需要遵循该职业特有的程序要求、形式要求和审查标准,根据当事人的申请,对法定公证事项的真实性、合法性,运用自己的专业知识、技术能力进行审查并出具公证文书,从而为社会提供专业性的法律服务。公证活动的专业性是公证社会价值的体现,也是由公证权本身的专业性或职业性所决定的。公证机构从行政体制改为事业体制的做法也体现了职业化。由公证权的性质所决定,事业单位性质的公证机构和合作制形式形成的公证机构必须具有专业性或职业性。

四、社会公共权力理论下合作制公证机构的规范运行

（一）与社会公共权力理论对应的公证体制改革

从世界范围来看，不同国家和地区受本国特定社会历史文化的影响，形成了各具特色的公证制度，在公证权性质认识和公证体制问题上也各不相同。由于研究资料所限，关于其他国家在公证权问题上的具体理论观点不易考究，但从现有研究内容和相关资料来看，公证权的公权力属性已经得到各国的肯定，这一点是不容置疑的。

公证权的性质与公证机构的性质和公证体制改革密切相关。[①] 目前，我国公证机构属性包括事业单位性质和合作制两种，且事业单位性质的公证机构占绝大多数。可以说，我国公证体制改革过程也是对公证权性质进行重新界定的过程。关于公证权的本质，孙笑侠教授认为公证权本质要从职业化的角度理解，因此，在公证权与公证体制问题上，认为体制仅仅是实现职业化的手段。[②] 简单来说，公证权性质的澄清有赖于对公证体制改革应然状态的讨论。而应然状态的标准即确保公证人职业化的最充分实现。从世界范围内公证体制现有状况来看，公证人事务所是多数国家公证机构设立的形式。

（二）公证办案责任制的确立

公证办案责任制的确立需要摒弃现有的公证审批制，根据《公证程序规则》的要求，承办公证事项的公证员需要将材料报给公证机构负责人或其指定的公证员进行审批。该规定适用于任何体制的公证机构，审批制意味着公证员个人丧失了对公证事项的决定权。公证员本应仅对法律和事实负责、独立行使公证权，在审批制下则要让位于对上级决定的服从。从积极影响上看，审批制的存在一定程度上有助于形成对个体公证人员的监督，防止公证员作出错误的公证文书，提高案件的质量。但这一做法所发挥的作用是极为有限的，出具公证文书与否的决定权集中掌握在公证机构负责人和被指定的公证人手中，权力过分集中且缺乏监督制约机制的情况下不仅不利于作出正确的决定也容易引发腐败现象，使提高公证案件质量这一目的落空。审批制的消极影响在公证实践中越来越凸显，首先，无独立决定权会影响公证员业务能力、负责程度、责任意识的培养和提高；其次，审批制自身所具有的下级对上级决定的服从使得公证机构内部管理问题上充满行政管理色彩；最后，审批制严重违反了公证活动自身的规律和基本原则，损害了公证业务的

[①] 孙笑侠、钱一栋：《脚踏实务大地，仰望法理星空——访复旦大学法学院院长孙笑侠教授》，载公证研讨（第1辑），上海人民出版社2017年版。

[②] 王桂芳：《公证制度与实务》，广西师范大学出版社2016年版，第4页。

健康发展。

为促进公证员正确行使公证权,推进公证体制改革,激发公证员的活力。公证员应增强责任意识,不能为减轻自己责任而推诿公证,通过借鉴和参考司法责任制推行公证办案责任制。诉讼制度变革与公证制度改革存在密切关系,前者也是促进后者发展的重要缘由。随着现代社会的快速发展和分工的日益密切,诉讼的案件类型也涉及社会的各个方面,公证事项越来越多,当案件涉及诉讼时,公证文书作为一项证据被提交到法庭中来,很多法官把公证文书所确认的事实视为真理,毋庸置疑。但是,由于受主客观原因所限,如申请材料不足、公证人员的能力和素质各有不同,公证文书不一定完全与事实真相相符合,公证错误的情况在所难免。公证文书在诉讼中的绝对崇高地位受到质疑。

(三)公证权的监督和制衡

在我国将公证机构从行政机构分离推向市场的过程中,尤其是在合作制公证机构试点改革问题上,对公证活动的管理和监督也要随着社会环境和市场环境的变化而变化,不能一味地遵循旧有管理思路。公证活动本身具有公益性,同样需要遵守公益市场健康发展需要的包括遵纪守法、行业自律、公开透明、接受社会监督等原则。与此同时,公证权既然作为社会公权力,接受政府管理和监督是必要的,但必须限定在一定的范围内,即仅限于外部层面,排除行政机关对公证机构具体从事公证行为及内部管理的干预。过度干预和管理不仅使得监督无力,也不利于资源的合理配置和效率的最大化。

在公证制度发达的国家,都通过立法的形式对公证人的监督和惩戒加以明确。例如:在法国,主要由司法行政机构实施监督,行业组织享有违纪惩戒权;在德国,由法院和司法行政机构共同对公证人实施监督和惩戒;在意大利,公证协会和公证委员会享有较多职权,同时,公证委员会接受法院监督;在我国现有对公证权的监督现状来看,公证权的监督主体主要包括司法行政机构和行业协会,而法院较少参与公证文书的司法审查。

对此,首先应借鉴司法对仲裁裁决的审查模式,建立和完善公证行为的司法审查制度,从而构建完善的包括司法行政部门和法院在内的公权力的监督和行业协会监督。对公证员和公证程序中存在的问题,公证法律关系中的利害关系人可以向公证处所在地的中级以上人民法院申请撤销公证文书。其次,随着公证权性质的重新确立,对公证的司法行政管理职能也应逐步移转到行业协会中来。通过借鉴与公证具有类似监管制度的司法鉴定行业管理制度,将本应属于行业协会的职权赋予公证行业协会。① 最后,加强公证行为质量监管。质量是公证的生命线,可以通过信息化运用加强流程监管,全方位、动态监管受理、办证、出证的整个过程严格审查核实当事人的身份信息和提交的证明材料,同时综合运用当场询问、交叉印证、身份识别、网络查询等多种手段。在公证行业的监管问题上,许多国家已经在该领域内颁布了专门的法律、法规。相比于管理体系较为成熟的行业,公证行业的市场监管一直处于缺失或者相关部门不作为的状态。

---

① 汤庆发:《论公证权的监督制约》,载《中国司法》2008年第4期。

合作制公证处财产之集体所有论

王明玉*

摘要：当前我国公证体制改革处于深水区，深化合作制试点工作是改革重点内容。合作制公证机构在机制灵活性、人才引进和涵养、业务拓展和创新、服务质量保障等各方面均展现出明显的优势，但因其机构性质不清、改革制度供给不足导致社会接受度不高、改革参与方顾虑大、改革进程困难重重。同时这些问题也导致已设立的合作制公证处存在从人合异化为资合的可能，进而引发合作制公证处属性的公私之争。合作制公证处组织性质是 2000 年公证改革启动之始就存而未解的"元问题"，也是公证改革的最大路障之一。合作制公证处公有制属性的确定将为合作制的试点工作扫清这一路障。明晰合作制公证处对其财产享有集体所有权是确认合作制公证处之公属性的突破点。

关键词：公证体制改革；合作制公证处；集体所有权；合作经济组织

一、问题的缘起

我国的公证改革工作始于 20 世纪 90 年代，正式启动是以司法部转发经国务院批准的《关于深化公证工作改革的方案》为标志。公证改革以体制改革为突破口，经由全面去行政化，现已进入以"优化事业体制公证机构体制机制"和"推进合作制公证机构试点"为工作重点的深化阶段。我国对公证机构合作制试点的探索工作始于 2000 年 1 月，中间因《公证法》对公证机构的组织形式和性质采取回避态度而一度中断，后于 2017 年 9 月重新启动。

---

* 本文作者：王明玉，对外经济贸易大学法学院 2019 级民商法博士研究生。

为推动合作制试点工作的顺利进行,在总结过去十多年试点成功经验的基础上,《司法部关于推进合作制公证机构试点工作的意见》(以下或简称《意见》)第4条第一项对合作制公证处的组织形式做了如下界定:(1)合作制公证处由公证员自愿联合出资设立;(2)合作制公证处实行民主管理、自主经营、自负盈亏;(3)合作制公证处的财产属于合作人共有,对外承担有限责任。

顾名思义,合作制公证处是合作经济组织形式的一种。《意见》所界定的合作制公证处的组织形式也基本符合国际合作社联盟章程所确定的罗奇代尔原则。合作制作为一种包容性很强的经济形式,不仅不存在姓资姓社的问题,且已经是为我国宪法所确定的公有制经济形式之一。将下沉到社会中去的公证权交由在所有制层面上属于公有制经济组织的合作制公证处来行使,符合公证改革三原则,不存在公权私用的情况。但为何在深化体制改革的过程中还会存在合作制公证处属性的公私之争?笔者认为,源于《意见》关于合作制公证处的"财产由合作人共有"这一所有权界定——公有制经济形式的外皮包着私人所有权的馅芯,确实会令人分不清是饺子还是汤圆。

合作制在社会主义国家的发展经历了从经济组织形式(合作社)向所有制形式(集体所有制/人民公社)的转变过程,这个过程同时包含了个人所有权向集体所有权的转化。《意见》对合作制公证处财产所有权所作的"财产归合作人共有"的界定忽略了所有权层面意义的转变,使得合作制公证处的性质扑朔迷离。下面笔者将尝试通过合作制的历史演化来展现其中蕴含的所有权和所有制这两个维度,并将之运用到合作制公证处的财产所有权的分析上来,以期为公证体制的深化改革贡献绵薄之力。

二、合作制的所有权维度:保留私人所有权的合作经济形式

(一)经典合作经济思想视野下的合作制

1. 欧文的经典合作经济思想

合作经济是近代产业工人争取劳动者权利的产物,理解其概念的内涵,须从合作、合作经济、合作社、合作制四个角度入手。① 首先,合作,是基于共同意愿的劳动联合,这种协作行为自有人类以来就没有中断过;其次,合作经济是社会发展到一定时期的特定产物:从经济思想的角度看,它始于空想社会主义甚至更早,从具体的经济活动模式的角度看,其内涵是合作制、外延是各种类型合作社的具体实践;② 再次,合作社是各类合作经济组织的统称;最后,合作制是对各类合作社所

---

① 刘秉龙:《中国合作经济研究》,中央民族大学2006年博士论文,第2页。
② 洪远朋:《合作经济理论与实践》,上海复旦大学出版社1996年版,第17页。

共有的制度特征的概括。①

欧文是近代合作经济思想的启蒙者,其合作经济思想的出发点是"改善贫民和劳动阶级的生活并使雇主获得利益",②经历一番合作实践后,欧文合作思想的主体性由二元过渡到了一元,不再寄希望于资本所有者和官僚政府,而是将社会改革的希望收回到劳动阶级自身来。他认为,资本主义大生产条件下劳动阶级生活越发困苦的原因在于资本所有者以货币的形式掩盖了劳动这一财富的自然价值标准,因此私有制是资本主义社会贫富分化的源泉。他认为合理的社会应当是没有私有制,除了个人纯粹的私人用品外,其他的东西都是公有财产,当公有财产能够满足一切人需要的时候,即"当财富的人为价值不再存在,而所需要的只是财富的内在价值的时候",③人们便会了解"正确建立起来的并有科学根据的财产公有制度"的优越性,生活在这种社会中的人们才会真正地拥有幸福的生活。欧文的社会改革思想和实践以合作社为核心,确认劳动阶级是社会改革事业的担当,提出了劳动价值论的一般原则,即"一切财富都来自劳动和知识。对于劳动和知识,一般是按照所耗费的时间给报酬的。因此,我们建议用时间作为价值标准或价值尺度"。⑤在劳动价值论基础上,欧文提出劳动者的财产共有和联合劳动是实现劳动者合作的基础,并进行"生产、流通、分配整体统一性"的合作社实践。在欧文的合作社里,社员权利平等,人们联合起来进行劳动,"各尽其能、按需分配"。此外,欧文对社员进行新的道德意识、价值观、劳动技能、劳动素养的教育,以在合作社内部实行经济、文化和政治的统一。

2. 经典合作经济思想在西方的发展与实践

欧文是对合作制的第一个系统论说者,其合作思想是世界合作运动思想的先驱。在此后的一个多世纪的国际合作运动中,欧文的经济思想始终是其指导准则的基础。欧文的追随者何瓦斯创建了著名的罗奇代尔先锋社,形成了著名的罗奇代尔原则,包括:(1)入社自由;(2)民主管理;(3)资本报酬适度/限制股金分配;(4)盈余返还;(5)合作社教育;(6)合作社之间的合作。该六项原则体现了欧文的基本思想,是国际合作运动的指南。⑥

---
① 刘秉龙:《中国合作经济研究》,中央民族大学2006年博士论文,第2-3页。
② [英]欧文:《欧文选集》(上卷),柯像峰、何光来、秦果显译,北京商务出版社1965年版,第195页。转引自刘秉龙:《中国合作经济研究》,中央民族大学2006年博士论文,第8页。
③④ [英]欧文:《欧文选集》(第2卷),柯像峰、何光来、秦果显译,北京商务出版社1981年版,第13页。转引自刘秉龙:《中国合作经济研究》,中央民族大学2006年博士论文,第11页。
⑤ [英]欧文:《欧文选集》(第2卷),柯像峰、何光来、秦果显译,北京商务出版社1981年版,第206页。转引自刘秉龙:《中国合作经济研究》,中央民族大学2006年博士论文,第10页。
⑥ 参见马俊驹、宋刚:《合作制与集体所有权》,载《法学研究》2001年第6期,第117页。

(二) 新制度经济学视野下的企业所有权配置方式

亨利·汉斯曼教授在其著作 *The Ownership of Enterprise* 中从企业所有权的视角,将合作制作为企业所有权形式之一,从降低交易成本和信息成本的角度分析了对于某些类型的企业而言,将所有权配置给生产者属于最有效率的配置方式。亨利·汉斯曼教授的分析建立在认同如下观点的基础上,即企业在本质上是一系列合同的签署人,企业组织法(公司法、合伙企业法等)的功能就是授权一个法律实体来行使合同签署权。

1. 企业成本决定所有权的配置

亨利·汉斯曼教授将同企业发生合同交易的对象分为四类:原材料或服务的供应方(卖方)、企业所需劳动力的供应方(员工)、企业产品的销售对象(买方)和资本提供方(债权人)。这四类交易对象——亨利·汉斯曼教授称之为企业的客户——都有可能成为企业的所有权人,将该项权利配置给谁,就是将企业控制权配置给谁——决定这种配置的因素是交易成本,这里的成本是因企业与客户之间的交易行为而产生的影响和价值,既包括货币成本,也包括非货币的成本。企业成本有两部分组成,一部分是市场交易成本,即企业同非所有人之间交易发生的成本;另一部分是所有权成本,即企业治理成本。[①] 能令成本降至最低的所有权配置方式就是最有效率的配置方式。

2. 企业成本产生的原因

其一,市场交易成本产生于市场失灵,即因市场支配力不对称、信息不对称等市场失灵情况引发的交易失败或成本过高。包括如下情况:(1)因规模经济或其他限制竞争的因素影响而导致的某类企业对某类客户的价格垄断优势;(2)因交易关系锁定而引发的企业对客户的榨取垄断利润;(3)为减少机会主义行为给自己造成损失或约定某些特殊风险的分担而形成的长期合作关系可能给其中一方造成巨大损失;(4)因交易一方的信息优势造成的超高交易成本及谈判失败;(5)因信息传导受阻导致的谈判无效率;(6)因意识形态上的价值判断造成的某些所有权形式不被接纳和认可等。

其二,所有权成本产生在代理人制度下的监控成本和机会主义成本或者集体决策时的无效/低效和成本过高。企业所有权成本是实现企业所有权所蕴含的企业控制权和剩余收益索取权这两项核心权能所需要的成本,包括管理人员的监控成本、集体决策的成本和风险承担成本:(1)管理人员的监控成本发生在所有权人数众多的企业里,比如股权分散的商事公司、大的合作社企业等,都需要把企业的

---

① 参见[美]亨利·汉斯曼:《企业所有权论》,于静译,中国政法大学出版社2001年版,第28-29页。

控制权委托给专职经理人或者公司高管等代理人行使。代理人的薪酬、对代理人进行监督以及代理人基于其管理人身份而可能产生的一些机会主义行为,都是企业成本。(2)集体决策的高昂成本产生于企业所有权人利益不一致时,可分为因决策无效产生的成本和决策过程造成的成本。决策无效的情况包括在有表决权的群体(所有权人)中间的中等成员的偏好与一般成员的偏好存在显著的分歧时,多数派侵占了少数派的利益,以及没有代表性的少数派通过控制政治程序的方式使得仅代表自己利益而非更多数人利益的决定得到通过。(3)决策过程的高成本是指即便在所有的拥有控制权的人都不带机会主义动机的情况下仍旧需要花费相当长的时间和精力去获取所有人的偏好以达成一个对全部人都有效的决议、举行会议及落实集体决策所花费的成本。(4)企业经营的重大风险相关的风险承担成本,与企业发生交易关系的几类客户中都会有一类更适合承担此类风险,不同的类型的企业也会选择不同形态的所有权配置方式。

3. 针对不同成因引发的企业成本的所有权配置方案

其一,针对不同的市场失灵,用不同的所有权配置方式可将交易成本降至最低,比如生产者所有权(生产者合作社)是企业对原材料和服务供应方具有绝对市场支配力时的最佳所有权配置方案,生产者成为企业所有人可以有效防止企业压低价格收购原材料和服务;而消费者所有权(消费者合作社)则是面对卖方垄断时的最佳所有权分配方案,使消费者成为企业所有权人(消费者合作社)可以防止或消除因某种产品或服务价格居高不下而导致的消费不足等。

其二,就所有权成本引发的所有权的配置也因情况而异:因劳务合同关系引发的锁定推动了雇员所有制的普及;因长期合同引发的机会主义和特殊风险使得互助保险公司得到发展,这是一种保单持有人的合作社;由一方信息优势、讨价还价或者客户偏好信息传递无效造成的交易失败,可通过生产者合作社、消费者合作社或雇员所有的配置方式予以解决;雇员所有权和无所有权人的非营利性组织可以很好地解决意识形态价值判断造成的市场失灵。

在新制度经济学者的视野里,合作制是在参与者有合作需求的情况下,在国家政策(税收优惠及豁免)和法律(各种组织立法)的支持引导下,为某些生产领域广为采用的一种企业所有权的配置模式。由此可见,从经典合作经济思想指导下的用以对抗资本剥削的劳动者之间的合作实践到被国家制度层面所认可的降低企业成本的所有权配置方式,对合作制的讨论都包含了承认劳动者对生产资料拥有所有权这一层面的意思,即从所有权的维度上看经典或曰传统的合作制,都承认劳动者/私人是合作经济组织财产的所有权人。罗奇代尔原则里关于剩余收益索取权的规定体现了这一层意思。

三、所有制维度上的合作制:化私为公的公有制经济形式

欧文的合作经济思想一方面通过各国的合作运动得到进一步的完善与发展,成为现代经济学视野下的一种企业组织形式和所有权配置方式;另一方面经过社会主义思想的创造者和实践者的演绎,向着另外一种方向发展,并最终通过生产资料私有制的合作制改造,实现了国家/社会取代个人成为生产资料的所有者,即嬗变为集体所有制。

(一)合作经济思想在东欧、苏联的演变与实践

以欧文为代表的空想社会主义思想是马克思主义理论来源之一,马克思主义认为,联合劳动这种合作形式真正体现了劳动者对资本关系的对抗,有助于改造资本主义。合作社对劳动阶级进行的必要的教育和培训有助于形成劳动者的阶级认同,而对合作思想的认同是达到从经济、政治和文化的整体上进行社会变革的手段。资本主义社会中存在的各类合作社是向完全的共产主义经济过渡必须的中间环节。对生产资料的社会占有和国家所有的理解上,马克思和恩格斯的思想有所差异:马克思虽然也提到利用无产阶级专政的国家的力量把生产资料交给合作社,但并未明确由国家行使所有权,且在对农民的合作制改革问题上,他主张在不废除农民的个人所有权的前提下,由农民创办合作社,实现从小农到联合劳动的过渡,而恩格斯则极力主张坚持生产资料公有制,明确提出只有国家掌握生产资料所有权并建立"更高组织化的社会制度",实现由合作社向国家所有制的过渡,才能保证合作社不将其特殊利益凌驾于全社会的整体利益之上。

恩格斯将农民分成小农、中农和大农,认为占有小块土地(所有权或租佃权)的小农是农民中的大部分,而小农的生产是封建生产方式的残余,在资本主义商品生产的冲击下,小农的生产方式将无可挽回地走向灭亡,小农将是未来的无产者。小农的经济地位决定了他们的两面性:作为未来的无产者他们支持社会主义,而作为小私有者又不肯放弃私有观念,因此,应在预见到小农必将灭亡的前提下,不干预或加速其灭亡,但可采取非暴力的合作示范,帮助其过渡到合作社,而这种合作社最终要成为全国性的大生产合作社。恩格斯利用合作制引导农民走向社会占有的思想,被列宁和斯大林继承下来,具体实践表现为列宁时期的三阶段和斯大林时期的集体农庄。[①]

---

① 参见刘秉龙:《中国合作经济研究》,中央民族大学 2006 年博士论文,第 20-33 页。

(二) 中国的合作制思想和实践(截至1983年)

1. 新中国成立之前的合作经济思想及实践①

20世纪初,合作制思想随着西学东渐被引入中国,并在1949年之前形成我国合作化运动的第一个高潮。早期的合作社多建立在城市。20世纪20年代中后期,各地的农会、工会也开始在中国共产党的领导下建立各类合作社。当时国统区的合作运动主要包括:(1)建立了相对完备的合作社教育体系;(2)用行政力量推行孙中山倡导的民生主义合作化设想,设立了实业部合作司和经济部合作事业管理局,统一领导全国的合作社建设和发展;(3)颁布《非常时期合作社假登记及假登记合作社贷款办法》(1937年)和《县各级合作社组织大纲》;(4)国民党离开大陆时合作社总数在16万个左右。苏区、边区和解放区的合作运动实践包括:(1)1923年2月在中国共产党的领导下成立第一个工人消费合作社——安源路矿工人消费合作社;(2)在农村建立合作社;(3)颁布《关于合作社暂行组织条例》等一系列规范合作社建设的规章制度;(4)边区合作社是统一战线的,即人民大众性质的;边区的合作制建设既缓解了国民党政府和日寇的经济封锁造成的困难,也对原有的民间的互助性质的各类组织在党的领导下进行了社会主义改造,为新中国成立以后农业合作化积累了经验;(5)解放区合作社主要以生产合作为主,把劳动互助和战争的后勤保障结合起来;(6)新中国成立初期全国共有合作社员2000万人,合作社干部12万人,资金5514亿元。

2. 新中国的合作经济(截至1983年)

1949年3月,在河北省平山县西柏坡村召开的七届二中全会上,毛泽东对国民经济体系及构成进行科学地分析并高屋建瓴地指出发展方向,他提出可通过建立各类合作社的方式,将处于分散状态的小农经济和处于个体状态的手工业联合起来,以实现农业和手工业的集体化和现代化。毛泽东还指出,这种合作社虽然承认农民和手工业者对生产资料的私人占有,但因其是在无产阶级专政的国家政权管理下,因此它与国营经济、私人资本主义、个体经济和国家和私人合作的国家资本主义经济一起构成了新民主主义的经济形态。1949年9月,中国人民政治协商会议第一次全体会议通过有临时宪法之称的《共同纲领》,对合作制经济的作用、性质、政府优待政策及其在整个国民经济中的地位和位置予以确认。1953年9月过渡时期总路线确立开设初级社,开始对农业、手工业进行社会主义改造。1953年底,以第三次农业互助合作会议为标志,我国农村进入全面发展农业合作社阶段。在以上合作经济思想的指导下,中国农村展开了如下合作制实践:

---

① 参考刘秉龙:《中国合作经济研究》,中央民族大学2006年博士论文。

(1) 互助组。1951年9月,全国第一次互助工作会议制定《中共中央关于农业生产合作的决议(草案)》,号召农民开展农业生产互助合作,再过渡到以土地入股的方式组成合作社。互助组仅是劳动联合,生产资料仍归农民所有,利于组织小农开展集体劳动、进行初步的社会主义启蒙教育、形成集体劳动的观念。

(2) 初级合作社。互助组并未改变原有的生产关系,发展互助组的目的是让适应了集体劳动,初步接受了社会主义启蒙的农民能够进一步增强集体劳动观念,为发展初级合作社做准备。初级合作社的特点是以土地入股、统一经营。虽然土地和其他生产资料的所有权仍然归社员私有,但支配权和使用权都为合作社统一掌握。

(3) 高级社。经过几年的合作社实践,到1955年10月,中央认为合作化的高潮即将到来,遂在党的七届六中全会上通过《关于农业合作化问题的决议》,推动初级社转变为高级社。高级社最基本的特点之一是生产资料全部归集体所有,取消了土地的报酬,无实质退社自由。

(4) 人民公社。人民公社化始于1958年北戴河会议,一直延续到20世纪80年代。人民公社的特点是"一大二公"和"政社合一",社员个体劳动力所有权和生产资料所有权的集合——合作社的权利,被人民公社所取代,合作社已不再是基于社员个体自愿合作的组织,而是高度集权行政的工具。

(5) 集体制。随着农村高级社向人民公社过度,城镇手工业合作社、信用合作社、供销合作社等也逐步向集体制转变。从欧文的合作经济到苏联的集体农庄和中国的集体制,合作制在社会主义国家发生了嬗变,即合作社不再是劳动者之间开展生产、分配、交换、消费的协作联合而成的经济活动组织平台,而是成为实现消灭个人所有制、实现集体/社会/国家占有的手段。中国农村的合作化运动最终的结果是,随着集体制的形成,合作制彻底消亡。

1983年10月,中共中央向全国发出《关于实行政社分开建立乡政府的通知》,人民公社被废除,农村集体制也被取缔,取而代之的是家庭联产承包责任制。家庭联产承包的本质属于小农经济。也就是说,从1951年号召开展互助到1983年取消人民公社,三十余年间,中国的农村经济历经了从小农经济到合作经济到集体制再到小农经济的循环,又回到了最初。但在这个发展变化的过程中,合作制是公有制的基本形式、合作经济是中国公有制经济的重要组成部分的地位得到了确认。①即我国的合作制,其内涵不仅包含社会经济领域内的开展生产经营活动的组织形

---

① "现代中国经济矛盾,从所有制层面论,主要分为公有制经济、官僚资本、个体小农经济、私有资本四个方面。"刘永佶:《中国经济矛盾论》,北京中国经济出版社2004年版,第353-354页。"合作制是公有制的基本形式,合作经济也是中国公有制经济的重要组成部分,它包括农村新型合作经济形式,城市合作经济两个主要部分。"参见刘秉龙:《中国合作经济研究》,中央民族大学2006年博士论文,第172页。

式和所有权配置这一层意思,还包含了政治经济学视野下的所有制形式这一层意思。具体到某一合作经济组织的性质,即该合作社是经典合作社还是发生嬗变了的合作社(集体所有制的经济组织形式),要根据罗奇代尔原则并结合其功能、设立目的及现有制度设定予以区分。

综上所述,我国现有的城市农村的合作经济组织,可区分为经典合作社和非经典合作社(集体所有制的经济组织形式)。经典合作社,是指经典合作经济思想领域内的各类合作经济组织,该类合作社是承认社员财产所有权,并对社员所投入的股金进行盈余返还的劳动者的合作组织;而非经典合作社则是指合作社一旦成立,个人投资的财产即转变为集体所有,不仅没有股息红利,且在社员退出时不应予返还,合作社的财产在解散时也不应予分割的集体经济组织。①

四、合作制公证处:公有制经济层面的城市非经典合作社

从目前司法行政主管机关关于合作制公证处组织形式的界定来看,合作制公证处基本符合罗奇代尔原则,应是一种合作社。但合作制公证处作为公证机构的组织形式的一种,它还受到《公证法》第 6 条关于公证机构"非营利"规定的约束。所谓营利,是指企业的出资者为了获取利润而投资经营,并通过分配企业利润和清算后的财产而使自己的资本获得收益,②鉴于此,公证机构的非营利性决定了合作制公证处的发起人/成员不拥有公证处经营所得的剩余利益索取权。此外,根据《意见》和《公证法》的规定,结合合作社的功能和责任类型分类,③合作制公证处应属于承担有限责任的服务型合作社。该有限责任之承担的规定,既是为了与事业体制公证机构的有限责任相统一,客观上也起到了降低改革难度的作用。关于合作制公证机构与事业体制公证机构的责任承担的统一性规定,蕴含了合作制公证机构在身份上与事业体制公证处在"公"的层面上的同一性,即作为"全民所有"的事业体制公证处的"手足",合作制公证处应是"集体所有",而非个人所有。而《意见》在规定合作制公证处承担"有限责任"的同时又规制合作制公证处的"财产由合作人共有",则是破坏了两类不同体制公证处的底层逻辑的同一性,也令合作制公证处被人诟病为由公权力做背书谋私人之利。下面将通过对合作制公证处之集体所有权的解读,为合作制公证处"公私"属性之争提供一个思考路径。

---

① 参见《民法典》第 95 条,非营利法人之剩余财产分配规定。
② 史际春:《论营利性》,载《法学家》2013 年第 3 期,第 2 页。
③ 依合作社的功用,可分为服务型合作社和生产型的合作社,前者包括为消费者提供服务的合作社类型和为生产提供服务的合作社类型,后者是指以生产者之间以共同劳动为基础的生产合作。根据责任形式划分,可以分为承担有限责任的合作社和承担无限责任的合作社。马俊驹、宋刚:《合作制与集体所有权》,载《法学研究》2001 年第 6 期,第 117-118 页。

（一）合作制公证处成立之初的所有权分析：从个人出资到集体所有权

我国所有权体系由国家所有权、集体所有权、个人所有权构成，其中国家所有权与集体所有权构成我国的公有制经济。① 如上文所述，社会主义国家的集体所有权是在对农业、手工业进行社会主义改造，即通过合作消灭生产资料的个人所有、实现集体占有的过程中产生的。这个过程原来是通过在经济领域里发动政治运动来完成的，在集体所有制这一制度形成之后，之后的集体所有权的形成便无须再重复该政治运动过程，而是随着集体所有制经济组织的成立，所有权的转变便完成了。以合作社为例，集体所有权的具体产生过程如下：合作社成立之初的资金源于成员的投入，该投入既可以是所有权，也可以是使用权。以所有权投入合作社的，则合作社最初的财产全部属于集体所有；以使用权投入的，则该部分财产仍属集体成员所有；既有所有权投入又有使用权投入的，则合作社最初的财产是集体所有的财产与成员财产的结合，但无论合作社的最初的财产所有权是集体所有、还是个人所有，抑或是混合所有，个人，即合作社成员都不再对该部分投入有支配权，而是由合作社统一支配，也就是说，合作社将以集体意思的形式来对该部分财产进行管理支配。

由此可知，在合作社成立之初，其是否有集体所有权，因发起人的出资形式不同而异：若是以使用权出资，合作社成立之时不存在集体所有权；若是以所有权出资（含全部或者部分），则在合作社成立之时，该出资的所有权人便从出资人个人转变为合作社，合作社对出资财产的所有权自此产生。② 合作制公证处由发起人出资设立，发起人以货币所有权作为出资形式，该笔资金在合作制公证处成立之时，便属合作制公证处这一集体经济组织所有，从所有权的维度观察，此时便没有了私人所有权，取而代之的是集体所有权。

综上，尽管合作制公证处是由公证员个人出资，但因其设立的是公有制的经济组织，所以该组织一经成立便取代出资人成为其名下财产的所有权主体。合作制公证处对其财产不仅拥有经济基础层面，或曰政治意义上的集体所有权，且应拥有法律意义上的所有权。理由是，尽管目前《意见》第4条第一项将合作制公证处的财产界定为"出资人共同所有"，但从合作制公证处"有限责任"这一责任形式的规定上来看，则无论是比照国资的事业体制公证处还是企业法人，合作制公证处的财产都应属于该经济组织所有，而非设立该组织的发起人所有。

（二）合作制公证处成立后的集体所有权

合作制公证处成立以后的财产状况会随着其经营情况发生变化，这是由合作

---

① 马俊驹、宋刚：《合作制与集体所有权》，载《法学研究》2001年第6期，第116页。
② 参见上文，第118页。

制公证处的分配制度决定的。合作制公证处经营所得会按照如下原则进行分配：(1)依据按劳分配的方式支付给公证处工作人员(含出资人、发起人，此时他们的身份已经是公证处的普通劳动者)报酬；(2)提取公共积累。公共积累包括公积金和公益金，这部分收入不属于任何个人，也不参与分配(即便成员退出)，它唯一的所有人是合作制公证处，即合作制公证处对其经营积累部分当然地享有法律意义上的所有权，这部分应是《意见》第4条第一项关于财产所有权界定时未能涵盖的。

(三)集体所有权与集体所有制

如上文所述，因合作经济的发展在马克思主义合作理论和实践阶段，经历了通过合作社的形式完成小农经济的改造和社会对生产资料的占有，并形成集体所有制这一经济制度的过程，因此很多人将集体所有权与集体所有制混为一谈。事实上，如前面对合作制所做的两个不同维度的分析一样，集体所有权和集体所有制也是对合作社这一经济组织形式的两个不同考察维度。在此再次予以明晰：

首先，集体所有制并不一定以集体取得财产所有权为前提，因为所有制属于经济基础范畴，是生产关系的总和，涵盖社会生产的全部环节(生产、分配、交换、消费)，与具体某一集体经济组织的财产所有权归属该经济组织还是组织成员抑或他人，没有必然的严格的一一对应的关系，即不能将所有制关系简单地理解为谁对生产资料拥有所有权。事实上，即便没有集体所有权时，也有公有制。比如上面说到的，在成员以财产的使用权出资的情况下，尽管财产所有权仍属合作社成员所有，但合作社一经成立，则任何人不能再以自己的意思来支配出资到合作社里的财产，即，非经由合作社这一集体经济组织的全体成员民主决议形成一致的意思表示，合作社财产不可被使用处分。对于合作社经营所得则是实行按劳分配，没有资本剥削劳动的可能，因此，即便在合作社没有取得集体所有权时，其已经是公有制的经济形式。所以，从经济基础的角度上看，没有财产所有权的合作社也是集体所有制经济形式的一种。

其次，不同类型所有权的行使方式不同。个人所有权，财产归个人所有，个人对其财产权利的行使依其意思表示；国家所有权属全民所有，但其支配路径却不能由全民共同决议实现，只能由一个机构来代表全民行使；集体所有权的权能则既非由某个自然人自由行使，也非由某个机构代为行使，集体所有权的权能是由集体组织的全体成员以民主的方式形成集体意思的方式来实现。集体经济组织中一般严格执行一人一票、民主管理等合作制原则。

五、结论

由以上分析可知，对合作制公证处之"合作制"，应从两个维度进行理解：一是所有权的维度。依据亨利·汉斯曼教授的观点,同样的企业组织形式,可能基于降低企业成本的考虑而采取不同的所有权配置方式。所有权是国家法律关于权利主体对权利客体享有的占有、使用、收益和处分的一系列制度的总和。权利主体可以是国家,也可以是联合劳动者(集体),也可以个人。不同的所有权类型之间可以转换,合作制公证机构的财产所有权便发生了一个从个人所有权到集体所有权的转变;二是从所有制的维度。刘永佶教授在其《中国经济矛盾论》中指出,"合作制是公有制的基本形式,合作经济也是中国公有制经济的重要组成部分,它包括农村新型合作经济形式、城市合作经济两个主要部分。"合作制公证机构便是城市合作经济的一分子。

合作制公证机构在改革过程中遇到的阻力在于如下质疑:原属于国家公权力的公证权下沉到社会,会不会发生公器私用的情况,即改变其原本的公属性而成为小部分人谋利的工具。对此,《意见》重申《方案》确定的指导精神,明确公证改革的出发点是满足全面依法治国对公证服务的新要求,积极探索公证组织机构的新形式,建立与市场经济体制相适应的公证制度,更好地满足人民群众和经济社会发展的新需求。在此基础上,司法部将合作制公证机构的组织形式界定为"公证员自愿组合、共同参与、共同出资、不占用国家编制和经费、自主开展业务、独立承担民事责任、财产由合作人共有、以其全部资产对债务承担有限责任,实行民主管理,按市场规律和自律机制运行"。在这个组织形式的界定中,关于"劳动者联合、民主管理、自主经营、自担有限责任"等规定都无大碍,但按照简单的"谁出资、谁所有"的逻辑演绎下来的合作制公证机构的"财产由合作人共有"之规定,则是未能发现合作社财产所有权的演变规律的结果,这也是引发各界对合作制公证机构"公私"属性之争的原因。事实上,在合作制公证机构成立之后,其发起人的出资便演化为合作制公证机构的财产,该财产的全部权能都是由合作制公证机构的全体成员共同民主决策形成集体意识之后才可行使。发起人在出资之后,便成为合作制公证机构中一名普通劳动者,其按照对合作制公证机构的贡献按劳分配,取得报酬。其投入的资金,既不会为他带来股息红利,也不应在他退出合作制公证机构时返还。发起人投入合作制公证机构的资金,和合作制公证机构在经营过程中的产生的公共积累,即便是在遇到公证处要解散时,按照国际合作社原则和我国《公证法》第6条、《民法典》第95条的立法本意,都不应返还给发起人,而是转给性质类似的其他经济组织中去,因为,个人资产已经在联合劳动的过程中完全转化为集体资产,个人的劳动价值也已经通过按劳分配的方式得以实现,其提供初始资金的目的是为了设立一个可供公证权力运行并发挥法律授权职能的组织,该组织一旦成立便有它独立的使命,与个人再无直接的关联。

综上,合作制公证处从组织形式到组织性质都是公有制经济,它和事业体制公证处都是我国社会主义公有制经济的内容,区别不过在于组织的财产所有权的归属。在合作制公证机构,财产所有权归集体所有,由全部集体成员在法律法规规定的范围内共同决策使用和处分;在事业体制公证处,则财产所有权属全民所有,由事业体制公证处依据国家法律法规的规定使用、处分。合作制公证处和事业体制公证处都是符合《公证法》第2条规定的依法律授权行使证明职能的专业机构,都是为中国特色社会主义市场经济提供公证法律服务的生力军,是构建现代化治理体系的不可或缺的组成力量。因此,在日后的合作制公证机构的相关立法中,在对其组织形式进行描述时,建议将合作制公证处的财产界定为由合作制公证处所有,这样才能真正体现合作制公证机构之公有制经济组织的性质。进而实现合作制公证处之"合作制"在法律层面和经济基础层面上的统一。

我国公证体制的再检视

——以公证产品的公私二重性与国家治理现代化为逻辑

史书一*

摘要：公证产品兼具准公共产品与私人产品属性,公证体制改革是国家治理现代化的重要实践。二者弥补了过往研究以公证权性质为检视思路的缺陷,成为了本文检视我国公证体制的新逻辑起点。事业单位分类改革政策缩减了具有私人产品属性的公证产品的制度空间,事业体制固有行政化的特点也无法满足国家治理现代化对公证制度发展的要求,因而事业体制已完成了其在公证体制改革中的承接与引领作用。合作制基于自身特性,具有引领公证体制改革的正当性,但仍需解决其公信力来源存疑、外部治理模式如旧的问题。且合作制公证机构的局限性在于其设立与运转对人才、资金要求较高,短期难以在欠发达地区推广。因此,合作制仍需借助事业体制的培育与保障作用,以协同促进我国公证体制的现代化发展。

关键词：公证产品；公私二重性；国家治理现代化；事业体制；合作制

2021年是中国共产党成立100周年,是国家治理现代化总体目标第一阶段实现之年。① 以事业体制为主体,合作制为补充的公证体制新格局运转已三年有余,其涉及的事业单位分类改革已基本完成。至此,公证体制维持现状抑或继续改革尚无定论,在此节点检视与展望公证体制恰逢其时。过往研究对公证体制检视的

---

* 本文作者：史书一,北京航空航天大学法学院诉讼法学博士研究生。
① 依据《中共中央关于坚持和完善中国特色社会主义制度、推进国家治理体系和治理能力现代化若干重大问题的决定》(以下简称《决定》)内容,完善中国特色社会主义制度、推进国家治理体系和治理能力现代化的总体目标的第一阶段是到我们党成立一百年时,在各方面制度更加成熟更加定型上取得明显成效。

典型思路是：以事业体制与公证权的公私两面性各自契合，论证事业体制为公证机构的理想体制。① 这一论证逻辑切中了体制改革要顺应权力特性的要害，但也存局限之处：一是忽视了治理现代化下，出于公共利益最大化的需要，非政府组织也可分享公共管理权力，公权与公主体无须一一对应。二是未预料到实践中事业体制公私两面性更多表现出产权关系模糊、权力边界不明等消极效果。三是现有研究对于公证权性质论证多是从制度渊源、公证效力与公证机构地位等表象出发的间接论证，形成了国家权力、社会权力与法定证明权力三种观点②，虽各有侧重但均缺乏直接的、系统性论证，尚未形成通说，以缺乏共识的理论为论据对体制正当性的论证犹如空中楼阁。因而，公证权并非检视公证体制的最佳路径。相较于公证权的抽象与不确定，公证制度所生产的公证产品是实在、具体的，公证制度作为国家治理体系组成的定位是明确、恒定的，因而跳出公证权这一法学迷思，以公证体制与公证产品性质、国家治理现代化要求的匹配关系为逻辑，再行检视公证体制，对于厘清我国公证体制改革的未来走向大有裨益。

一、公证体制的检视逻辑起点

（一）公证产品的公私二重性

公证产品是指公证机构提供的能够满足社会需求的，以证明为核心内容，以咨询、代书、调查、谈判、调解等法律服务为辅助内容的产品。其中，公证证明是公证员以公证机构名义行使公证证明权，依照法定程序对民事法律行为、有法律意义的事实和文书的真实性、合法性予以证明的活动。公证制度起源于古罗马代书制度，其依据社会需求而生，时至今日公众申请公证证明的最大动机在于希望通过公证的法律效力满足自身在保全证据、预防纠纷、降低风险等方面的需求。而国家愿意扶持社会力量提供公证证明产品，也是因为其具有多维度的治理效用：一是政府治理效用，公证对事实的证明为政府具体行政行为提供依据，降低风险的同时提升了行政效率与科学性；二是司法治理效用，公证证明固定了被推定为真实的证据，缓解法院受案与事实发现的压力；三是社会治理效用，公证证明一方面通过为民事权利提供正当性依据起到纠纷预防之效，另一方面又通过赋予债权文书强制执行力起到纠纷解决之效；四是市场治理效用，公证证明预先介入民商事行为，过滤

---

① 参见洪英：《国家治理现代化视阈下公证机构体制改革相关问题研究》，载《中国法律评论》2015年第1期；段伟、李全息：《当前我国公证工作改革任务、目标及其保障措施》，载《中国司法》2011年第11期。
② 国家权力说，参见汤维建：《关于公证权性质的若干思考》，载《司法改革论评》2007年第2期；段明：《论公证债权文书的司法审查——基于公证权与司法权的关系视角》，载《湘潭大学学报（哲学社会科学版）》2021年第2期。社会权力说，参见陈桂明、王德新：《论公证权的性质——立足于政府职能社会化背景的一种认识》，载《河南省政法管理干部学院学报》2009年第3期；法定证明权说，参见李全一：《公证证明论》，法律出版社2016年版，第77-79页。

其中不真实、不合法、不可行之处，规范市场行为并降低交易成本。① 上述效用惠及社会整体并符合公共利益，是社会成员共同需要的，这使得公证证明产品具有公共产品属性。② 同时考虑到公证证明产品具有受益的排他性但不具有消费的竞争性，因而其应属于准公共产品。

然而，随着不确定性与复杂性的增长，单纯对无争议事项的证明已无法满足部分当事人的需要，其希望通过公证达到专业化、定制化的法律效果，这就要求公证机构以当事人私益为导向进行法律安排，提供核查、代书、咨询、谈判乃至调解等公证辅助法律服务，通过上述服务形成特定的待证事项后再行公证证明。公证证明虽仍属准公共产品，但辅助证明的法律服务显然无法被准公共产品性质涵盖，这是因为其并非社会共同需要，而是一种由公证员运用自身专业知识与经验提供的、满足个体私益需求的、体现差异化与增值性的私人产品，具有鲜明的排他性与竞争性。因而，此类经公证辅助法律服务后再行公证证明的公证产品就成为了准公共产品与私人产品的结合。可以预料的是，随着市场经济的发展与公证应用场景多样化，市场对此类公证产品的需求会越来越多。

上述两类公证产品区分可进一步通过一例说明。同样是遗嘱公证，由于身故所致的财产继承问题是每一个公民都需面对的，国家出于对公民物权的保障、确保社会中财产流转有序、减少纠纷与家庭和谐的需要，有义务提供价格低廉的、具有准公共产品性质的公证证明产品以满足公众基本的遗嘱公证需求。然而在一些案情复杂的遗嘱公证案件中，或是法律关系不明，或是当事人希望通过公证实现财富管理与增值等较为复杂的法律效果，公证员在对遗嘱的真实性与合法性予以证明前，还承担了根据当事人需求设计、代书遗嘱的服务，甚至在证明后还要监督执行遗嘱。这些公证辅助法律服务行为显然超出了一般社会主体的需求与公共利益的范畴。因而上述两类公证产品中，前者为纯粹的准公共产品，后者为准公共产品与私人产品的结合。两类产品共同构成了公证产品这一整体，所以公证产品的性质为准公共产品与私人产品兼具，本文称之为公私二重性。③

公证产品的公私二重性决定了只有为公证准公共产品与私人产品的供给分别留有制度空间的体制方为适宜。具体而言：准公共产品属性意味着公证体制不应

---

① 参见李全一：《公证证明论》，法律出版社2016年版，第81-100页。
② 社会共同需要是以社会伦理道德为基础的公共产品的本质。非竞争性和非排他性是市场经济条件下公共产品的技术性特征。参见秦颖：《论公共产品的本质——兼论公共产品理论的局限性》，载《经济学家》2006年3期，第79页。
③ 公证产品的公私二重性可在公证收费标准中得到印证，当前公证机构对于单纯的公证证明产品实施政府定价与政府指导价收费，其中多按件或按标的额收费，价格较为低廉；而对于各类辅助服务则主要实施市场调节价收费，由公证机构与当事人商定。

以营利为目的,应严守公益化的方向,以确保公证产品供给的均等化。而私人产品属性则意味着公证体制在薪酬与管理等方面应体现市场化,以确保具有私人产品属性的公证产品能够足量、高质供给。体制的公益化与市场化并不冲突。具有准公共产品属性的公证证明普遍存在于所有公证产品中,是公证产品的本质特征与制度的根本意义所在。而具有私人产品属性的公证辅助法律服务则存在于部分公证产品中,是为了辅助证明而存在,其不可能被公证机构单独提供。因而公证体制应以公益化为本位,以市场化为应用,市场化服务于公益化。

(二)国家治理现代化理论

党的十八届三中全会首次提出国家治理现代化的重大命题。治理理论核心就是通过公共权力在政府和非政府部门间优化配置,实现政府与市场、社会的协同共治,以增进公共利益,[1]消解传统公共产品供给体系失灵与社会对公共产品需求剧增之间矛盾,同时分担政府责任,降低政府权力运行成本、风险以及滥用可能。公证制度属在我国属司法制度,其制度价值在于国家通过公证实现对民商事活动的适度干预,进而发挥公证制度的政府、司法、社会与市场治理作用。由此,公证体制成为了国家治理体系的重要组成。兴起于改革开放后的公证机构由行政体制向事业体制、合作制过渡的改革也应被看作我国治理现代化的早期实践。因而,在国家治理现代化的框架下,公证体制改革也有章可循。

首先,共同治理理念呼唤公证体制的社会化。在不断前进中的全球化与信息化下,曾经作为先进代表的官僚制出现了臃肿、迟钝甚至失灵问题,一元化的国家管理越来越难以应对风险与危机,全能主义政府已无法满足社会需求,反而经常引起政社关系的紧张。[2]因而通过分权、还权、授权等办法实现公共产品供给主体的多元化成为共识。公证产品的生产过程主要表现为公证员研判法律关系,审查证据材料,形成心证后作出证明,以满足千变万化的市场需求,因而具有较强的技术性与灵活性。以行政化体制供给公证产品会造成供给数量、种类与质量不足,效率的低下、成本高昂等问题。因而公证体制必须遵循社会化方向,寻求政府以外的组织承接这一产品供给,才能调动其在资金、专家等方面的社会资源并减轻政府负担。[3]

其次,复杂治理结构期待公证体制的法治化。治理主体由一元走向多元,权力向度由单向变为双向,这意味着治理结构趋向精细与复杂,权力因冲突或懈怠所致

---

[1] 参见姜晓萍:《国家治理现代化进程中的社会治理体制创新》,载《中国行政管理》2014年第2期,第25页;陈振明《公共管理学:一种不同于传统行政学的研究途径》,中国人民大学出版社2003年版,第87页。

[2] 参见张康之:《走向合作的社会》,中国人民大学出版社2015年版,第9-13页。

[3] 参见郭道晖:《权力的多元化与社会化》,载《法学研究》2001年第1期,第5页。

失范的可能性增加。为了避免治理失败,就必须将多元主体的治理权威统摄于法律权威之下,为各类权力运作划定规则、注入良法价值,以制度形式予以固定。这也使得法治化本身具有了科学化与制度化意蕴。公证体制改革中,要确保政府监管权与行业自治权、公证机构的公证证明权与当事人权利相互配合、监督、并行不悖,就要以法律逻辑科学配置上述权力与权利。制定政府、公证协会、公证机构作为多元行动者合作管理共同遵守的规则,搭建权力良性互动的信任基础,防止其恣意与不作为,体现良法善治要求。[①] 同时将改革成果以制度的形式固定下来,以安定性与可预期性应对改革中复杂性与不确定性。

最后,严峻治理现状要求公证体制的职业化。我国当前社会矛盾复杂尖锐、纠纷解决机制捉襟见肘。特别是过去20年出于风险控制需要,大量资源被投入到大调解与信访的建设中,然而二者对于事实与法律的双重软化固化了公众对权力的信仰与对法治的怀疑。与此相较,公证制度具有事前预防、强调真实性与合法性、立场中立等优点。但是,长期以来公证员职业群体发展的滞缓制约了公证治理作用的发挥,也难以应对当前公证活动涉及面广、敏感性强、风险性高的挑战。[②] 因而只有实现作为体制主体的公证职业群体的现代化,才能防范小马拉大车的风险。公证员作为法律职业共同体的一员,职业化是其现代化所指。职业化意味着公证员职业具有明确的职业门槛、职业伦理与职业地位,公证员享有专门的职业思维、职业技能与职业荣誉。这有利于公证队伍的壮大,行业自治能力的形成,以及公证产品质量的提升。

二、事业体制下公证行业的步履维艰

2000年《司法部关于深化公证工作改革的方案》(以下简称《方案》)确立的改革目标是建立适应我国社会主义市场经济要求的公证体制,改革主要内容为行政体制公证机构向事业体制转制。随着2017年年底所有行政体制公证机构全部转为事业体制,事业体制为主、合作制为辅的公证体制格局已经形成,本阶段公证体制改革似乎已告一段落。然而从实践情况来看,事业体制下的公证行业发展仍步履维艰。

---

① 参见何增科:《国家治理及其现代化探微》,载《国家行政学院学报》2014年第4期,第14页;张文显:《法治与国家治理现代化》,载《中国法学》2014年第4期,第6页。
② 2019年中国公证员总数为13428人,较2014年仅增加468人,同比仅增长3.6%。与此对应的是,同期办理公证案件总数增加152.7万件,同比增长12.5%。而公证书所具有对人对世法律效力也普遍引发社会关切,特别是涉及民生领域的公证案件较易引起舆论发酵,如:涉及委托、赋予债权文书强制执行效力公证的"北京以房养老套路贷案"以及涉及意定监护公证的"上海300万房产赠送水果摊主案"中,公证机构与公证员是否依法履职、违法违规行为是否依法被惩处等均成为社会关注焦点。数据来源:《2020中国统计年鉴》,载国家统计局网:http://www.stats.gov.cn/tjsj/ndsj/2020/indexch.htm,访问时间2021年5月11日。

（一）事业单位分类改革下公证行业的水土不服

随着事业单位分类改革的全面推开，公证行业在原本释放了最大改革红利的事业体制下逐渐出现了一系列不服水土的"症状"，前期公证体制改革取得的成果甚至有逐步抵消趋势。

1. 公证机构的归类难题

《方案》要求"改制的公证处应成为执行国家公证职能、自主开展业务、独立承担责任、按市场规律和自律机制运行的公益性、非营利的事业法人"。这一定位在强调公证公益性本质的同时指明其市场化与自律性的发展道路。这直接促进了2000年公证体制改革后一批体现市场化、自律性的改革措施落地。大量事业体制公证机构成立并建立企业化财务管理制度，各地建立起公证协会并实行自律管理。总体而言，2000年的改革措施营造了较为宽松的内外部治理环境。然而，随着2004年《关于事业单位分类试点的意见》（以下简称《试点意见》）与2011年《中共中央国务院关于分类推进事业单位改革指导意见》（以下简称《指导意见》）相继颁布，事业单位分类改革路径明确为去除那些承担行政职能或从事生产经营的事业单位，仅保留从事公益服务的事业单位。公证机构若想继续保持其宽松的内外部治理就要类比生产经营类事业单位或公益三类事业单位，但此类单位在改革中要逐步转为企业，显然违背公证体制公益化的要求。而公证产品的公私二重性又显然与高等教育与公共医疗产品的的准公共产品属性有所区别，若将公证机构划归后者所属的公益服务类事业单位，则意味着其必将被纳入公益二类统一管理，难以保留适合自身发展的政策。公证机构陷入进退维谷的境地。后续改革中公证机构并未跳出事业体制，这也为公证行业的生存发展空间进一步缩小埋下伏笔。

2. 公证行业权责利失衡

根据《指导意见》内容，事业单位分类改革思路可概括为：纯化事业单位的公益属性并加强行政监管。这一政策套用于公证行业直接导致了其权责利进一步失衡。表现如下：首先，事业体制公证机构人事待遇与公证员法律专家身份不匹配。在事业编制总量核定、动态调整的政策下，相较于其他事业单位，公证行业话语权小，无法分得与规模匹配的编制数量，大量公证机构只能以合同制方式招聘公证员，这也导致了公证行业队伍难以扩大的窘境。一方面，《公证法》规定了公证员任职资格之一便是获得法律职业资格，这与法官、检察官以及律师并无二异。然而获此资格的人才显然更愿意向有编制的检法机关和虽无编制但高薪的律师行业流动,公证行业无法吸引新的人才,自身人才还在流失。① 另一方面,与编制数量挂钩的职称数量也进一步受限,加之评聘分离政策,大量公证机构没有高级职称岗位,公证员高评低聘现象频现,其法律专家的身份无法在编制与专业技术职称上体现,职业荣誉感低,职业化难以实现。

其次,事业体制公证机构财务权受财政、税务等多重辖制。在"收支两条线"的政策下,即使是收支与同级财政完全脱钩、经费全部自理的自收自支的事业体制公证机构,其收入也要上缴财政专户,全额纳入单位预算,财政虽然不截留直接下拨,但其支出必须经过司法行政机关审批,非市场化自收自支的内涵。② 这在一方面造成了公证机构虽缴纳企业所得税,运行企业化财务管理制度,但同时要接受财政、人社、审计机关的管理,部分公证机构只好运行事业单位与企业两套财务系统以应对政府部门监管。另一方面也造成了公证机构盈余处分权受限,大量盈余资金闲置于账上无法利用,部分公证机构宁愿租赁办公场所也不购买,以避免盈余资金转化为国有固定资产后无法自主处分,这些情况造成了成本的提升与资源的浪费。此外,在各地司法行政机关颁布"限薪令"后,公证员收入与工作量、执业风险在一定程度上脱钩,部分公证员每天只办定额数量公证、甚至只挑选那些法律关系简单、风险较小的证明业务办理,对于社会公众的新需求与新问题也不再研究,与体制改革公益化、市场化方向背道而驰。

(二)事业体制下公证机构的法人自主权困境

事业体制公证机构享有法人自主权,这不仅是其独立法人地位的要求,更是其依法中立做出证明、独立承担民事责任的要求。然而,当前公证机构法人自主权难以完全实现。

1. 财政依赖致使部分公证机构缺乏行使自主权意愿

随着 2017 年年底公证机构彻底脱离行政体制的最后期限到来,全国超过五分之一的行政体制公证机构转为公益一类事业单位,③由于经费全部来源于财政,此类公证机构接受更为严格的管理与监督,其法人自主权受限。此类公证机构多处

---

① 行政体制公证机构在向事业体制转制后,原行政体制公证机构 2856 名公证员中,仅有 498 人选择留在公证行业,改制后公证机构新招录公证员 29 名,可见公证行业人才流失严重。数据来源:《司法部办公厅关于 11 月份公证改革进展督察情况的通报》,载司法部网:http://www.moj.gov.cn/news/content/2017-12/19/bnyw_11032.html,访问时间 2021 年 5 月 11 日。

② 参见马宏俊、文亚雄:《试论我国公证制度改革》,载《治理研究》2018 年第 4 期,第 120 页。

③ 全国 889 家行政体制公证机构中,改为公益一类的 195 家,占 21.9%,改为公益二类的 624 家,占 70.2%,个别省份高达 80% 的行政体制公证机构转为公益一类事业体制,依赖财政全额保障。数据来源:《司法部办公厅关于 11 月份公证改革进展督察情况的通报》,载司法部网:http://www.moj.gov.cn/news/content/2017-12/19/bnyw_11032.html,访问时间 2021 年 5 月 11 日。

于经济欠发达地区，政府为了保证公共产品供给均等化而提供的拨款成为其旱涝保收的"铁饭碗"，其受制于政府同时也依赖于政府。其满足于现状，对于通过发挥自主权来提升业务能力与收入，以尽早实现自我造血的积极性匮乏。部分公证机构官僚制作风浓郁，向主管机关与行政权力负责，而非向社会公众负责，对于公共需求冷漠，公证产品供给效率与质量低下，偏离了公证体制社会化、公益化与市场化方向，在一定程度上也造成了此类公证机构陷于弱者恒弱的境地。

2. 治理结构错置致使部分公证机构行使自主权受束

外部治理方面，我国《公证法》确立了司法行政机关行政监管与公证协会行业监管"两结合"的治理结构。在国家化组合主义模式下，公证协会作为国家批准的公证行业利益的唯一代表，作为行业自律组织享有一定自主权，但其仍受国家的制约与控制。[①] 加之《公证法》对于司法行政机关与公证协会具体权力分配不明确，造成了公证协会行业自律管理的软化与虚无，《公证法》所确立的"两结合"治理结构实际沦为行政管理一家独大的局面。内部治理方面，当前我国司法行政机关对于公证机构行使自主权进行自我治理充满不信任，其对于公证机构的直接管理与间接管理过多，难以根除运动式、即兴式、不合比例性的特点[②]，极大侵蚀了公证机构的自主权行使的空间，也不符合公证体制的法治化方向。特别是对于那些已经受到改革红利滋养且发展壮大的公证机构，如此的行政化管理已成为其发展的羁绊。虽然《试点意见》与《指导意见》将落实事业单位法人自主权纳入改革重要内容，然而实践中，出于防止职能削弱、利益流失等因素考量，部分地方司法行政机关对于"政事分开""管办分离"热情不大、回应不高，通过加强行政监管确保公证质量的思路反而成为其共识，公证机构自主权行使雪上加霜。

（三）追因溯果：事业体制的改革使命已部分完成

2000年公证体制改革获得成功的原因有二：一是改革思路对公证公益化与市场化的并重，契合了公证产品的公私二重性，为其供给留有制度空间。二是将权力下放于接近社会需求的最小单位，即事业体制公证机构。相较于行政体制，其自主性、灵活性、市场敏感度增加，由此缓解了信息不畅、官僚制臃肿导致的公证产品供给中的政府失灵的问题，契合了国家治理现代化的要求。然而，从上述困境可知，

---

① 有关国家化组合主义的内容参见[澳]安戈、陈佩华：《中国、组合主义及东亚模式》，史禾译，《战略与管理》2001年第1期；[美]李侃如：《治理中国：从革命到改革》，胡国成、赵梅译，中国社会科学出版社2010年版，第328页。

② 例如，北京"以房养老套路贷"诈骗案件发生后，司法部下发《关于公证执业"五不准"的通知》，意图通过禁止公证机构办理涉及不动产处分的全项委托公证、非金融机构融资合同公证等业务来防止诈骗案件发生。然而上述业务并未被《公证法》等法律禁止，司法部通过内部文件"一刀切"地禁止相关业务的开展，似因噎废食，有违反《立法法》《公证法》之嫌，合法性与合理性有待商榷。

曾经释放最大改革红利的事业体制已无法继续推动公证事业的发展,原因在于事业体制在20余年公证体制改革中自身的"变与不变"。

首先,事业体制给予公证产品的私人产品属性的制度空间发生变化。"公证的公益性与事业单位所要求的公益性基本上是契合的,为公证选择公益类事业单位组织形式保留了空间。"[①]的确,由事业单位这一公办机构提供准公共产品无可厚非。而在公证体制改革初期,事业体制的政策环境对于公证产品的私人产品属性是暧昧模糊的,为公证事业发展赢得一定制度空间。然而,随着事业单位分类改革中纯化事业单位公益属性政策的落实,这一空间逐渐消失,导致了公证机构既不能享受事业单位的权利与优待,也无法享受企业在经营决策、利润分配等方面的自由权限,却要同时承担事业单位、企业的大量义务。事业单位分类改革政策忽视了公证产品的公私二重性,最终造成了公证行业权责利失衡与从业者积极性低下的困顿局面。事业单位分类改革下公证产品质量不但没有显著提升,其多样性、专业性却在下降。

其次,事业体制行政性未变。事业体制下公证机构的法人自主权困境是一种典型的权力行政面相下公共行政窘困的体现。与外国社会组织的慈善家长制作风不同,我国政府代替私人捐赠者发挥了控制组织管理与资源分配的作用,"决定了事业单位只能是一个推进官办事业的国立或公立机构"[②]。行政化成为其与生俱来的烙印,只是这一特性弱于行政机构,所以公证机构被从行政体制解放出来后获得一定喘息与发展机会。但是,事业体制本身行政性没有随着公证行业的进一步发展而减弱,无法给予匹配其发展的自由度,且事无巨细、有求必应式的行政化管理也使得部分公证机构缺乏自我开拓与革新的动机,这与国家治理现代化方向背道而驰,公证产品供给也重新陷入失灵风险。

当前公证行业发展的步履维艰并不能否定事业体制曾在公证体制改革中做出的贡献,其仅是事业体制已部分完成公证体制改革使命的指征。在公证体制改革中,事业体制的作用可概括为四点:一是承接作用,承接从行政体制转出的公证机构,减少公证机构由行政机构直接转为社会组织的阻力与风险。二是引领作用,通过自收自支事业体制相对灵活的内部机制引领、探索公益化与市场化并重发展道路。三是培育作用,通过事业体制公证机构由公益一类逐步向公益二类、公益三类过渡,培育公证机构自治能力与业务能力。四是保障作用,通过由财政拨款的公益一类、二类事业体制保障具有准公共产品属性的公证产品在欠发达地区的供给均

---

① 段伟、李全息:《当前我国公证工作改革任务、目标及其保障措施》,载《中国司法》2011年第11期,第59页。

② 方流芳:《从法律视角看中国事业单位改革——事业单位"法人化"批判》,载《比较法研究》2007年第3期,第2页。

等化。随着行政体制公证机构的转制完毕,更加灵活与市场化的合作制试点重启,事业体制限于纯化公益性的体制改革政策以及自身行政化特点,已无法为公证事业的发展提供进一步空间,已基本完成了其在改革中的承接与引领作用。而其培育与保障作用仍有践行空间与必要,此点将在下文阐述。

三、合作制下公证体制的现代化曙光

合作制是一种体现合作社规则、原则与价值的组织运作模式,其核心是人的联合,并贯彻自愿与开放的社员资格、民主的社员控制、社员经济参与以及自治与独立等原则。[①] 合作制被我国创造性地应用于公证机构的组织架构与内部治理已近20年,以公证产品公私二重性与国家治理现代化的逻辑检视,可以发现合作制散发着我国公证体制现代化的曙光,其具有引领下一阶段公证体制改革的潜力,但同时也存在着制约自身进一步推广的问题与局限。

(一) 合作制的正当性

1. 对公证产品公私二重性的兼顾

首先,合作制公证机构适合准公共产品的提供。合作制是对早期空想社会主义的继承与发展,天生具有在市场不愿意或政府力所不能及的领域提供准公共产品的功能,追求对合作成员需求的满足与合作共赢,具有对内公益性与对外经济性。在我国,由于《公证法》第6条对于公证机构非营利性的规定,合作制公证机构与一般的合作社经济组织不同,是一种合作制内部运作模式与非营利法人外在实体的结合。非营利法人的定位进一步向外扩展了合作制的公益性。具体表现为:其对外收费不追求利润最大化,而是在考量公证产品的公私属性、技术难度、劳动量、风险性以及有利于公证事业发展等因素的基础上,遵循政府定价、指导价以及市场调节价收费。[②] 其对内不分配利润,虽允许在提取公共积累后分配部分盈余,但盈余与利润有别。盈余是合作制公证机构在提供公证产品中产生的收入中暂未分配部分,是合作人"少收"的款项,也是合作制公证机构的"少付",属于社员储蓄性质[③],其是按劳动要素分配;而利润则是经营所得,其主要依据资本要素分配。因而,合作制公证机构具有非营利性,这避免了公证员因逐利忽视了准公共产品供

---

① 参见国际合作社联盟《关于合作社界定的声明》,载中国工合国际委员会网:http://www.gungho.org.cn/cn-info-show.php?infoid=110,访问时间2021年5月11日。

② 即使是市场调节价,公证机构也不能向商品一样根据供需关系随意定价,而是仍要考量工作量等因素,与当事人协商确定。

③ 参见李锡勋:《合作社法论》(增订第4版),台湾三民书局股份有限公司1992年版,第118-119页。转引自米新丽:《论农民专业合作社的盈余分配制度——兼评我国〈农民专业合作社法〉相关规定》,载《法律科学(西北政法大学学报)》2008年第6期,第90页。

给中的公正与公平因素,符合公证体制的公益化要求。其次,合作制公证机构适合私人产品的提供。合作制通过人的联合产生规模效应,其合作收益必定大于单独行动收益。而合作制机构收益转化为盈余后可依据相关规则在公证员中分配,强化了公证从业者与公证产品供给的内在联系,激发了公证从业者的工作积极性。此外,合作制公证机构所有权与国家完全脱离,国家需要为其制定独立的人、财、事政策,无须参考行政或事业体制管理,为具有私人产品属性的公证产品供给预留制度空间,符合公证体制市场化要求。

2. 顺应国家治理现代化的趋势

首先,合作制公证机构独立于政府,属于典型"第三部门",由其提供公证产品,意味着公证证明权彻底下放社会,这将减轻国家编制、财政压力,缓解公证产品供给中的政府失灵现象,符合共治理念对公证体制的社会化要求。其次,合作制提供了全新的权责利分配框架,公证机构产权归全体合作人共同所有,对内通过合作人会议、监事会等内部治理结构实施民主管理,对外以法人身份独立享有权利承担义务。其权属关系明确,内外部治理结构独立、科学与清晰。这决定了其内部治理行政性弱而民主性强,外部与行业协会、司法行政机关权力边界明确的特征。行政机关直接与微观管理的依据也不复存在,对其仅可保持相对稳定的宏观管理,符合公证体制法治化要求。最后,合作制公证机构内部人合性突出,对内民主管理且公证员必须专职于本职,体现了劳动控制资本这一合作制的本质特征。[①] 公证员意思与需求得以尊重,个性与才能得以发挥,彰显了公证业务的专业性与公证员身份的专家性,且避免了资本投机行为。其能够在机构本位主义下适当发挥公证员本位的优势,促进公证员群体职业化的实现。

(二) 合作制的问题与改进

1. 公信力来源的存疑与释明

合作制试点中,虽然官方宣称"三个不变原则"[②],但仍不能打消公众对于合作制公证机构公信力的质疑。此类观点普遍认为公证书公信力来源于国家权力的背书与担保,民间机构公证的公信力大为降低,尤其合作制允许盈余分配可能导致营利化的倾向,更加折损其公信力。事实上,类似观点从行政体制公证机构向事业体制转制起就不绝于耳,在合作制试点开始后达至高潮,因而有必要对这一质疑释明以正本清源。

---

① 参见任强:《合作社的政治社会学》,中国社会科学出版社2014年版,第143页。
② 即公证机构作为国家法律授权证明机构的性质不变,公证员依法行使法律证明权的身份不变,公证文书的法律效力不变。参见《司法部律师公证工作指导司关于开展合作制公证处试点工作的通知》,〔2000〕司律公字第001号,2000年1月19日发布。

公信力是被当事人与社会普遍认同与信赖的法定证明力与公共权威性。① 证明效力由法律规定并保障其实现,而公共权威也并非通过暴力强人所难,而是出于本心和从属于人的内在要求的接受②。因而,公证公信力真正产生于公证证明与公证辅助性法律服务的依法进行,进而产出高质量公证产品,最终获得社会的认可、信赖与权威。因而,公信力本质上是对法律与正当程序的信赖。从过程看,法定程序查明的事实被认为是真实与合法的,被普遍接受,即使错误也可通过法定程序进行救济。从结果来看,法律的强制力保障了公证书的内容得到承认与执行,做出错证、假证的公证机构与公证员将承担法律责任。因而不同体制仅仅是对资源配置的方式与效率不同,依法公证才是公证的公信力来源。上述质疑错误地将公权力与公信力划等号,错误地认为逐利性必然导致竞争失范与公信力贬损。事实上,行政体制下的公证行业同样会出现错证、假证的问题,公权力不会凭空产生公信力,公权力也只有依法行使才能产生公信力,适当的物质激励与良性的竞争反而有助于公证产品质量与公信力的提升。至于如何确保合作制下公证行为的依法为之,则应从以下方面出发:

首先,司法行政机关应明确盈余中各类基金、保险的提留比例下限与盈余分配比例上限,确保盈余分配带来的激励性保持在合理区间,不向逐利性异化。同时在具体盈余分配方案上明确资本报酬有限原则,防止合作制公证处向资和转变,公证证明权沦为资本牟利工具。③ 其次,公证机构与公证协会、司法行政机关要加强对公证的过程管理,以弥补事后监管的滞后性。通过自律检查与他律抽检的方式对公证员是否遵守法定程序、是否履行法定义务等内容进行审查。事实上,法律为公证员的行为划定底线,只要相关法律规则落实到位,公证质量至少能保持在合格以上水平。再次,公证协会应对当事人满意度、公证机构出具的公证书被法院不予采信情况、公证机构与公证员受到行业处分与行政处罚等信息进行总结、公示。当前公众对于公证机构与公证员的选择带有随机性与盲目性,信息透明可以助长其决策理性。公证机构与公证员为了在竞争中获取有利市场评价,势必要提升服务质量,珍惜声誉。最后,应通过修订《公证法》赋予被核实对象的强制性配合核实义务,化解因合作制身份而导致被核实对象不配合的问题。同时将各省政府信息平台整合并与全国公证机构对接,以降低目前公证员在信息核实时遇到的跨区域信

---

① 参见李全一:《公证证明论》,法律出版社 2016 年版,第 29-31 页。
② 参见张康之:《走向合作的社会》,中国人民大学出版社 2015 年版,第 72 页。
③ 部分省份合作制试点方案虽规定了盈余分配上限,但将盈余具体分配方案授权于公证机构合作人会议。参见上海市《关于进一步推进合作制公证机构试点工作方案》,沪司发〔2020〕27 号,2020 年 3 月 9 日发布;江西省《关于进一步推进全省公证体制改革机制创新工作的意见》,赣司发〔2018〕4 号,2018 年 5 月 3 日发布。

息壁垒,确保公证证明权的正确行使。还应进一步细化、硬化主办公证员、公证员助理、案件审批人、机构负责人对于错证、假证的担责情形,强化向个人追责的可操作性,改变当前机构成为主要担责主体的局面,以警戒和指引相关人员依法履职。

2. 治理模式的如旧与更新

2017年重启的公证体制改革聚焦于公证机构组织架构与人事薪酬制度等内部治理层面的改革,外部治理改革不大,合作制公证机构外部治理模式行政化依旧,表现为:合作制公证机构与事业单位公证机构接受的管理的行政化程度并无二致,合作制试点的数量、地点乃至合作制主任人选等完全由司法行政机关决定。上述现象背后虽然有政府稳妥推进改革、试图以高标准形成示范作用的良苦用心,却也暴露出其对合作制公证机构自治的隐性不信任。高度行政化的监管可能会对公证质量产生一时的保障效果,但这种监管是不可持续的、以管理便利为本位的。且以旧有行政化监管模式管理新组织形态的公证机构,必然会导致新旧制度的不匹配与摩擦。而为了配合、对接行政化的外部管理,合作制公证机构的特点与优势也必将被弱化,造成内部自治意愿萎缩与自治机制落空,逐步向行政体制、事业体制趋同,继续深陷"一管就死,一放就乱"的泥沼无法自拔。因而,当前国家主义下的司法行政管理的一家独大必须向司法行政机关"他治"与公证协会、公证机构"自治"相结合的二元协同治理转变。

首先,就外部治理而言,应改进司法行政机关管理方式与取向,从以干预为目的的直接管理向以培养自治能力为目的的间接管理转变,例如:从直接干预公证机构人、财、事转向督促公证协会、合作人会议履职,监督章程的内容与执行;从对薪酬直接限高转向监督公证产品的质量与风险赔偿基金、事业发展基金等公共积累与保险的提留情况。逐步促使"两结合"的管理体制回到最初定义,即"司法行政机关宏观指导下的管理同公证协会行业管理相结合"①。此外,税务、人事等行政部门应肯定合作制公证机构的非营利性,给予相应的税收、人才引进、政府购买服务等方面的优待政策。

其次,就内部治理而言,要强化公证机构自治就要避免其内部治理机制的落空与异化。一方面,章程是指导公证机构设立、运作与发展的总纲,全体合作人必须审慎地就章程涉及的机构组织形式、议事规则、分配规则、合作人退出与机构解散等事项进行研讨并达成合意,防止章程因不全面、不科学、不具操作性而落空,进而

---

① 参见司法部《关于印发〈国务院办公厅关于深化公证工作改革有关问题的复函〉和〈关于深化公证工作改革的方案〉的通知》,司发通〔2000〕099号,2000年8月10日发布。

影响公证机构存续与发展。①另一方面,合作制公证机构内部设立合作人会议、管理委员会会议、监督委员会等机构,其本质是通过决策权、执行权与监督权的分立,实现三者相互配合、监督与制约,其特征是扁平化而非科层化,因而要通过内部合理配置投票权重,外部加强监管的方式防止合作人会议决策效率低下抑或内部监督权落空,公证机构内部治理机制沦为一言堂。

(三)合作制局限下的展望:合作制与事业体制的协同

合作制为公证产品公私二重性留有充足制度空间,符合国家治理现代化趋势,因而合作制在下一阶段的公证体制改革中应担负引领使命,逐步成为未来我国公证机构的主要形式。然而目前我国合作制试点总量稀少、增设缓慢,仅有的合作制公证机构主要集中在经济发达、业务量大的区域。相较于经济发达地区,欠发达地区对于公证产品的需求大多限于仅具有准公共产品性质的公证证明产品。合作制公证机构并非无法提供落后地区所需的公证证明产品,而是相较于事业体制,其成立与运转门槛更高。合作制公证机构脱离政府财政支持,需要自行筹措开办资金与寻找案源,以确保公证机构设立与存续;其强调自我治理,需要专业技能与道德水平高超的公证员与管理人员,以落实好民主决策与质量管理;其依赖稳定的政策环境,需要开明与法治的地方政府配合,做好精细化、科学化的外部治理。而这些条件显然是欠发达地区公证行业与地方政府短期内难以达到的,这也构成了合作制的局限性。因而,在下一阶段的公证体制改革中,合作制虽应成为体制改革的引领者,但仍需事业体制的协同,以实现因地制宜地推进体制改革。

具体而言:首先,在案源充足且公证行业发展较为充分的经济发达地区,市场对于兼具准公共产品与私人产品的公证产品需求旺盛,因而应进一步推广合作制试点。在具体方式上,新设方式虽然不涉及国有资产清算、人员转制等问题,程序更为便利,但为了防止公证机构过多而超过市场需求,进而引发不正当竞争,应主要采取转制形式,即允许已具备独立发展能力的自收自支事业体制公证机构逐步转为合作制,这也符合事业单位分类改革中自收自支事业单位最终回归市场的政策方向。同时对于涉及公共需求的公证产品,政府应通过购买服务的方式予以保障。其次,在案源充足但公证行业发展欠缺的新兴城市与县域地区,其经济增速快,城市化推进快,纠纷大量兴起,公证市场潜力大但公证行业发展尚未跟上,可采取新设方式设立一至两家合作制公证机构起到引领作用,同时逐步改革现存的事业体制公证机构,由公益一类向公益二类转变,公益二类向公益三类转变,发挥事

---

① 例如:民主决策究竟体现为一人一票还是同票不同权;盈余分配究竟是完全按劳分配还是允许有限资本收益;合作人退出返还的究竟是原始出资额及增值部分还是额定退出费。上述问题均关乎合作制公证机构的存续与发展。

业体制培育公证机构业务能力与自治能力的作用,并在人员财务制度方面逐步向合作制靠近,为将来转为合作制奠定基础。最后,对于案源极度不足且公证行业发展极度欠缺的欠发达地区,可暂时保持由财政全额拨款的公益一类事业体制公证机构,由其扮演准公共产品供给者的角色,以确保准公共产品供给的均等化,这也契合事业单位分类改革纯化公益属性的方向。但仍应通过逐步向差额拨款事业体制过渡的方式培育其自我革新的动机,防止因行政化特点陷入上文所述的弱者恒弱困境。总而言之,合作制基于自身优势应成为我国未来公证体制的执牛耳者,但其确存在局限,短期内难以在欠发达地区推广,目前仍需要事业体制的协同。

四、结论

以公证产品的公私二重性与国家治理现代化为逻辑检视我国公证体制,可以发现事业体制已完成其在公证体制改革中的承接与引领作用,应逐步退守于欠发达地区,继续肩负其保障准公共产品供给、培育公证机构业务与自治能力的使命。而合作制则应沿袭事业体制的改革先锋角色,通过严守法律程序、落实法律责任、优化内外部治理结构来提升公证质量与治理水平,打破因其"非公"出身所招致的偏见,获得社会的认同与信赖,方能逐步发展为我国主流的公证体制。

公证改革三人谈：公证体制改革回望与前瞻
（在线对话）

时间：2022年6月1日

对话人：段伟（中国公证协会副会长、云南省昆明市明信公证处主任）、薛凡（中国法学会民事诉讼法学研究会理事、中国公证协会公证理论研究委员会主任委员）、刘疆（中国公证协会惩戒委员会副主任委员）

主持人：李全一（中国公证协会公证理论研究委员会委员、四川省公证协会副秘书长）

李全一：2021年6月29日，司法部印发经中央全面深化改革委员会审议通过的《关于深化公证体制机制改革 促进公证事业健康发展的意见》（以下简称《意见》）。该《意见》明确提出，"坚持以人民为中心的发展思想，深化公证服务供给侧结构性改革，优化事业体制公证机构运行机制，规范推进合作制公证机构建设发展，有序放宽执业区域，拓展服务领域，强化执业监管，改进服务方式，增强公证机构活力，不断提高公证服务的供给总量、质量和效率，提高公证行业公信力，切实增强人民群众的获得感、幸福感、安全感。"[①]这标志着，中国公证体制改革进入了加快推进和攻坚克难的新的历史阶段。在这一大背景下，我们今天有幸邀请到我国公证界公认的公证理论研究"三剑客"——段伟先生、薛凡先生以及刘疆先生，请三位"华山论剑"，各抒己见，就我国公证体制改革的前世今生和今后的走向发表个人观点，以便帮助大家更好地理清改革发展的思路，共同推进我国公证体制改革向深

---

① 司法部《关于印发〈关于深化公证体制机制改革 促进公证事业健康发展的意见〉的通知》（司发〔2021〕3号）。

水区挺进。

我们今天谈论的第一个问题是：

一、我国公证体制改革的历史回顾

众所周知，2000年国务院批准司法部《关于深化公证工作改革的方案》[①]，标志着公证体制改革在全国范围内的启动。那么，此次改革的背景和动机是什么？目标又是什么？主要提出了哪些改革举措？我们请刘疆先生先来谈这个问题。

刘疆：谢谢。我作为第一个发表观点的，受薛凡老师和段伟主任的委托，我代表我们三人先声明一下：我们三人虽然亲临了公证行业的历次改革。但是，我们仅仅是一个普普通通的公证改革推进过程中的参与者，而不是公证改革的决策者，因此，有关公证体制改革的所有对话都是我们三个人的个人理解和体会，并不代表任何权威的部门，因此仅供大家参考。

关于2000年公证改革的背景和动机，我认为主要是以下两个方面。

背景一：公证队伍的发展状况不能适应社会需求

公证制度与律师制度的全面恢复重建都是从1979—1980年开始的，创建之初，两者的发展情况基本相似。以我所在的山东省为例，山东恢复重建司法行政系统2年后，到了1982年，全省律师事务所（当时称为"法律顾问处"）有律师560人，公证处有公证人员506人，[②]且在整个20世纪80年代差距都不大，例如到了1989年，法律顾问处有律师及辅助人员1396人，公证处有公证人员1038人。[③]进入90年代，公证队伍的发展与律师队伍的发展呈现出越来越大的差距，到了2000年，山东全省律师所律师、律师助理及其他辅助人员共计2391人，公证处公证人员共计1118人，[④]相差一倍多，当时山东在全国可是公证队伍人数最多的省份，因此其他省的差距更大。而且队伍素质也呈现出明显差距，律师队伍中有研究生学历的有87人，公证员队伍中有研究生学历的仅有1人。

导致这种窘境出现的原因就是作为法律职业共同体的其他行业都在改革，但公证行业却迟迟没有改革。如律师行业在20世纪80年代末开始改革，1996年颁

[①] 司法部《关于印发〈国务院办公厅关于深化公证工作改革有关问题的复函〉和〈关于深化公证工作改革的方案〉的通知》（司发通〔2000〕099号）。
[②] 山东省司法厅编：《山东司法行政志（1840—1985）》，2001年11月自刊，第23页。
[③] 山东省司法厅编：《山东司法行政志（1840—1985）》，2001年11月自刊，163页。
[④][⑤] 山东省司法厅编：《山东司法行政志（1996—2000）》，2001年11月自刊，18页。

布首部《律师法》，确立了律师事务所国办所、合作所、合伙所三种体制，⑥国办所实行绩效工作，合作所、合伙所分配政策更加灵活。再例如法院、检察院行政级别的提升，也让公证员相比之下感到自己在失去经济晋升空间的同时，也失去职务方面的晋升空间——基层公证处作为"股所级"单位，公证员奋斗一辈子也很难晋升为"乡科级"干部（乡科级是《公务员法》规定的最低级别的领导级别⑦），即公证员奋斗一辈子，也很难成长为领导职务。

背景二：业务发展状况不能适应社会需求

公证作为一项"预防性司法制度"⑧，从国家治理的宏观角度分析，非常重要。但是对于从事这项工作的具体从业人员而言，这项工作有一个巨大的、无法克服的短板，就是工作成果的不确定性——不办理公证不一定发生纠纷，办理了公证也不能保证绝对不出现纠纷。很多预防性的工作都是如此，对于这种预防性工作的推进，世界各国的措施都是相似的，无非是：（1）立法强制；（2）免费；（3）加大推广力度。

首先，通过立法规定某些事项必须办理公证，在我国一直是存在很大阻力，而且从20世纪80年代初恢复重建公证制度后，在立法这个领域，公证制度的发展与完善不但没有进步，甚至出现退步，有代表性的事件就是收养公证，在1992年首部《收养法》实施前⑨，所有的收养都由公证处办理公证，然后才能办理户籍登记，收养公证在事实上是强制公证。但是，1992年颁布《收养法》后，只有事实收养才由公证处办理公证，而到了1998年修改《收养法》之后⑩，事实收养也不需要办理公证了。所以，在立法层面公证行业的处境一直不好。

至于政府买单，提供免费服务。我国20世纪80年代初着手恢复重建公证制度的时候，当时政府财政还比较困难，像现在某些地区由政府购买服务的方式推广公证不大可能，而且当时的财政管理理论认为，公证费属于"规费"的一种，如果公

---

⑥ 《中华人民共和国律师法（1996年）》第16条 国家出资设立的律师事务所，依法自主开展律师业务，以该律师事务所的全部资产对其债务承担责任。第17条 律师可以设立合作律师事务所，以该律师事务所的全部资产对其债务承担责任。第18条 律师可以设立合伙律师事务所，合伙人对该律师事务所的债务承担无限责任和连带责任。

⑦ 《中华人民共和国公务员法》第18条 公务员领导职务根据宪法、有关法律和机构规格设置。领导职务层次分为：国家级正职、国家级副职、省部级正职、省部级副职、厅局级正职、厅局级副职、县处级正职、县处级副职、乡科级正职、乡科级副职。

⑧ 司法部《关于印发〈关于深化公证体制机制改革 促进公证事业健康发展的意见〉的通知》（司发〔2021〕3号）。

⑨ 我国第一部《收养法》于1991年12月29日经第七届全国人民代表大会常务委员会第二十三次会议通过，并于1992年4月1日起施行。

⑩ 《收养法》于1998年11月4日经第九届全国人民代表大会常务委员会第五次会议修正。

民申办公证由政府买单,会导致政府用税收为个别有特殊服务需求的人服务,有违"税收取之于民用之于民"的基本原则。

既然没有强制立法,又不能由政府买单,那发展公证事业就只剩下一条路了,就是进一步调动公证队伍的工作积极性,加大推广公证服务的力度。但是,这唯一的路径也存在两个障碍:

一是公证员个人缺少承担风险的意愿。因为没有法定公证事项的支撑,公证制度这项舶来品在中国发生了很大的变异,就是由一种"预防性司法制度"演变为"风险分担机制",当事人只有在认为合同违约风险很高,或者是行为合法性处于不确定状态时才可能申办公证。这就导致公证员在办理公证时往往需要承担很大的法律风险,有的公证员将其形象地比喻为"每办理一件公证就等于往自己的脖子上套一根绞索"。而行政体制下的公证员很难会有意愿去主动拓展公证业务,主动替当事人分担风险,因为这对公证员个人而言毫无益处,甚至对整个公证处也毫无益处。

二是缺少必要的激励机制。在行政体制下,公证员办证数量的多少与个人的发展关联性很小,正如前文所述,受到科层制的限制,公证员在职务上的晋升空间基本被锁死,而经济上办证数量不但与公证员的薪酬没有关联,甚至还发生办证越多,公证处经费越紧张的问题。因为行政体制的公证处的财政拨款并非按照办证数量递增。

正因为进入20世纪90年代,公证的发展没有跟上全国改革开放的发展,特别是没有跟上律师、法官、检察官法律职业共同体其他队伍的发展,公证事业无论是队伍建设,还是业务发展都不尽人意,于是司法部在2000年全面启动了公证改革。

关于2000年公证改革的主要目标,国务院办公厅2000年批转的司法部《关于深化公证工作改革的方案》提出了五个具体目标,概括起来,就是健全立法、改革体制、发展队伍、拓展业务、完善监管。其最核心的内容就是要发展队伍、调动公证人员的积极性,在既没有强制立法又没有政府买单的情形下,依靠公证队伍的自身的努力把公证事业发展起来。①

2000年的改革方案提出了若干具体的改革措施,其中最主要的措施就是将行政体制的公证处转为事业体制。为什么要由行政体制转为事业体制?因为转为事业体制可以获得调动公证员积极性的政策支持:

(1)公证处转为事业体制后,公证员就可以参加技术职务评聘,解决上升空间狭窄的问题,有利于吸引高素质人才。

---

① 司法部《关于印发〈国务院办公厅关于深化公证工作改革有关问题的复函〉和〈关于深化公证工作改革的方案〉的通知》(司发通〔2000〕099号)。司法部《关于印发〈国务院办公厅关于深化公证工作改革有关问题的复函〉和〈关于深化公证工作改革的方案〉的通知》(司发通〔2000〕099号)。

（2）转为事业体制后，公证员可以实行企业化的财务管理，可以实行绩效工资，将工作量与个人收入挂钩，有利于调动公证人员的积极性；例如许多地方对公证机构收入的"三分法"（国家三分之一、公证处三分之一、个人三分之一）有力地调动了公证人员开展业务的积极性，推动公证事业发展进入快车道，产生了一些像北京市方圆公证处、北京市长安公证处、深圳市深圳公证处、上海市东方公证处，昆明市明信公证处等较大规模的公证处。

（3）公证处可以实行自收自支的财务管理制度，办公经费与业务发展挂钩，解决经费不足的问题。

李全一：根据刘疆先生的归纳，触发此次改革的动因，主要是为了破解我公证恢复发展后遇到实际困难、发展壮大公证队伍、激发公证人员的公证积极性。对此本人甚为赞同。

那么，此次改革大概是在什么时间结束的？期间遇到了什么阻力从而导致改革任务未能达到预期目的？这个问题，我想有请薛凡先生来谈一谈。

薛凡：首先，我想就公证改革的背景补充一个观点，公证改革是一个"大背景"事件，为什么这样说呢？1992年10月，中共十四大确立了社会主义市场经济改革方向，而新中国公证制度是从顺应计划经济需求的苏联模式公证制度照搬过来的，苏联模式公证制度的特点是国家化、行政化、证明化，这样一种公证制度在全球公证业都是罕见的，与市场经济的需求格格不入。所以，公证改革是为了使公证制度与社会主义市场经济相适应，这是公证改革的基本逻辑。

2000年公证改革全面启动后不久，整体进程便发生偏转，公证改革的内涵发生收缩，"积极探索公证组织的新形式"[①]受到质疑，合作制试点被叫停。2003年9月28日，司法部向安徽省司法厅作出《关于不同意在芜湖市设立合作制公证处的批复》，明令限定"公证体制改革的主要任务是将现有符合条件的行政体制公证处改为事业体制……不再增设合作制试点公证处。"这也意味着作为本次改革突破口的"积极探索公证组织的新形式"就此结束，公证改革在全国范围内陷于停滞，长达数十年。但是，事实上，已经20多年了，中国公证业直到现在仍然处在2000年全面启动公证改革的延长线上，主要标志就是合作制改革仍然没有全面铺开。中央深改委审议通过的《关于深化公证体制机制改革 促进公证事业健康发展的意见》

---

① 司法部《关于不同意在芜湖市设立合作制公证处的批复》（2003年9月28日），《中国司法行政年鉴2004》，法律出版社2004年版，第573页。

表述是"规范推进合作制公证机构建设发展"①,删去了"试点"两字,但现实中是否仍然以"试点"的"有色眼镜"来看待公证机构合作制改革?到 2022 年 5 月底,全国合作制公证机构共 155 家,②在公证机构总量中占比仍然较小。只有当合作制不再被视为"试点"而全面铺开,才真正代表了此次公证改革的结束以及公证改革进入全新阶段。

公证改革的阻力主要来自两个方面,第一,观念上的。公证是"公权力""国家证明权",这样一些在公证改革政策层面早已失去正当性的观念常常被"老调重弹";第二,利益上的问题。只有破除观念障碍和利益藩篱,公证改革才能向前走。

李全一:是的,触发首轮公证体制改革的动因,从根本上讲,无疑是为了与市场经济相适应,我国在计划经济模式下形成的公证体制不得不改。但在改革初期,实际上是在"摸着石头过河",尤其是对合作制、合伙制的试点,并不知道会改出怎样的结果。改制进程中遇到阻力不可避免,包括改革倡导者、促进者和实践者都怀揣忐忑。究其原因,一是观念上的故步自封,二是对利益格局的调整极不适应。感谢薛凡先生的梳理。

接下来,请段伟先生对此次改革做一个简要的评价,并说明一下它的作用与影响。

段伟:我从三个方面对本次改革做一下简要的评价:

第一,本次改革措施符合公证的发展规律,促进了我国公证事业第一次真正的大繁荣。公证人的积极性被调动起来,同时公证行业遇到了我国房地产市场高速发展的时代契机,各地不动产和金融公证业务普遍兴起,公证从业人员的传统狭隘的思维逐步破除,公证人的思维活跃开放,公证人的职业待遇得到改善,职业尊严感得到体现,公证业务营收呈现逐年递增的好势头。应该说,在这次公证改革的初期,改革的成效是显著的,公证行业获得了改革的红利,坚定了公证行业从业人员将公证作为自己事业追求的信心。

第二,这次改革取得的成果,也从侧面说明了公证与行政体制不兼容。公证本身属于专业技术活动,公证改革必须要尊重这个公证这个最根本的属性,不能将公证活动视为行政活动或者其他活动。为什么说公证与行政体制不兼容?大家看到的表面现象都是,行政体制的公证员是"多一事不如少一事"的做事心态。表面现象背后揭示了深刻的道理,首先,行政体制下公务员追求仕途升迁,这无可厚非,但

---

① 司法部《关于印发〈关于深化公证体制机制改革 促进公证事业健康发展的意见〉的通知》(司发〔2021〕3号)。

② 来自司法部公共法律服务局公证工作处统计数据,特此致谢。

因为公证员是专业技术岗位,需要法律资质,他升职离开了本地就没有足够的执业公证员了,所以公证员往往得不到升迁。在此情形下,部分公证员干脆辞去公证员职务走完全的仕途发展。其次,公证作为专业技术活动,与其他行政事务不同,公证员每办理一件公证都会背负着未来可能的法律责任,按照经济学的一般常识而言,高风险需要高收益支撑,必须要给予公证员风险溢价补偿才能鼓励他(她)办理更多的公证,但显然行政体制整齐划一的薪酬体系不能额外提供这种激励。正是由于公证的专业活动属性决定了它不可能与行政体制相融洽,必须要按照市场规律来发展公证工作,对于承担了过多法律责任的公证员给予额外的风险溢价补偿,这种补偿机制呼唤与其相适应的公证体制。

第三,本次改革存在不彻底性,它是建立在当地司法行政部门和公证从业人员的自主选择之上的。本次改革之后,我国仍然存在着为数较多的行政体制的公证机构,这些公证机构的实际发展状况仍然相当不理想;另外,这次改革选择将行政机构转为事业单位作为体制改革的突破口,但事业单位本身也是我国体制改革的重要对象,因此事业单位体制的运行模式并不具确定性,也不能给公证机构和公证员提供稳定的心理预期,甚至各地的事业单位改革政策朝令夕改,让公证管理者和公证员无所适从。

总的来说,公证活动是专业性活动,公证是降低市场交易成本、为信用背书,减少信息不对称的机制。本次改革给我们的最大启示意义在于,要认识到任何重大公证改革,都必须将其置于市场经济发展的"水"里,将公证活动真正作为专业技术活动,才能使公证员这条"鱼"在市场经济中游刃有余。

李全一:段伟先生对此次改革的总体评价十分中肯,既充分肯定了取得的进步,也毫不掩饰地谈到了存在的问题。在第一波改革之后,我国公证体制改革经历了十余年的沉寂。好在这段沉寂终于在 2017 年被打破,从此迎来了又一个改革的春天。

2017 年司法部再次在全国启动公证体制改革。此次改革的背景和动机是什么?主要的目标是什么?这个问题,请薛凡先生来谈。

薛凡:2017 年重启公证改革同样是"大背景"事件。2013 年 11 月 12 日,中共十八届三中全会作出《中共中央关于全面深化改革若干重大问题的决定》,开启了各个领域包括法治领域全面深化改革之路。十八届三中全会《决定》提出"推进有条件的事业单位转为企业或社会组织",要求社会组织实行"自主自治"。[①] 这赋予

[①] 《中共中央关于全面深化改革若干重大问题的决定》(2013 年 11 月 12 日中国共产党第十八届中央委员会第三次全体会议通过)。

了合作制公证机构法理上的正当性，合作制公证机构就是社会组织的一种具体形态，尽管还只是一种初级形态。

再从公证行业自身来看，内在危机重重。事实上，重启公证改革是不得不改，如果不改革，公证行业基本丧失了继续发展的内在动力。在这次改革前，可以观察到的很多迹象表明公证行业已经陷入停滞状态，诸如公证业务增长乏力，对国民经济的增长不仅谈不上贡献，甚至可以说是拖了后腿；诉讼案件高发，公证的预防纠纷作用却"不温不火"，没有有效阻断诉讼的高发，难以体现公证制度作为预防性司法制度对于国家和社会治理的积极作用；在公证从业人员职业待遇方面，多数公证从业人员的待遇普遍下滑，很多优秀的中青年公证员迫于生活压力离开公证行业去做律师，实事求是而论，相比律师的薪酬待遇，公证行业毫无竞争优势；同时，长年积累形成的公证证明化惯性思维，将公证视为"办证"，在市场经济必然带来的"减证便民"大趋势下，全国各地普遍出现了一股"去公证化"的浪潮，公证行业内外对于公证制度的大旗到底还能高举多久也产生了普遍的忧虑。形势逼人，不得不改。重启公证改革的主要目标是激发公证行业活力，"激活"公证制度对于国家和社会治理的作用。

李全一：薛凡先生将公证体制改革一以贯之地投放到国家整体改革开放的大背景中去思考，并结合行业自身存在的诸多痼疾和困境，找出外因与内因相互作用是引发新一轮公证体制改革的动因。

那么，第二次改革的主要举措有哪些？目标的完成情况如何？请段伟先生就这两个问题阐述一下个人看法。

段伟：对本次改革的成效的评价有很多层面，目前难以达成共识，但唯一可以确定的是，改革仍然进行中，后续的改革措施也会对本次改革的成败产生重要的影响。现在对本次改革进行"盖棺定论"尚为时过早，不过我想从三个方面来评价一下正在进行的这次改革过程：

第一，本论改革的核心实际上是产权改革。产权改革强调的是人对于发展成果的分配关系，它本质上是解决劳动者与劳动成果之间的关系，是社会关系的一种。我所理解的产权改革是从这一层面意义展开的。具体而言，在本轮改革中，行政体制公证机构的退出，其本质是国家作为投资主体退出，它属于外部的产权改革；在本轮改革中，特别强调为事业单位公证机构争取"三项政策"[①]，也就是编制

[①] 2017年7月13日，司法部、中央编办、财政部、人力资源社会保障部印发《关于推进公证体制改革机制创新工作的意见》，提出事业体制公证机构改革"三项政策"：一、对划入公益二类的公证机构实行备案制。二、对于业务发展较好、绩效考核优秀的公证机构，可以在核定绩效工资总量时给予适当倾斜。三、具备条件的公证机构实行企业化财务管理制度。

备案制、企业化财务管理和额定绩效制，它们的共同属性都是调整劳动者与劳动结果之间的关系，所以从本质属性上来讲，它属于内部的产权改革，也就是通过内部产权关系的微调整来达到改革目的；在本轮改革中继续推进合作制改革试点，出资人既是合作人又是劳动者，这是合作人的双重身份属性，这是我们在分析合作制性质的时候必须要强调的一个基础。合作制改革，实际上改变的也是合作人作为劳动者与劳动成果之间的关系，是一种外部的产权改革。综上可以看出，本轮改革不论在哪个层面，其背后奉行的改革底层逻辑是通过产权改革来完善公证的生产关系，从而更好地提高公证生产力。这个改革的底层逻辑在今后的继续改革措施中也应当继续予以贯彻，而不是改变这个已经证实正确的改革方向。

第二，事业单位"三项政策"改革的成效不大。各地司法行政部门和公证机构为落实"三项政策"付出了很多努力，但整体收效甚微。究其原因在于，"三项政策"属于一个独立的内部产权体系结构，而公益一类事业单位、二类事业单位都是一个相对成型的产权体系，新的产权体系与固有的产权体系并不兼容，难以在统一的事业单位体制下给予公证机构这个特殊的事业体单位以"特权空间"。这就是这一轮事业单位改革效果不佳，公证员感觉薪酬和职业待遇较之改革前还差的根本原因。

第三，本轮改革的合作制改革的效果初显，活力呈现。可以观察到，新设或改制成立的合作制公证机构积极性得到提升，服务态度和服务能力得到提高，公证机构内部管理空间正逐步释放。但是，这种合作制改革的成果，主要是来自改制后的公证机构满足了正在释放的刚性公证需求，未来要继续拓宽公证行业的业务赛道，激发社会的软性公证需求，还需要继续深化公证改革。目前，由于司法部合作制管理办法这一"靴子"尚未落地，对合作制的性质和产权权属关系等重大问题仍未有定论，合作制管理者和公证人员普遍呈焦虑状况，持观望态度。可以说，本轮合作制改革的成败目前暂无法进行评价，因为未来的改革措施将会对本轮改革的成果造成重大影响，换句话，未来改革政策决定了正在进行的合作制改革的成败。

总的来说，本轮合作制改革激发了经济学上的"隧道效应"。"隧道效应"有一个比较通俗的比喻，"当你开车进入一个双车道的隧道，其中两条车道都是同一个方向行驶。试想一下，如果遇到交通阻塞情况会怎么样？若你所看到的情况是：在两条车道上的车都无法行驶。如果你当时是在左边的车道上，过了一会儿，你发现右车道上的车开始缓缓移动，你的感觉是更好还是更坏呢？这取决于右车道上的车会移动多久。最开始，你会想，前方的交通阻塞情况已经结束了，要轮到你可以开始移动了。一旦想到你可以开始移动了，你的心情自然会好很多，即使你现在还没有开始移动。但是，如果右车道的车一直往前走，但左车道的车一直没有要移动的迹象，那么你很快就会变得特别沮丧，甚至会想办法插入右车道。当然，如果有很多人用这种方法的话,情况将会变得越来越糟糕。"

公证行业的等待者的焦虑心情导致了对目前合作制公证处的普遍抵制,让这个新生的公证事物成长更为困难,在坚持产权改革的大方向下,尽快继续推进合作制改革是更有必要的。

李全一：段伟先生认为,第二轮改革的实质是公证领域的产权改革,或者说是以产权改革为核心展开的体制改革,同时认为二轮改革正在路上,其中事业体制优化运行机制的效果并不理想,路漫漫其修远兮,观其实效,尚需时日。

接下来,请刘疆先生对此次改革做一个简要的评价,并说明一下它的作用与影响。

刘疆：先对事业体制公证机构的改革做一个评价,就是思路正确、部分公证机构改革效果显著,但整体考察,存在政策落地困难,各地发展不平衡的问题。

关于进一步推进事业体制公证机构的改革,司法部主要提出三项改革措施,即"编制备案制、绩效工资分配激励机制、企业化财务管理制度"。这个思路完全正确,有些地方的改革措施落实比较到位,公证事业的发展呈现出很好的活力。但是,也有更多的地区因为改革措施迟迟不能到位,公证事业的发展依然不尽如人意。

对于合作制公证机构改革的评价：另辟蹊径、短期数据靓丽,长期还需观察。

因为事业体制公证机构的改革政策落地困难很大。但公证改革又不能再拖下去了,再拖下去就没有人了。所以必须重启合作制改革,把部分公证改革由体制内转到体制外进行。

2017年重启合作制公证处改革至今,从队伍发展、业务发展的数据看,目前合作制公证机构的改革成绩单很靓丽。同时,合作制公证机构的改革对整个公证事业的发展带来了两大契机：

一是对于那些原本想在事业体制内推动公证改革但又迟迟无法争取到政策落地的司法局、公证处而言,无疑是多了一个非常可行的选择——体制内搞不活就去体制外嘛。

二是在某些地区合作制公证机构的设立起到了很好的"鲶鱼效应",原本有些事业体制的公证处到人社部门、财政部门争取政策落地常常是久拖无果。但合作制公证处的设立让司法局、财政局、人社局等部门都切身感到政策不落地带来的后果,并找到设定绩效工资等政策的参照物,进而推动了事业体制公证机构的改革。但是,虽然合作制公证处试点是从2017年开始的,但实际操作中多数合作制公证处的设立不足三年,一个公证处的服务水平、管理水平、办证质量往往需要五年以上的时间考察,因为公证质量往往需要五年以上才能暴露出来,而合作人之间的配合也需要时间磨合。另外,随着合作制公证处数量的增加,公证书的公信力、执行力如何,也需要时间观察。因此,对于合作制公证处改革的完整评价还需要再观察。

李全一:我来简单归纳一下对体制改革回顾部分三位专家的大致看法:

第一,对2000年的第一轮公证体制改革,大家一致认为,这一轮改革开启了我国公证体制去行政化的路径,推动公证机构步入事业法人时代,并在此基础上探索合作制模式的试点,意义重大。

第二,从2000年到2016年,在漫长的改制路上也出现了波折和一定的阻力,致使2000年的公证改革方案目标未能如期实现。

第三,2017年启动的新一轮公证体制改革,实际上是2000年改革的深化,路径仍然是两条:一是事业体制改革,二是合作制试点。

第四,2017年的新一轮公证体制改革大刀阔斧,彻底终结了行政体制公证机构的存在,在公证机构体制改革上走完了去行政化的艰难历程,但事业体制公证机构的三项机制创新政策落实远不到位。

第五,合作制试点开始大面积推开,说明合作制的发展在一定区域内、在一定程度上带来了较好的"鲶鱼效应"。当然,新一轮体制改革尚有一些需要解决的问题。这些问题我们留待接下来的第二个话题加以展开。

二、如何看待当前公证体制改革的几个主要措施

李全一:事业单位的体制形式究竟是否适合公证行业的发展?司法部提出的三项改革政策(编制备案制,绩效工资分配激励机制,企业化财务管理)目前在全国落实不佳的原因主要有哪些?对此,我们又有何好的应对办法?这个问题,先请段伟先生来谈。

段伟:对事业单位体制是否适合公证机构的发展,这是一个需要兼顾感情与理性的问题。从感情上说,我们是从事业单位体制走出来的,对旧有的体制肯定是怀有深刻感情的,不能"过河拆桥";但是,从理性角度来说,我们内心的声音也会提醒我们,事业单位体制并不是我国公证机构的最优的体制选择,它只是在没有其他选择的情况下一种退而求其次的"短暂歇息地",如果将精力集中于攻克事业单位体制公证机构的发展障碍,有可能事倍功半、得不偿失。关于这个问题,我谈三点:

其一,"三项政策"改革不佳的原因在于,这三项政策的本质都是内部产权改

革,属于利益分配关系的调整,利益调整总是最敏感、最困难的。编制备案制、分配激励机制、企业化财务管理,哪一项不涉及利益调整,哪一项不属于内部产权改革?这些都是司法部推进公证改革发的"大招",可以说涉及改革的根本,其目的就在于充分调动公证人的积极性。但是,事业单位分类改革本身固化的一种产权和分配关系,各地并不愿意脱离这种固化的产权关系管理体系为公证机构"另起炉灶"。"强制嫁接"的方法可能存在技术难题,比如针对公证管理的规则跟其他事业单位主体规则的冲突如何衔接问题;也可能存在着各地政府主管部门单独为公证机构另辟蹊径存在的压力,毕竟面对这么多类型的事业单位,为什么要单独给公证开辟特殊渠道。值得指出的是,各地司法行政机关为推进"三项政策"也付出了诸多努力,但仍然收效甚微,这反映了公证改革中存在着产权改革阻力大等深层次原因。

其二,由于我国存在着城乡发展差距的客观现实,对事业单位体制是否适合公证行业的发展要一分为二地看待。对于经济欠发达地区,公证机构难以通过自身的经营行为实现生存和可持续发展,应当允许保留事业单位体制,通过国家的支持以保持公证服务在当地的存在。这个时候公证存在是核心目标,而服务态度和服务输出则是次要考量目标;对经济发达地区,公证业务需求比较旺盛,事业单位体制显然不能很好地激发和满足市场的公证需求,那么该体制是不适应的,这种地区的公证发展要依靠市场规律来运行,将公证作为专业技术活动和经济活动进行全盘考量。总之,基于城乡发展差距的"二元结构"现实,公证机构的体制也应当有所灵活性,可以保持计划与市场调节相结合的"双轨制",在公证行业当前的发展水平下,不宜搞"一刀切"。对于按照计划方式设立和保障的事业单位公证处,各地的保障政策应当到位,为公证机构运行和公证员执业提供充分保障。

其三,在事业单位体制改革效果不佳的时候,小修小补的方法往往无济于事,另辟捷径解决发展问题才是关键。云南省在这一方面给我们提供了有益参考。云南在推动"三项改革"政策落地的时候,发现各地阻力太大,收效甚微。痛定思痛,云南省司法行政部门改变思路,制定了公证行业内部发展战略,争取通过在每个云南地州设立1家合作制公证机构来整合当地公证资源,以撬动当地公证事业发展。2021年,通过公证机构和公证员自愿报名,当地主管司法局审核同意,报经司法部核准,云南省批准了新设和改制成立的10家合作制公证处,加上之前的4家,云南省合作制公证机构已达到了14家。目前云南省合作制改革正在起效。所谓条条大路通罗马,有些路径走不通了,比较可行的方法就是变更公证发展的道路,不要吊死在一棵树上。

李全一:按照段伟先生的观察,事业体制公证机构创新内部运行机制的"三项政策"落实不到位的原因,在于其属于内生性改革,无法突破其体制局限的瓶颈。

应另辟蹊径,在体制改革上做文章才是最终出路,并列举了云南实践的情况来加以说明。我认为,是有一定说服力的。

为进一步加强事业体制公证机构的人、财、物自主管理权,有些地方探索出了"零编制"事业体制公证机构和"法定公证机构"模式,请问刘疆先生,对此您怎么看?

刘疆:我个人理解,所谓"零编制"与司法部提出的事业单位三项改革措施之一的"编制备案制"大同小异。关于体制内的公证改革,20多年来的主要思路实际上并没有发生变化,就是"用编制换待遇"。2000年启动第一轮公证改革,是将公证处由行政体制转为事业体制,换取技术职务评聘、绩效工资和财务自收自支。2017年启动第二轮公证体制改革,依然是用编制换待遇,即公证处放弃事业编制,换取"绩效工资分配激励机制"和"企业化财务管理"。各地的思路近似,只是名称不同,如山东公证行业叫"备案制"、浙江公证行业叫"零编制"、河南公证行业叫"登记设立"、深圳公证行业叫"法定机构"。

与2000年第一轮"用编制换待遇"的公证改革相比,2017年第二轮公证改革的难度更大、政策落地更加困难。因为在第一轮改革中,公证行业的三项诉求与地方政府既有的政策比较吻合,比较容易接轨,地方政府出于压缩行政编制、减少财政供养人口的迫切需求,非常容易接受公证处改为事业编制,实行经费自收自支。而且,在自收自支基础上,也很容易接受公证处从其收入中拿出一部分资金作为绩效工资以及评聘职务后自己支付工资,因为一是没有增加财政负担,而是减少了财政负担;二是不存在其他政府行政部门攀比的问题。

但是,第二轮"用编制换待遇"的公证改革就遇到很大障碍,因为我们国家自2014年颁布《事业单位人事管理条例》①开始到后来的事业单位分类改革,中央层面上对事业单位的绩效工资、岗位设置、职称评定、财务管理(公益一类、公益二类)越来越规范,但对地方政府启动的诸如"备案制""法定机构"的事业单位去编制改革,却没有统一的政策。这就导致体制内公证机构如果采用"编制备案制"的方式进行改革,那所有的具体政策都需要自己去争取。诸如原编制内人员退休后的待遇如何界定?评聘技术职务是否还受到人社部门定岗的限制?招录人员是否必须通过人社部门的统一考试?等等,再如,实行"效工资分配激励机制",具体数额或者比例如何界定?是人社部门核准,还是授权主管司法局核准?这些具体问题的解决都需要各个公证机构的主管司法局去努力。这就导致"零编制"和"法定公证机构"的改革结果存在很大的不确定性。通俗来讲,第二轮"用编制换待遇"的改

---

① 国务院《事业单位人事管理条例》,2014年5月15日公布,自同年7月1日起施行。

革,不要事业编制了,这没有阻力。但不要编制之后能够获得什么样的利益,获得什么样的政策,完全不可把控。这就是目前在多数地区"零编制"改革雷声大、雨点小的主要原因。

段伟:我补充一点,检验公证改革措施成败来自于改革实践的效果,而不是拘泥于完美的公证理论设计。观察一种公证改革模式的效果,关键还在于看一下其是否真正的理顺了内部产权关系和利益分配关系,这是产权经济学给予的最大启示。"零编制"事业体制公证机构和"法定公证机构"模式的探索,是在"山穷水尽疑无路"的情况下进行的大胆尝试,实际上也不是最近的新生事物,已经运行了多年。对于这些探索的公证机构,我本人关注不多,但我想如果有生命力的话,那么这些模式应该早就发展壮大了,而不是目前的屈指可数的几家试点公证处。这可能从侧面说明,这些改革本身也遇到了一些难以克服的涉及公证改革深层次的问题,也就是如何激发公证人积极性、理顺产权和分配关系、理顺内部管理关系等问题。表面的改革措施,可能并不能触碰和解决这些深层次的改革问题。

李全一:通过刘疆先生的分析,我们可以清晰地看出,"零编制"下虽然能够释放出事业体制的一些活力,比如促使绩效分配不受人社部门的限制等,但其所释放的改革红利是有限的。段伟先生也补充认为,采行"零编制"有利于适当激活事业体制公证机构,但并不能解决公证机构改革的深层次问题。接下来,我们再来谈谈合作制改革的问题。

请问薛凡先生合作制公证机构试点多年,有哪些成功经验值得总结?又有哪些失败的教训值得我们汲取?

薛凡:合作制公证机构试点20多年,在我个人看来,最主要的成功经验其实可以归纳为一条,就是充分调动了公证员作为"人"的活力。任何一个行业,任何一项事业,如果人的活力得不到充分激发,结果可想而知,这也就是马克思、恩格斯早就告诉我们的,"每个人的自由发展是一切人的自由发展的前提条件"[①]。至于说到失败的教训,因为在我看来,从对公证事总体上业发展的效应而论,合作制公证机构试点并没有失败而是成功的,所以谈不上所谓失败的教训,虽然我这样说并不等于认为合作制是一种好的公证体制,只是与事业单位体制相比,合作制显示了公证体制的优越性。合作制公证机构试点20多年,我个人认为,最大的成功不是"有

---

① [德]马克思、恩格斯:《共产党宣言》,中共中央马克思恩格斯列宁斯大林著作编译局编译,人民出版社2014年版,第51页。

形"而恰恰是"无形"的成功,这种"无形"的成功在于点亮了整个公证行业的"信心指数",是一种方向性的成功。很难想象,如果没有2000年启动、2017年重启的以合作制试点为标志的公证体制改革,全国公证行业是否还能活力犹存。事实表明,这些年公证行业围绕参与国家和社会治理的许多实质性创新,诸如江苏省无锡市江南公证处首开先河广泛介入社区"深水区"矛盾纠纷的预防和化解、江苏省苏州市中新公证处为企业上市主导办理全新的股权公证提存、云南省昆明市明信公证处首创公证员主持"家庭会议"平息家事纷争、福建省厦门市鹭江公证处参与民事纠纷警务调解,等等,这些公证创新事例几乎无一不是来自合作制公证机构群体。正因为合作制公证机构试点是成功的,所以,应该尽早果断结束"试点",由点到面,全面铺开。

段伟:我补充三点。

第一,在成功经验方面,改革者一直试图保持合作制改革的多种可能,不对没有想透的重大问题过早定性,不做出过于刚性的管理规定,让行业改革者依然保留心理预期和雄心壮志,为未来的更适合公证机构的体制保留探索空间,这应该是一条重要的合作制改革的经验。

第二,在失败教训方面,将公证行业许多普遍现象作为合作制公证机构的特有现象,尤其是认为合作制公证机构本身就是急功近利的观点。而据薛凡先生的实证研究,合作制公证机构更注重责权利的统一,更少有从事冒险职业行为的冲动;这种在改革中不由分说地认为合作制公证机构只会急功近利的观点,其实也只是之前讲的"隧道效应"的合理反映罢了,作为公证改革主导者不应将其放大化。

第三,在失败教训方面,尤其需要提出的是,由于历次合作制时点名额都有限,客观上导致了一些完成改制的合作制公证机构凭借"体制特权"进行行业不正当竞争,合作制普惠改革应该成为下一步公证改革方向。

李全一:薛凡先生认为,合作制公证机构试点及运行成功的主要经验,是其相较于行政体制、事业体制而言,更加能够调动公证人的干事创业积极性,把激发人的信心指数作为改制的核心。段伟先生认为,合作制改制过程中存在的教训,是当合作制与行政体制、事业体制并存时期,一度将其他体制下发展缓慢的"原罪"都归因于合作制的灵活机制上。同时,薛凡先生、段伟先生都认为,合作制改制推进的速度应当再快一些。

下面,我对第二个问题的讨论做一个简单小结。

虽然三位专家各自从不同的方面对当前公证体制改革的面向进行了分析阐释,比较统一的看法是,当前提出的稳步推进合作制公证机构改革、对事业体制公证机构实行"三项优化机制"改革的做法是非常正确的。存在的问题主要表现在：第一，合作制改革推进的速度太慢，目前占比太小，应当放宽条件，加快推进力度；第二，事业体制"三项改革"推进不理想，甚至遇到较大阻力，需要从顶层设计上探索新的推进策略；第三，应当汲取过去合作制改制中出现的"倒退性"反复现象，从观念上摒弃束缚公证改革的传统思维。

接下来，我们进入第三个问题的讨论。

三、公证体制改革的前瞻性问题探讨

李全一：作为国家公共法律服务体系重要组成部分的公证领域，必须融入社会主义现代化建设及深化改革发展的进程中，不断完善发展。就公证机构体制改革而言，当前和今后一个时期的主要任务，仍然是推进合作制改革和完善事业体制改革。

关于合作制公证机构的民事主体类型以及财产归属和责任承担问题。两次体制改革都发布了针对合作制公证处试点工作的规范，但始终未对合作制公证机构的民事主体性质作出明确说明。请问刘疆先生，结合多年的试点经验，您认为司法部《关于推进合作制公证机构试点工作的意见》中"其财产由合作人共有，以其全部资产对债务承担有限责任"[①]的规定是否符合合作制公证机构的属性？

刘疆："合作制公证处的财产由合作人共有，以其全部资产对债务承担有限责任"，这一规定是否合适，这实际上是两个问题，但相互有关联，我把它拆开逐一分析：一是"合作制公证处的财产由合作人共有"是否合适；二是"公证机构及公证员承担有限责任"是否合适？

第一个问题，"合作制公证处的财产由合作人共有"是否合适？

我认为可以通过回顾一下当年的律师改革进程中得出结论。因为公证处与律师所都是隶属于司法行政部门的法律服务机构，律师改革在先，公证改革在后。而且改革之初都受到"国家司法职能否由个人行使"的质疑，故公证改革受到律师改革的影响非常大。

我们先回顾一下当年律师改革的进程。

1988年司法部颁布的《合作制律师事务所试点方案》[②]，第1条规定"合作制律师事务所（以下简称律师事务所）是由律师人员采用合作形式组成为国家机关、社

---

① 《司法部关于推进合作制公证机构试点工作的意见》（2017年9月5日）第4条第（一）项"合作制公证机构……其财产由合作人共有，以其全部资产对债务承担有限责任"。

② 1988年6月3日，司法部下发《关于合作制律师事务所试点方案的通知》，该文件已被废止。

会组织和公民提供法律服务的社会主义性质的事业法人组织。"《试点方案》根本没有提及律师所财产的归属问题，而且第 24 条规定"律师事务所成员辞职或被解聘时……无权分割律师事务所的发展基金和固定资产。"第 25 条规定"终止的律师事务所应按国家有关规定处理资产……"即 1988 年启动合作制律师所试点时，虽然对律师所的财产权属问题没有作出明确规定，但规定律师离职不能要求分割律师所财产，即不认为律师个人对合作制律师所的财产享有共同共有的权利，因为如果是共有关系就可以要求分割。当时的规定更接近集体所有，或者叫"集体公有"。

为什么司法部在 1988 年启动律师改革的时候不一步到位，直接采用产权更加明晰的合伙制？因为当时认为律师属于法律工作者，不能民营化，推动体制外律师改革的阻力非常大。故司法部依据《宪法》第 8 条第二款"城镇中的手工业、工业、建筑业、运输业、商业、服务业等行业的各种形式的合作经济，都是社会主义劳动群众集体所有制经济"的规定，选择采用"合作制公证处"这种看上去公有制成分较多，与集体所有制比较近似的组织形式，减少社会舆论对律师改革的质疑，减少改革的阻力，但这也导致合作制律师所存在先天不足，就是产权不清、责任不明。

此后，经过七八年的试点，大家思想逐渐解放，到了 1996 年司法部颁布《合作律师事务所管理办法》时就规定"合作律师事务所由律师自愿组合，共同参与，其财产由合作人共有。合作律师事务所以其全部资产对债务承担有限责任。"[①]改革推进到这一步，合作制律师所的产权和责任都明确了，但又产生了两个新的问题：

（1）为什么不直接采用有限责任公司这种组织形式。既然规定"财产属于合作人共有、合作所承担有限责任"，那为什么不仿效注册会计师，直接采用有限责任公司这种组织形式呢？1993 年《注册会计师法》已经颁布了，注册会计师事务所分为两种：一种是合伙，承担无限责任，另一种是有限责任[②]值得注意的是，立法没有采用"有限公司"这一表述。

（2）继续沿用"合作制"这个称谓导致严重的名不符实。"合作制"的特征是"劳动群众为了谋求自身的经济利益，在自愿互利的基础上结合起来的经济组织制

[①] 《司法部合作律师事务所管理办法》（1996 年 11 月 25 日）第 2 条第二款"合作律师事务所由律师自愿组合，共同参与，其财产由合作人共有。合作律师事务所以其全部资产对债务承担有限责任。"

[②] 《中华人民共和国注册会计师法》（1993 年）第 23 条　会计师事务所可以由注册会计师合伙设立。合伙设立的会计师事务所的债务，由合伙人按照出资比例或者协议的约定，以各自的财产承担责任。合伙人对会计师事务所的债务承担连带责任。第 24 条　会计师事务所符合下列条件的，可以是负有限责任的法人：（一）不少于三十万元的注册资本；（二）有一定数量的专职从业人员，其中至少有五名注册会计师；（三）国务院财政部门规定的业务范围和其他条件。负有限责任的会计师事务所以其全部资产对其债务承担责任。

度。"①不论是中国建国初期的初级社、高级社,还是现在的农民专业合作社,都是互助组织(互益性组织),律师所不是以互助为目的,不是互益性组织,是为他人提供服务的组织。律师改革如果认为不需要再打着"集体所有制"的大旗,那完全没有必要再命名为"合作制",导致其名不符实,名为合作制,实为有限公司,直接采用有限公司这种组织形式就可以了。

此后,随着中国经济体制改革的推进,城镇集体所有制所固有的产权不清、责任主体不明的弊端愈加显现,故绝大多数城镇集体所有制企业都改为了公司制,同时社会舆论也普遍能够接受律师所可以成为民营组织(或私营组织)的改革结果了。因此,到了2007年再次修改《律师法》时②,就废除了合作制律师所这种"名为合作、实为有限公司;名为集体所有制,实为私人所有"的名不符实的组织形式,改为"合伙所、个人所、国办所"三种组织形式。③

合作制公证处的改革在很大程度上就是仿效合作制律所的改革,两者遇到的问题也多有重叠,而且在质疑改革将导致"公权私用"这个问题上,公证改革遇到的阻力远远大于律师,直到今天,社会舆论也还没有完全接受公证处可由私人拥有的改革结果。

从回顾律师改革我们不难得出结论,"体制外公证处的财产由合作人共有"④这没有异议,有异议的是财产归合作人共有的公证处是否应当叫"合作制"?或者换一种说法,财产归合作人共有的公证处是否应当叫合伙制或者有限公司?如果确定合作制公证处的财产由合作人共有,我们是否还要继续认为合作制属于集体所有制?抛弃掉合作制公证处属于集体所有制的观点,目前时机是否成熟了?

第二个问题,公证机构以及公证员承担有限责任是否合适?

---

① 百度知道《合作制与合伙制区别在哪里》"由此可将合作制概括为:合作制度是劳动群众为了谋求自身的经济利益,在自愿互利的基础上结合起来的经济组织制度。"https://zhidao.baidu.com/question/103745988.html.

② 律师法于1996年5月15日第八届全国人民代表大会常务委员会第十九次会议通过,2001年12月29日第九届全国人民代表大会常务委员会第二十五次会议第一次修正,2007年10月28日第十届全国人民代表大会常务委员会第三十次会议第二次修正。

③ 《中华人民共和国律师法》(2007年)第15条 设立合伙律师事务所,除应当符合本法第十四条规定的条件外,还应当有三名以上合伙人,设立人应当是具有三年以上执业经历的律师。合伙律师事务所可以采用普通合伙或者特殊的普通合伙形式设立。合伙律师事务所的合伙人按照合伙形式对该律师事务所的债务依法承担责任。第十六条 设立个人律师事务所,除应当符合本法第十四条规定的条件外,设立人还应当是具有五年以上执业经历的律师。设立人对律师事务所的债务承担无限责任。第20条 国家出资设立的律师事务所,依法自主开展律师业务,以律师事务所的全部资产对其债务承担责任。

④ 《司法部关于设立合作制公证处的规范性意见(试行)》(2000年1月19日)第1条第(一)项"合作制公证处由公证员(合作人)自愿组合,共同参与,其财产由合作人共有,以其全部资产对债务承担有限责任。"《司法部关于推进合作制公证机构试点工作的意见》(2017年9月5日)第4条第(一)项"合作制公证机构……其财产由合作人共有,以其全部资产对债务承担有限责任"。

律师与公证均属轻资产、高风险的行业，为强化其服务质量管理，多数国家通行的做法就是规定从业者应当承担无限责任。2007年修订《律师法》，就废除掉承担有限责任的"合作制律师事务所"这种组织形式，重点推行承担无限责任的合伙所。公证机构肩负的维护社会公信力的责任远远大于律师，因此，大陆法系国家对公证行业的监管也更加严格，公证人承担无限责任是普遍现象，南美某些国家的公证人甚至是责任世袭，因此，目前多数律师所采用的特殊的普通合伙下的责任分担机制就非常适合公证处（谁办错案谁承担无限责任，其他合伙人承担有限责任），不论是从公证监管的角度，还是从维持公证文书公信力的角度分析，公证员承担有限责任都不是一个好主意。但是，公证员承担何种责任，不仅取决于"轻资产、高风险、重信誉"这一行业特点，这个问题还受到另一个因素的影响，就是公证机构财产的权属问题。规定公证员承担无限责任的前提是公证机构的资产属于公证员，否则，公证机构的资产和营利属于公证机构，却让公证员承担无限责任，这显然不合理。《律师法》规定国办所承担有限责任，合伙所承担无限责任的规定为公证机构的赔偿责任的设立提供了很好的范例。

最后把这两个问题归纳一下，如果我们认为在"财产属于合作人共有"的前提下，那采用合伙制承担无限责任无疑是更加有利于公证行业的发展。

李全一：我理解刘疆先生的意思是，"财产由合作人共有，以其全部资产对债务承担有限责任"的提法，是存在冲突的，即财产共有的组织形态，一般承担的都是无限责任，因此有限责任与其不相匹配。

在民法典的视野下，合作制公证机构究竟应该归属于何种民事主体类型？（法人还是非法人？营利法人还是非营利法人？属于营利法人中的公司，还是非营利法人中的社会团体、基金会、社会服务机构等。）其实，这也决定着合作制公证机构的财产归属以及合作人的责任承担问题。这个问题，请段伟先生来谈，因为您已经是合作制试点的直接践行者。

段伟：当我们对一个法律事物进行定性的时候，我们既要看到其法律形式，同时更要看到法律形式背后的经济实质，并且根据"经济实质重于法律形式"的准则来确定其法律属性，对于合作制公证机构的民事主体类型定义而言，这个准则也是适用的。

我们先来观察公证活动的经济实质。像律师事务所、税务师事务所、会计师事务所等鉴证服务一样，在国民经济的分类中，公证属于鉴证服务，这是其经济实质。在具体机制中，公证可以作为交易的费用机制，以费用机制存在，并且将不断降低自身的费用作为努力目标；公证可以作为交易的信用机制，为交易主体增信，促进陌生主体之间进行交易;公证具有咨讯透明化功能,可以部分解决市场交易中存在的信息不对称问题,促进提高交易率,减少市场的反向选择行为。从以上分析中,我们可以看出,公证是专业技术活动,属于经济活动,是市场经济的重要组成部分,它不是市场经济的异类存在,而恰恰是深度嵌套于其中的。我们对合作制公证机构的民事主体定位进行定性就必须正视这一市场经济的客观事实。

我们再从法律形式对合作制公证机构进行观察。由于合作制的特殊性,它具有许多独特的法律形式,比如它是合作人出资的,但是又是承担的有限责任,同时依据公证法又具有公益性,可以说它是一个兼具多种法律形式符号的综合复杂体。正是由于合作制公证机构的这一显著特征,它与营利法人或非营利法人,非营利法人下的事业单位或捐助法人,以及法人或非法人组织都具有一定的法律形式的相似性,都严格考究的话,又不完全像。所以,仅从法律形式来判断合作制公证机构属于哪种民事主体类型,实际上会陷入一种"公说公有理,婆说婆有理"的境地。为了解决这个难题,更为务实的方法应该是,站在未来公证发展的视野,以公证行为的经济实质为尺度来进行定性。

按照经济实质重于法律形式的原理,个人浅见认为,公证的经济实质决定了非法人组织更适合合作制公证机构。原因有以下:第一,从责任制角度而言,非法人组织实行的是无限责任,这更符合公证作为鉴证服务的经济实质。像律师税务所、会计师事务所、税务师事务所这些鉴证服务都是实行无限责任,其经济实质在于这些行业属于信用行业,用法律责任为自己的信用背书是这些行业赢得社会尊重的必然选择;第二,非法人组织不会影响公证的公益目的。我国律师事务所属于非法人组织,但这并没有意味着它不是以公益为目的的,我国《律师法》第2条规定,律师应当维护当事人合法权益,维护法律正确实施,维护社会公平和正义。公证的公益性作为公证立法和政策目的,本身是定位相当准确的,但是我们应该注意到,目的和实现目的的手段是可以区分的,正如同许多慈善组织的运行是由职业经理人团队进行的,它可以高效地扩大这项公益事业的产出。同样的,在对合作制公证机构进行定性的时候,我们也不仅能将作为手段的合作制运行方式与作为立法目的的公益目的混同起来看待。

合作制公证机构管理办法的制定,核心是对产权问题如何规定,反映到具体的写作细节上就是管理办法中的财务规则该如何写。比如,合作人出资的性质、公共事业发展基金的积累比例和规则、合作人的工资薪酬限制比例、合作人是否可以分红等财务问题。这些财务规则表面上看是财务问题,但实际上就是产权问题的具体反映,对产权问题界定不清楚,这些财务规则实际上也很难形成。财务规则无法确定,以后将导致公证机构管理者和公证员的"被动违法",无心地触犯这些财务纪律,甚至很多管理者或合作人要因财务问题被刑事处罚。我想,这可能是合作制管理办法迟迟不能出台的真实原因。

李全一：从我国民法典法人及非法人组织的划分标准来看,段伟先生以实证的方式认为,非法人组织更符合合作制公证机构的运行特性。本人也比较赞同这一观点。当然,这一定性是否准确,一是有待专家学者的进一步论证,二是需要法律的认可,我们拭目以待吧。

请问薛凡先生,您认为如果全面放开合作制公证体制的改革,那些众多因种种原因无法改制为合作制的公证机构应当如何发展?

薛凡：这个问题我想简要作答。全面放开合作制公证体制的改革,但因为种种原因无法改制为合作制的公证机构,可以仍然实行国有体制,但不应要求国有体制公证机构以市场化方式参与竞争,而应实行财政保障。国有体制和社会体制的双轨制公证体制并存,是中国的现实国情,受制于经济环境等因素,短期内难以改变。

李全一：薛凡先生认为,合作制公证机构体制改革需要采行务实、可行策略,能改尽改,对不能改也无法改的公证机构仍实行国有体制模式,即采取双轨制的改革路径。

最后,再问三位专家一个问题：您们认为,合作制可以作为中国公证体制改革的终极运行模式吗?如果不是,还有哪些模式可以试验?请段伟先生、刘疆先生、薛凡先生依次回答。

段伟：利用这个机会,我也做一下最终的总结陈词,再次系统阐述一下为什么说非法人组织是合作制公证机构的最优选择?

首先,公证作为一项公益事业,必须要有它的价值输出,而公证业务营收是市场经济下衡量公证机制输出的一项可行的衡量标准。简单点说,公证行业作为公益事业也必须要有其经济产出,公证行业也应当有 GDP 的衡量指标。

其次,要促进公证事业的经济产出,除了公证制度的设计外,更需要考虑如何调动公证从业者的积极性。虽然我们都知道,设立公证制度不是为了养活一批人,但是公证制度的实施又必须依靠公证从业人员。借用哲学家康德的话,我变换一下说,公证人不仅是公证事业的工具,他本身也是公证事业的目的之一。如何提高公证从业员的职业待遇和职业尊严,如何提高其积极性,这是公证体制改革的逻辑起点,它也决定了公证体制改革是否能够获得成功。经济学家亚当·斯密曾说过,"我们的晚餐,并非来自屠户、酿酒师和面包师的恩赐,而是出自他们自利的打算,我们不说唤起他们公心的话,而说唤起他们利己的话。"同样对公证执业人员适用的是,我们的说教不如公证人实际能够得到的职业报酬更有说服力。公证人作为一个职业,理应获得其与劳动付出相适用的报酬,这也是合作制管理办法制定时要权衡的重要因素。

再次,激发公证从业者的积极性,关键是要理顺公证机构的产权关系。第二轮公证改革,聚焦的就是产权改革,包括内部产权改革和外部产权改革。如同我前面所讲的,公证产权改革的本质是理顺劳动者与劳动成果的关系。国家设立公证制度,并不是为了养活一批人,当然更不可能是为了通过公证机构为国家积累经济财富,它的目的在于激发公证这种公益制度的正外部性从而服务于整个国家和市场经济体系。为了促进这种正外部性的产出,国家就有必要给予生产者—公证从业人员以合理的劳动报酬,要从产权理论上改革劳动者与劳动成果的关系。合作人出资可以理解为搭建共同职业的平台而进行的资金垫付。对于出资人而言,他既是合作人又是劳动者,他的技能在经济学上而言属于专用技能,所以他对公证机构经营成果的分配请求权,从经济学视角而言,不过是取得劳动报酬的另一种特殊形式而已。

最后,非法人组织契合公证的经济实质,作为合作制公证机构的民事主体类型选择是合适的。经济学的产权第一原则告诉我们,行使权利的同时要承担责任。非法人组织是产权关系的调整,背后是劳动者与劳动成果关系的调整,它更契合公证的经济实质,相信也更能调动公证从业人员的积极性,从而真正推动公证事业的健康持续发展。

刘疆:根据中国公有制为主的国情,我认为合作制可以作为中国公证机构体制改革的终极运行模式,但不能作为公证行业唯一的组织形式,未来应当是事业体制公证处与合作制公证处并存,理由如下:

(1)公证作为一项公益性法律服务,不可能完全通过市场机制满足社会需求

所谓"公证服务的公益性"包括:(A)地域上的可及性(当事人可以就近获得服务);(B)经济上的可及性(能够负担起相应的费用);(C)服务的公平性(公益服务应该公平地惠及所有需要服务的当事人,不能因为民族、性别、职业、收入等而有差别);(D)服务的效率性(当事人在需要时能够及时得到相应的服务);(E)服务的安全性(公益服务有必要的质量保障)。

完全依赖市场,完全依赖合作制这种运行模式,我们如何保障边远地区的当事人能够得到就近、及时、有质量保证的公证服务?中国的医疗改革已经充分证明,完全依赖市场机制是不可能保障公益服务的普惠性质。因此,采取事业体制与合作制并存是全面保障公证的公益性必不可少的措施。

(2) 就目前的实际情况分析,社会并没有完全认可公证机构民营化的改革

首先,政府没有完全认可公证机构民营化的改革。我们 20 年来的公证改革归纳起来就是"用身份换待遇""用放弃公权性质换取市场机制"。

关于"用身份换待遇",放弃公务员身份,换取事业单位的职务评聘、绩效工资等待遇的改革,前面已述,不再赘述。解释一下"用放弃公权性质换取市场机制",在 80 年代初恢复重建公证制度时,公证机构代表国家并无争议,当时通行的理论是公证处代表国家行使证明权。但为了获得更加灵活的市场机制,我们逐渐放弃公证的公权力,或者准司法权利的理论,认为公证不代表国家,在具体改革措施方面,公证处由司法机关变为中介组织、公证处的赔偿责任由国家赔偿改为民事赔偿、公证员的刑事责任由刑法上的渎职罪变为中介组织出具不实证明罪[①],而且还逐步放开辖区。在逐渐淡化、放弃公权力的改革推行 20 余年,结果怎么样?政府依然认为公证处是公权力部门,典型的事例就是公证处属于"放管服改革"的重点部门,群众和社会舆论依然认为律师费高一点不要紧,公证处收费那么高就不合理,因为公证处是政府部门。公证行业努力了 20 年说自己不是政府部门,但结果甚微,从政府到群众都不认可,公证行业在放弃代表国家的这个重要的基础理论、重要的权利的同时,并没有得到相应待遇和认可。

其次,再从目前的社会接受程度分析,如果一刀切将公证处全部改为合作制,社会未必接受,对此,我国台湾地区的公证改革实践可以给我们借鉴,我国台湾地区从 2000 年开始推行民间公证人改革,原来计划用 10 年时间取代法院公证人,现在 20-多年过去了,依然在实行双轨制。存在这个问题的主要原因就是中国几千年的历史就从未有过公权力授予私人行使的传统,中国百姓更信赖源于政府机关的公信力,而不是信赖源于专业知识、源于独立执业的专业机构的公信力。因此,一刀切将公证机构全部改为合作制,公证的公信力是否会受损,我们并无把握。

从上面两点分析,我认为未来相当长的时期内,公证改革应当是坚持事业体制改革与合作制改革双轨并存,而且在边远地区和经济不是特别发达的县区,应当重点推行事业体制改革。

公证制度对中国而言是一个舶来品,在大陆法系国家,公证制度运行的基础就是公权力委托私人行使,进而产生了公证人具有"双重性"(公证人既是国家公务人员,又是自由职业者;既受国家委托维护民事流转秩序,又受各方当事人委托保证交易安全,实现合同目的),但这项制度传入中国后,一直没有找到与中国国情相结

[①] 《最高人民检察院关于公证员出具公证书有重大失实行为如何适用法律问题的批复》(2009 年 1 月 7 日)"《中华人民共和国公证法》施行以后,公证员在履行公证职责过程中,严重不负责任,出具的公证书有重大失实,造成严重后果的,依照刑法第二百二十九条第三款的规定,以出具证明文件重大失实罪追究刑事责任。"

合的模式,因为我们几千年历史没有将公权力授予私人行使的传统。直到今天,社会主流文化依然是代表国家就不能把钱装到个人兜里,把钱装到个人兜里就不能代表国家。因此,公证改革实行"双轨制",逐渐探索大陆法系公证制度与中国国情相结合的方式,逐渐让社会接受公证制度所需的特殊的运行方式,是比较稳妥的改革方案。

此外,对于合作制未来的发展,我还要说明一点,就是目前对于合作制公证处的组织形式应当是合作制、合伙制、捐助法人、特别法人存在极大分歧。我认为一个组织采用何种组织形式,主要是由这个组织的性质决定的,就如同你要买衣服,需要先看性别是男还是女。我们的《民法典》把法人的性质分为三种:营利法人、非营利法人和特别法人,①后两种组织的成员不能继承、不能分割财产。

如果公证机构未来被定性为非营利法人或者特别法人,那就不可能实行合伙制或者保留目前这种"财产由合作人共有,以其全部资产对债务承担有限责任"的合作制,因为非营利组织的成员不能继承、不能分红、不能分割财产。即便试点规范允许公证处的财产属于合作人共有,但是,合作人不能继承、不能分红、不能分割财产,这个所谓的"共同共有"有实质意义吗?如果没有意义,那采用捐助设立的特别法人似乎更有利于推动公证改革,更有利于维护公证的公信力。

如果公证机构被确定为可以是营利机构(准确地讲,被确定为"不以营利为目的的营利机构"),那么,目前的合作制试点沿着律师改革的路径逐渐走向合伙制是比较可行的。

2021年中央全面深化改革委员会审议通过的《关于深化公证体制机制改革促进公证事业健康发展的意见》提出要"制定合作制公证机构管理办法,明确公有公益属性……"②,据此,我认为未来公证机构被确定为营利法人的可能性极小,合作制公证机构未来大概率是发展成为特别法人或者非营利法人。

薛凡:对于中国公证体制改革的终极运行模式,见仁见智,我想说的建议其实并不复杂,可以归纳为三个"尊重"。

第一,尊重常识。举个容易理解的例子。公证员们经常自称自己预防纠纷是"治未病",是"治未病"的"医生",既然是医生,总要有处方权吧,公证员有没有"处方权"?没有!尽管没有上位法依据,但是,《公证程序规则》却很奇特地将公证员划分为"审批公证员"和"承办公证员",前者象征的是一种权力,后者象征的是一种

---

① 《民法典》第三章法人第二节营利法人、第三节非营利法人、第四节特别法人。
② 司法部《关于印发〈关于深化公证体制机制改革 促进公证事业健康发展的意见〉的通知》(司发〔2021〕3号)。

亲力亲为的劳动,"审"者不需要办案,办案者却无权决定自己亲历的个案的结果,公证员作为"医生"接触患者开出了"处方",但是,处方的签发权却在一个根本没有接触过患者的"上司"手里,也就是负责审批的公证员手里,这样的制度设计是不是违反一般的常识?假设任何一个医院按这样的路子开设门诊,岂不要引发患者们不满?正常的老百姓都懂的基本常识和道理,公证行业却偏偏要"反其道而行之"。所以我说要尊重常识,最为基本的常识我概括为一句话:公证员是"人"。在制度设计上,要把完整的人格权交还给公证员,使公证员成为真正意义上的公证人,实现公证活动人格化,这应该是考量公证体制改革的终极运行模式基本的立足点。理解了这一点,那么,就会理解所谓"公证人为本还是公证机构为本"其实是个不言自明的问题,甚至可以说是个伪问题,全球公证业上千年的历史和国际公证联盟认可的法理都表明了这一点,并且我们也能理解合作制公证机构被视为"非营利法人"终究是公证体制的一种过渡性安排,因为本质上,公证体制的设计必然应该是以人为本、实行公证人本位的。

第二,尊重规律。前面我已经讲到,本质上,公证体制的设计必然应该是以人为本的,任何否定以人为本的体制设计都是难以成功的。全球公证业上千年来从无到有的历史告诉人们,先有市场经济活动,后有公证人职业活动,公证人职业出现在人类社会舞台上,居中而立,从事"公正存真"预防纠纷的法律服务,是公证这一事物诞生的基本标志,然后才有现代公证制度的形成。这就揭示了一个基本规律,真正理解公证,不可能离开完整意义上的公证人的职业活动。什么是完整意义上的公证人的职业活动?简而言之,就是权责对等,或者说,权利义务责任完整地统一在公证人身上,这也是民法典的核心原理。司法责任制的表述是谁办案,谁负责,谁决定,谁负责。在公证体制机制设计上,人们出于善意常常担心这个担心那个,担心公证员会不会钱挣得太多,担心公证员只知道赚大钱不知道履行社会责任,总是担心个没完,唯一没有担心"让公证员自觉自愿为自己担心",什么叫"让公证员自觉自愿为自己担心"?就是把完整的权利一揽子全部交给公证人,同时也把最严格的义务和责任一并落实到公证人身上,让公证人执业中时时刻刻意识到,头上高悬着一柄制度监管的"达摩克利斯之剑",任何一个公证人只要胆敢枉法办案,就会自动触发这柄"达摩克利斯之剑",使"不想错""不敢错"成为每一个公证人内心深处普遍的自觉追求。在这一前提下,公证人为社会和民众提供优质公证产品,堂堂正正,按劳取酬、按质取酬,难道不是宪法所保护的劳动权?所以,以人为本、权责对等是基本规律,公证体制的设计是否同样也需要尊重这一基本规律?

第三,尊重全球普遍惯例和国情。公证制度是一种全球性法律制度,这就要求我们尊重全球公证业的普遍惯例。成立于1948年,截至2021年已有包括中国在内的91个成员国和地区的国际公证联盟是这一制度的"全球共同体"。2023

年,是中国加入国际公证联盟20周年。按照国际公证联盟提倡的公证理念,在公证体制设计上,权利义务都直接归属于公证人,无论采取何种组织形式,公证人事务所只是公证人的执业场所。公证人应当忠于国家,但必须独立于政府。① 从这个意义上讲,政府出资设立的事业单位体制公证机构和合作制公证机构,都不是好的公证体制,因为这两种体制都没有做到权利义务直接归属于公证人。如果我的这个判断成立,那么,我们对于中国公证体制改革的终极运行模式应该就能看得清、看得远了,也就是实行公证人本位体制,公证人本位体制在民法典制度上需要找到落脚点,例如非法人组织就可以作为最佳选择。当然,尊重全球公证业普遍惯例的同时也要尊重中国国情,一部分公证机构可以是国有体制,以确保公证法律服务供给的稳定。

最后,请允许我并代表段伟主任和刘疆老师,我们三人对全一副秘书长深表感谢,您辛苦了!您就公证改革提出了多个不无挑战性同时又具有现实和前瞻意义的问题,让我们进行了一场难得的"观念大冲浪",一起为中国公证改革的今天和明天共同发力、一起加油!

李全一:三位专家的总结发言都非常精彩,让我们既感受到了对公证体制改革认知的理论高度与深度,也体悟到了创新思维的智慧性思索。

习近平总书记指出:实践发展永无止境,解放思想永无止境,改革开放也永无止境,停顿和倒退没有出路。② 中国公证体制改革已经步入深水区,正在搏浪前行,不进则退,甚至根本没有退路。好在迎难而上是中国公证人的传统精神,攻坚克难是中国公证人本有的秉性,我和三位专家都一致深信:中国公证体制改革,必将伴随着国家改革开放和现代化建设的强劲步伐,雄赳赳、气昂昂地走向风光无限的明天。

再次感谢三位先生的精彩讨论!

---

① 参见国际公证联盟:《公证人职业道德和组织规约》,蔡勇译,《公证研讨》第5辑,上海人民出版社2019年版。
② 2012年,习近平在广东考察时对改革和思想解放作出的强调,2012年12月11日新华网报道文章:《习近平在粤考察时强调:做到改革不停顿开放不止步》。参见:http://www.ce.cn/xwzx/gnsz/szyw/201212/11/t20121211_23929826.shtml。访问时间2022年6月27日。

中篇　中国公证十大典型案例评析

十大典型案例入选名单

作为一项典型的预防性法律制度,公证在降低社会交易成本、节约司法资源、化解社会矛盾、改进基层治理等方面发挥着重要作用。为充分发挥公证典型案例的示范效应,优化公证服务质量,提升公证行业公信力,推动公证事业高质量发展,经司法部批准,司法部公证理论研究与人才培训(湘潭大学)基地举办了"2020年度中国公证十大典型案例"评选活动。

2020 年度中国公证十大典型案例

序 号	案例名称	申报单位
1	破解"执行难":公证+法院=司法拍卖新模式	云南省昆明市国信公证处
2	"时光延展师——家庭公证员"项目	上海市徐汇公证处
3	国际私法领域的国际公证合作典范:法国公民接受不动产赠与委托公证案例	上海市静安公证处 四川省成都市律政公证处
4	综合性继承公证方案助孤寡老人顺利继承财产	北京市中信公证处
5	公证机构全面介入的遗嘱信托公证	江苏省南京市南京公证处
6	公证助力化解烂尾楼业主如愿顺利住新家	云南省红河州和信公证处
7	为一件股权变更事项设计系列公证服务方案	湖南省长沙市长沙公证处
8	公证参与深圳市罗湖"二线插花地"棚户区改造项目	广东省深圳市罗湖公证处
9	公证调解+赋强公证护航劳动者讨薪	四川省成都市国力公证处
10	杭州互联网公证处创新模式介入慈善捐赠	浙江省杭州互联网公证处

自评选公告发布以来,受到了全国各地公证机构的广泛关注,共计收到来自27个省市区报送的93件案例。在司法部公共法律服务管理局的指导下,基地邀请公证领域知名专家进行了初评和终评,最终确定"破解执行难:公证+法院=司法拍卖新模式"等10个案例为"2020年度中国公证十大典型案例""湘潭湘钢瑞兴公司企业改制全过程公证服务案"等10个案例获得"2020年度中国公证十大典型案例"提名。具体名单如下:

2020年度中国公证十大典型案例(提名)

1	湘潭湘钢瑞兴公司企业改制全过程公证服务案	湖南省湘潭市湖湘公证处
2	公证为国家药品重大改革项目保驾护航	上海市新虹桥公证处
3	李某某《遗赠扶养协议》公证及监督执行案	云南省昆明市明信公证处
4	航空搭载物保全证据公证	北京市方圆公证处
5	法律意见书+析产协议公证为工亡职工遗属送来温暖	甘肃省兰州飞天公证处
6	电子签约的预防性公证保护——电子数据指纹公证系统诉讼应用实例	上海市东方公证处
7	让"支取昏迷老人的存款"不再急、愁、难	陕西省西安市高陵区公证处
8	遗产执行人助你守护财产	广东省惠州市惠州公证处
9	免费为抗击新冠疫情的捐赠协议办理公证	河北省邢台市守敬公证处
10	公证调解巧助力 异地解纷化难题	江苏省苏州市苏州公证处

十大典型案例与专家评析

此次获选案例涉及公证业务类型与服务模式的创新,对于规范公证程序、促进公证行业发展具有重要指导意义。如南京市南京公证处将公证全面介入遗嘱信托,对于创新遗嘱公证业务具有重要引领意义;河北省邢台市守敬公证处免费为抗击新冠疫情的捐赠协议办理公证,彰显了公证在疫情防控中的责任担当;湖南省长沙市长沙公证处为一件股权变更事项设计系列公证服务,对于延伸公证业务范围,提升公证服务质量具有重要示范作用。

为了切实发挥公证典型案例的指导作用,司法部公证理论研究与人才培训(湘潭大学)基地邀请了来自司法部、高校、公证机构等多个单位或部门的10位专家学者,对上述十大典型案例进行精彩点评,深入阐释案例中所具备的公证法理与实践价值,在突出其典型性与新颖性的基础上,进一步提升这些案例在办证过程中的示范效应。

案例一:破解"执行难":公证+法院=司法拍卖新模式

云南省昆明市国信公证处

(案例点评人:西南政法大学法学院 马登科教授)

一、基本案情

2020年5月,经云南省昆明市中级人民法院推荐,云南省高级人民法院委托云南省昆明市国信公证处,对甲申请执行乙房地产开发公司、丙公司、丁、戊、己的民间借贷合同纠纷一案【案号:(2015)云高法执字第××号】中,涉及被执行人乙房地产开发公司名下位于昆明市官渡区子君村海运花园44套房产、217个车位及昆明市官渡区广福路与昆洛路交叉口附近金福地花园127套房产,共计388套的房产进行网络公开司法拍卖。

国信公证处司法辅助业务部承接上述案件后高度重视,抽调骨干人员组成执行团队,并在第一时间与云南省高级人民法院进行对接了解情况。经了解得知:上述涉案财产于2015年被立案执行,执行标的额高达1.2亿元,云南省高级人民法院已于2016年先后两次通过线下传统拍卖的方式处置了部分涉案财产,但至今仍未处置完毕,并于2019年4月对未处置的部分房产和车位进行续行查封。由于涉案财产所涉及房产存在消防、绿化等事项尚未验收,至今未能办理产权登记。同时,许多房产在多年前被乙房地产开发公司出售,但却没有进行变更备案登记,房产仍在乙房地产开发公司名下。被处置的房产多数都被购房者占有,且涉及的人数较多,并存在大量"以房抵债""一房二卖"等问题。由于该案件的标的物价值与数量巨大,牵扯面较广,涉案财产的处置十分困难。截至2020年,该案件的执行时间已长达5年之久。鉴于此,如何妥当处理涉案财产,尽快实现申请执行人的债权,在为法院解决"执行难"问题的同时,避免因处理不当造成不良社会影响,便成为了执行团队面临的最大的现实挑战。

二、公证过程及结果

(一)明确目标,摸排情况,制定方案

执行团队在了解处置房产的复杂背景后,本着谨慎负责的态度,采取分组摸排情况的方式对房产进行现场勘查。承办人员分为两组,一组人员对房产逐一进行现场实地勘查,挨家挨户粘贴拍卖告知书并拍照留存,详细了解物业服务费等欠费情况,同时将处置房产即将进行网络司法拍卖的情况进行告知,并制作现场工作记录。通过高效的工作,该小组成员仅用了3天时间便将388个标的物全部现场勘验完毕。

另一组人员则前往房屋产权交易管理处调档查档,了解房产查封、抵押等具体情况。两组人员最后对调查勘验的情况进行汇总,并根据房产不同情况进行分门别类处理。与此同时,执行团队积极与云南省高级人民法院沟通联系,及时反馈工作进度与相关情况。在承办法官的指导下,执行团队结合前期现场摸排勘查的情况,提出了"从易到难、分批上拍"的分批拍卖方案。首先对没有提出执行异议或者已被驳回的房产进行拍卖,然后对正在提执行异议或者有人居住的房产进行网络司法拍卖。在该方案获得法院肯定后,执行团队便开始制定相关工作方案,进行拍卖前期的筹备工作。

(二)积极筹备,分批实施,效果突出

在拍卖前,执行团队承办人员积极做好前期的筹备工作,对拍卖咨询电话进行统一接听登记,接收案外人执行异议资料,并进行分类、统计与整理。期间,执行团队共接待案外的利害关系人一百余人,接收执行异议材料多达上百份。在时间紧、

任务重的现实情况下,执行团队加班加点对相关资料进行仔细甄别、分类,制作出了两个阶段的具体拍卖方案。

拍卖方案确定后,承办人员按照计划制作了司法拍卖公告、竞买须知等上网文书,并在技术处理的基础上,将标的物信息上传至淘宝阿里拍卖网进行司法拍卖。第一批次共计上拍41套房产,起拍价为22139023元,成交价为22794254元,成交率为100%,溢价率为2.95%。第一批次拍卖完毕以后,执行团队立即着手第二批次的筹备工作。在确定第二批次的拍卖清单后,执行团队又再次逐一进行实地现场勘查,并将核准后的标的物信息上传至淘宝阿里拍卖网进行拍卖。第二批次共计上拍72套房产,起拍价为12932454元,成交价为14994705元,成交率为100%,溢价率为16.4%。最终,经过执行团队承办人员不懈努力,在不到7个月的时间里,便已完成两批次113套符合拍卖标准的房产拍卖工作,拍卖溢价率为9.7%,两批次成交率为100%,有效解决了法院"执行难"问题,维护了申请执行人的债权权益。此外,剩余涉案财产也将按照相关程序进行评估,达到符合拍卖标准后再继续开展相关拍卖工作。

同时,在两批次拍卖工作结束后,执行团队承办人员积极参与到司法辅助事务工作中,协助法官制作了相关法律文书,处理案件系统节点、辅助法院财务核对款项、向当事人送达法律文书。同时,云南省高级人民法院委托国信公证处对成交的房产进行解封、过户,承办人员接到委托函后,通过公证机构内设部门之间的协作,第一时间与不动产登记中心进行沟通、协调,快速完成了解封、备案手续等工作,让买受人能短时间内拿到相关房产凭证,让法院及当事人体验到全流程、全方位的一站式公证法律服务。

三、典型意义

(一)丰富并拓宽公证参与司法辅助事务的内涵与外延

依据《最高人民法院关于人民法院进一步深化多元化纠纷解决机制改革的意见》以及《最高人民法院、司法部关于开展公证参与人民法院司法辅助事务试点工作的通知》,国信公证处在云南省高级人民法院及云南省司法厅的安排部署下,成为了全省第一批参与司法辅助事务的公证机构,并于2017年起分别与云南省昆明市中级人民法院、昆明市西山区人民法院及昆明市盘龙区人民法院建立对接机制,全面介入人民法院的司法活动,着力发挥公证的职能作用。本次辅助云南省高级人民法院开展司法拍卖工作,是公证在参与调解、取证、送达、保全、执行五个方面司法辅助事务之外的有效创新实践,与时俱进地丰富了公证法律服务的内涵。国信公证处以法院执行工作中的热点、难点问题为指向,将司法实践的现实需要与公证服务的专业特色有机结合,深度挖掘公证法律服务辅助司法的切入点,不断丰富与拓展公证法律服务的供给内容与模式,从而更好地实现司法与公证的合作共赢。

(二)公证多措并举为司法拍卖铸造公信

在本次司法拍卖辅助工作中,执行团队多措并举为司法拍卖铸造公信:充分利用公证职能特点,对照网络司法拍卖的上拍条件,对涉案房产开展了现场查勘、调档查档等尽调核查工作,出具客观、公允、有公信力的调查报告,为法院是否启动公权处置程序提供建议,杜绝问题标的物进入公权处置程序,为竞买人参与竞拍提供决策参考,打消潜在竞买人对拍卖标的物瑕疵的顾虑。充分利用国信公证处在不动产交易市场积累的经验,在网络拍卖成功后为买受人提供受托办理产权过户、税费缴纳等一系列后续专业服务,解除其竞拍的后顾之忧。充分整合国信公证处内部资源,发挥自身客户资源优势,协助开展网络司法产品营销推介工作,扩大司法拍卖工作的民众参与度与社会影响力,助推拍卖成功率提升。通过上述一系列组合措施,实现公证机构全流程、全方位参与司法拍卖服务,为公证机构参与司法拍卖辅助工作提供了专业化、标准化、体系化的借鉴经验。

(三)公证参与司法拍卖破解法院"执行难"

公证机构在参与司法辅助事务的过程中,针对法院执行所遇到的疑难繁杂问题,充分发挥公证职能优势与自身专业能力,探索协助法院破解财产查找难题的路径和方式,积极为法院的执行工作出谋划策。其在不断丰富公证法律服务内涵的同时,也在不断为破解法院执行难问题注入新动能。同时,公证机构通过市场化运作辅助法院开展司法拍卖工作,进一步纯化了法院的审判职能,使得法院更多地专注于审判,从而推动社会纠纷化解资源的合理配置和高效利用,提升公证参与化解社会纠纷的综合能力。

四、专家点评

司法是维护社会正义的最后一道防线,"执行乃法律之终局及果实"。债务人拒不自动履行生效法律文书确定的债务,执行机构查封被执行人的不动产,通过司法拍卖实现债权人的权益,是民事执行的常规操作。然而,不动产的司法拍卖,伴随的权利情况十分复杂,既存在房和地产权不一致、不合法建房、未批先建、违规扩建、未足额缴纳土地出让金、划拨土地建房或安置房转为市场交易等权利瑕疵情形,也存在建筑工程优先受偿权、抵押权、消费者期待物权、承租人"买卖不破租赁"及优先购买权等权利冲突和对抗情形,更有房屋登记所有权人与房屋买受占有人不一致、"一屋多卖"、以房抵债、预告登记、借名买房、共有房屋、他人占有、物业管理欠费不明等需要查实和判断的情形。尽管存在诸多问题,基于有市场交易价值即可实现申请执行人权益的原理,拍卖该不动产仍是执行机构应当完成的任务。

但诸多权利瑕疵、权利冲突或情况核实困难,影响了拍品信息透明度,降低潜在竞拍人的参与热情,整体拉低不动产的变现价值,也危害人民法院司法拍卖的威信。

云南省昆明市国信公证处受云南省高级人民法院委托,对昆明市官渡区子君村海运花园和金福地花园171套房产、217个车位公开网络司法拍卖进行公证,协助法院制作法律文书,核对款项、向当事人送达法律文书,积极参与司法拍卖辅助事务工作。同时,对成交的房产进行解封、备案过户等工作,为相关主体提供全流程、全方位的公证法律服务。在符合相关法律法规的前提下,对司法拍卖行为、有法律意义的事实和文书的真实性、合法性予以证明,丰富公证法律服务供给内容的"公证+司法拍卖"新模式,为落实《最高人民法院、司法部关于开展公证参与人民法院司法辅助事务试点工作的通知》的有益尝试。该模式很好地适应和满足了新形势下人民法院司法实践对公证服务的现实需要,有助于减少和防范执行中不必要的异议,增强人民群众参与司法拍卖的热情和信心,提高执行效率,助力解决民事执行难。

案例二:"时光延展师——家庭公证员"项目

上海市徐汇公证处

(案例点评人:湘潭大学法学院 张立平教授)

一、基本案情

张女士(55岁)已婚,父母均健在,有兄弟姐妹多人,目前尚无明显的家庭纠纷。张女士育有一女,该女未婚,且有较强的海外移民意愿。张女士及其丈夫名下拥有动产、不动产、财产权益等境内外多种形式的财产,张女士对其财产的保值及传承有明确的需求。张女士有较强的法律意识,平日多关注各类法治媒体,对自身权益维护较为看重。目前,对于张女士来说,现实且急迫的问题在于其退休后爱好旅游,考虑到频繁出行的人身安全风险,张女士想通过订立遗嘱,来保障其独女的继承利益。但其顾虑《民法典》实施后遗嘱检认或有困难,故向上海市徐汇公证处咨询如何通过公证服务达到财富传承的目的,并为其女境外移民提前做好准备。张女士希望有一位合适的公证员,能够针对她及其家人的公证需求进行全程的专业指导,并确保指导的私密性。

二、公证过程及结果

张女士有关财富传承的需求,恰好与徐汇公证处初步筹划并推进的:"时光延展师——家庭公证员"综合品牌性公证项目相契合,公证处便具体安排了承办公证员为张女士提供一系列的公证服务。

承办公证员结合徐汇公证处"时光延展师-家庭公证员"项目内容,专门为张女士讲解了一堂公证法律辅导课,内容涉及家庭关系、民法典实施后遗嘱继承的流程、我国信托制度概述以及实操困境等。经过进一步沟通,张女士和公证员形成了由公证团队对接并进行遗嘱回访备案的初步设想。

关于张女士提出的其女境外移民的未来规划,由于现阶段无法确定要移民的国家,因此,所需公证项目以及公证书亦无法提前确定。不过,张女士担心临时申办有关涉外公证事项,时间上不一定来得及。公证员按照公证核实的要求,在征询张女士愿意的基础上,获得授权可提前对有关内容进行调查核实,以便在张女士实际申请公证时,公证处可实现快速出证。

徐汇公证处组建了张女士的"时光延展师"家庭公证员团队,具体负责张女士的相关公证事宜。随后,经过双方沟通,公证员制定了《公证综合服务协议》,并与张女士签署了"时光延展师-家庭公证员"项目协议。在协议期内,徐汇公证处应为张女士及其家人提供数项个性化、综合性的公证法律服务:公证咨询及办理的绿色通道、代送外事认证、公证书送证上门、上门办理、自主取证存证的"汇存"区块链电子数据存储平台服务、公证遗嘱办理及遗嘱保管、家庭财富传承规划、家事调解、遗嘱执行人及遗产管理人服务、法律资源推荐对接等。同时,在协议期内,张女士授权徐汇公证处调查核实与上述事项有关的法律事实。此外,上述协议也对费用支付、各方权利义务承担等内容作出了明确约定。

协议签订后,徐汇公证处为张女士建立了独立档案,并为张女士及其丈夫开通了"汇存"区块链电子数据存储平台的专用账号。同时,根据张女士在上述协议中的预授权,徐汇公证处对张女士家庭中多项相关法律事实与法律关系进行了核实确认,重点调查了涉外移民公证及财产继承公证所需核查的事项,并将相关调查结果附卷备案。张女士及其丈夫也按照协议约定,各自申请了遗嘱公证,并在协议期内陆续将其各类证书、证明及重要的法律文件送交至徐汇公证处预查备案。张女士及其丈夫也可通过为其开设的保全证据专用账号,在徐汇公证处"汇存"区块链电子数据存储平台上,自主保全有关生活、工作中的材料及证据。徐汇公证处在出具遗嘱公证书以后,安排了公证团队定期对张女士及其他服务对象进行回访,确认其家庭成员近况及亲属关系情况、家庭主要财产情况、各类法律文件更新情况、遗嘱意愿及遗嘱存放情况,并将相关确认情况附卷备案。在回访过程中,项目团队为张女士介绍了法律法规及有关政策的更新情况,并按照最新法律及政策情况对张女士家庭财富传承的规划作出新的建议。

三、典型意义

"时光延展师——家庭公证员"项目是徐汇公证处针对家庭综合公证服务而推出的专门品牌项目。该项目除了提供传统家事公证、法律咨询、上门服务、代办认证等公证法律服务之外,还融合了知识产权、金融类公证事项、保管、提存等新型公证服务,以及使用区块链技术进行证据存储、建立家庭关系谱系等延伸法律服务,以期能为当事人提供全方位的综合公证法律服务,帮助其树立并维系良好家风,并实现家庭财富的完美传承。

本案是该项目的首个案例。案件中张女士及其家人对于移民公证的效率需求,在涉外公证业务中有共通性,"临时办""要得急"是涉外公证的常见问题,在一味追求效率的前提下很难保障出证的质量。通过当事人的预授权,公证处可以提前对当事人预期办理的事项进行调查核实,从而实现正式申请时的快速出证。

民法典实施以后,如何确认当事人遗嘱效力存在实操上的困难。目前,我国法律及有关制度规范并没有对遗嘱检认规则作出明确规定,通过主动回访机制,可对立遗嘱人的遗嘱更新及财产更新状况进行较为准确的记录,从而为后续遗嘱检认及办理继承提供有效辅助信息。通过徐汇公证处创设的"汇存"平台,当事人可自主保全证据渠道,将其认为需要保全的证据及时固定"上链",及时有效地对碎片化的生活类证据进行保全,减轻当事人后续申请出证时的证明负担。

四、专家点评

随着经济社会的快速发展,人民群众对公证服务的需求也日渐多元化和复杂化。这对公证人员的服务理念和服务方式提出了新要求。为此,2017年7月,《司法部关于进一步拓展创新公证业务领域更好地服务经济社会发展的意见》提出要"拓展创新公证服务方式。着眼于打造特色品牌,推动一批公证机构在特色领域形成竞争优势,在优势领域巩固领先地位。推行公证机构一条龙、一站式、个性化服务,通过源头服务和跟踪回访,提供更多的延伸业务。推动服务方式向线上线下互补转变,加强互联网手段与现有服务方式的协作配合……"。可以说,本案是切实践行"拓展创新公证服务方式"要求的典型案例。该案在公证服务方式方法上的改进与创新主要体现在以下几个方面:

一是在服务方式上变被动为主动。本案中公证处通过推进"时光延展师——家庭公证员"项目,在公证当事人前来咨询的过程中,通过耐心解释、讲解公证法律辅导课的形式,逐步引导当事人明晰自己多方面的公证需求。

二是注重服务内容的综合性。面对当事人的多个公证服务需求,公证处没有简单地采取切割方式进行"一事一办",而是以签订《公证综合服务协议》方式全面响应当事人的服务需求,并对当下能够办理的遗嘱公证及时进行办理出证;对于当事人仅有初步意向的公证事项进行了相关的准备工作,以备不时之需。

三是注重定期跟踪回访当事人。本案中公证处在办理完遗嘱公证后,并没有像传统公证业务一样终结服务,而是定期回访当事人,及时了解其亲属关系、家庭财产以及遗嘱意愿的变化情况,并结合法律法规对出现的新情况,给出相应的专业建议,确保公证遗嘱的效力。

四是注重线上与线下服务方式的结合。本案公证处在线下为当事人服务的同时,还在线上为当事人开设了区块链电子数据存储平台的个人账号,指导其将生活中有关公证事项的证据材料及时上传至平台,保证了证据保全的及时性和全面性。

本案公证处通过创新服务方式方法,打造特色服务品牌,全面、及时地满足了当事人多方面的服务需求,其经验做法值得认真总结与推广。

案例三：国际私法领域的国际公证合作典范：法国公民接受不动产赠与委托公证案例

上海市静安公证处、四川省成都市律政公证处

（案例点评人：江苏省南京市南京公证处　张鸣公证员）

一、基本案情

2020年9月，在上海工作的法国公民 Alain 先生（化名）向中国公证机构寻求办理委托公证，用于在法国办理接受不动产赠与的公证手续。赠与人是 Alain 先生的父母，受赠人是 Alain 先生和他的哥哥 Pierre。赠与标的是位于法国的多处不动产的虚有权（NUE-PROPRIÉTÉ），赠与人保留不动产用益权直至去世。赠与形式为分割赠与（DONATION-PARTAGE），即赠与人生前给子女的财产分赠。

根据法国法律，赠与人、受赠人双方需在公证人面前签署分割赠与合同。本案中，受赠人之一 Alain 先生由于新冠疫情的原因无法返回法国，但他可以办理委托公证，委托他人代为办理接受赠与的手续，其前提是该委托公证书应当是法国法律所认可的"公文书"（acte authentique）。

因该案件涉及较为复杂的国际私法问题以及公证文书的跨国使用问题，在法国公证人的推荐下，Alain 先生向上海市静安公证处与四川省成都市律政公证处的专业协作团队"您身边的国际私法公证专家"[①]寻求帮助。

二、公证过程及结果

接到申请后，静安公证处、律政公证处指派两名精通外语、熟悉法国相关法律，且公证业务水平精湛的公证员张铮、蔡勇与当事人进行了沟通，制订了公证方案并实施了以下步骤：

（一）解决中国公证机构出具的涉外委托公证书在法国的适用问题

根据法国法，凡是涉及同意或接受赠与的委托书、涉及设立抵押的委托书以及涉及购买期房的委托书，都必须以"公文书"的形式作成。因此，受理该分割赠与业务的法国公证人要求 Alain 先生所提交的委托公证书必须是公证人制作的公文

[①] 法国公证界的智囊机构——法国公证研究及信息和文献中心（CRIDON）于2020年6月2日在其官网发布新闻，向全法国的公证人推荐沪、川公证界打造的这支国际业务团队。自2020年4月至今，团队为数十位中法两国公民进行了跨国继承、婚姻财产契约和委托等事项的咨询和公证办理，切实解决了疑难问题，在全球疫情严重的背景下保障了涉外民商事活动的顺利进行。

书。法国《民法典》第1369条规定:"公文书是指具有此种文书制作权限和资格的公务助理人员按照规定要式受理的文书。"其中,公证文书是最典型的公文书。外国公证人出具的公证书,如果该国隶属于大陆法公证体系,则其将被视为等同于法国公证书。目前,国际公证联盟(UINL)是大陆法系公证制度在全球范围内的代表,而中国与法国均是该联盟成员国。

张铮、蔡勇及时与受理该分割赠与业务的法国公证人进行了沟通。由于中国与法国都加入了国际公证联盟,因此法国公证人高等理事会非常鼓励法国公证人在民事程序中认可并采纳中国的公证文书。其关键在于,中国公证员办理委托公证的流程,应当符合大陆法系公证制度关于"公文书"的作成要求。

按照大陆法系公证制度的基本原则,公证人在作成公文书时,应当确保当事人阅读并完全理解文书的全部内容,必须就文书的内容向当事人阐明法律规定,确认当事人清楚地了解文书的法律意义及后果。① 需要注意的是,在法国涉及不动产的事务中,并不承认只证明签名的"认证"式文书。

综合上述情况,张铮公证员和蔡勇公证员讨论后认为,按照我国司法部定式公证书格式第一式制作的委托公证书,可以满足法国不动产事务中的"公文书"要求,而不应适用只证明签名的第三十四式。随即,蔡勇公证员又与法国公证人进行了多次沟通,就中国公证员在委托公证中的职能作用进行了阐明,最终得到了对方的肯定答复。

(二)中法两国公证人共同参与起草委托书

在本案中,根据法国的相关规定,当事人所签署的委托书中需要包含分割赠与合同的完整详尽内容。因此,受理该分割赠与合同的法国公证人向我方公证员提供了法文的委托书草稿。由于中法两国公证文书的制作模式并不相同,法国公证人起草的委托书本身即为公证文书,而非中国公证文书的另纸公证模式,故而需要对法国方提供的委托书进行改造,使其能够在形式和内容上同时满足中法两国法律的规定。

蔡勇公证员精通法文并且对法国民法和公证法较为熟悉。他与法国公证人多次通过电邮交换意见,共同拟定了最终版本的委托书,并向当事人Alain先生进行了详细解释和告知。在中法两国公证人的协作下,当事人完全理解了委托书的内容,特别是文书中所涉及的"提前安排遗产的分割赠与""虚有权赠与""赠与人用益权的保留""未亡配偶连续用益权的保留""受赠人死亡时,赠与财产返回权的保留"等诸多专业术语。

(三)在法国公证人的协助下进行实质审查

本案中,二位公证员对委托书中所涉及的人员身份和财产情况均进行了实质审查,包括体现赠与人与受赠人关系的法国民事登记簿和不动产权属证明等。上

---

① 蔡勇译:《国际公证联盟关于公证文书的研究》,载《中国公证》2021年第4期,第60页。

述审查工作在法国公证人的协作下进行,相关材料均由法国公证人收集、核实,并通过电子邮件直接发送给我方公证员,为当事人提供了极大的便利。

（四）沪、川两地公证机构协作完成公证

在完成各项准备工作后,张铮公证员在上海市静安公证处接待了在上海工作生活的法国当事人,蔡勇公证员则在千里之外的律政公证处通过远程视频方式"虚拟出席",二位公证员用法语、英语向当事人详细解释所签委托书、告知书、询问记录等相关文件的具体内容。最终,当事人在静安公证处签署了所有文件,完成了委托书的办理,并且在公证处的协助下办理了后续的公证书法语翻译、双认证等手续,确保了公证书在法国得以顺利使用。

三、典型意义

首先,沪、川两地的公证机构携手合作,整合公证人才资源,发挥各自的地域优势,在疫情防控常态化的背景下解决了国际私法中的疑难问题;其次,本案是中国和法国两国公证人在国际私法领域进行跨国协作的成功案例,不仅体现了中国公证人的专业素质与自信,还将激励中国公证人在国际私法和跨境协作方面继续努力;再次,本案例在中法两国公证行业[①]和国际公证联盟[②]均引发了热烈反响,向世界展现了新时代中国公证的良好形象。

四、专家点评

随着我国对外经济交往不断增加,社会生产、生活日趋国际化和全球化,外国公民来华工作生活已经逐渐成为常态,同时也催生了各种涉外的法律服务需求。本案就是一件非常典型的涉外公证案件,需要中国公证机构对涉外法律关系与事实进行实质审查并出具公证书。这对于在涉外公证中习惯进行形式审查和简单见证的中国公证而言,无疑是全新的挑战。本案不仅探索了以实质性审查模式处理涉外公证的可行路径,更彰显了我国法治建设的最新成果与中国公证人的法律专业风采,其办证的过程与经验更具参考价值。本案办理的典型意义如下:

---

① 本案例于2020年10月、11月陆续被上海市司法局、中国公证网、上海公证协会等网站进行报道。同时,本案还以法文形式发表于法国公证研究及信息和文献中心（CRIDON）官网,题目为《NOUVEL EXEMPLE DE COOPÉRATION NOTARIALE ENTRE LA FRANCE ET LA CHINE：LES PROCURATIONS》（中文译文：《中法公证合作的新典范：代理》）,访问网址为 https://www.cridon-ne.org/exemple-de-cooperation-notarial-entre-la-france-et-la-chine-les-procurations/。

② 在2020年11月9日（中欧夏令时）召开的国际公证联盟"国际公证合作委员会（CCNI）"视频会议上,中国公证协会的代表张铮公证员提交了本案例的英文材料并作发言,受到了与会的国际公证联盟秘书长艾莲娜女士和各国参会委员的肯定和好评,被称赞为是国际私法领域中国际公证合作的一个良好典范。

第一,创新公证方式,跨国跨区域协同合作。中法公证人之间、国内不同区域公证处之间,尝试在各自法律框架下,以跨区域协作的方式,加强在法律知识与法律技能等方面的沟通协作,共同开展公证活动,打破涉外公证中的语言与法律"壁垒",协力解决复杂的国际私法问题。在本案办证过程中,法国公证人不仅提供了有关法国所认可的"公文书"公证的专业意见,还在法国异地帮助中国公证机构收集办证实质审查所需的相关证据。我国成都和上海两地的公证处则分别指派精通法语和法国公证制度的公证员,互相配合共同完成对委托文本的起草与公证实质审查工作,并由上海地区公证处完成了委托公证的办理程序,协助当事人办理了后续公证书双认证等手续,确保了公证书在法国得以顺利使用。

第二,主动发挥公证职能,探索涉外公证新模式。公证行业提高政治站位,主动将公证工作融入国家"一带一路"战略,积极发挥公证职能,深度服务涉外民事活动。通过改变传统的作业习惯,将涉外公证仅办理形式审查下的"签名见证"服务,拓展为实质审查下的行为公证服务,主动对接拉丁公证实质审查模式。此举不仅回应了国际公证联盟《拉丁公证制度基本原则》对公证机构出具实质性"公文书"的原则要求,而且符合"一带一路"沿线大陆法系国家公证实质审查的法律规定,使得所出具的公证书能够在其他大陆法系国家的司法程序中被认可、采纳并执行。本案在法国公证和国际公证联盟引发了良好反响,展现了新时代中国公证人的良好形象。

第三,中国公证需要与时俱进。在涉外公证事务中,需要彻底转变思维,开阔视野,跳出狭窄的"证明"框架与形式审查见证模式,着力培养具有涉外视野、涉外能力和国际胸怀的公证员,深度介入涉外民商事法律活动,为"一带一路"国家战略服务,为打造法治化、国际化的营商环境助力。

案例四：综合性继承公证方案助孤寡老人顺利继承财产

北京市中信公证处

（案例点评人：中南财经政法大学法学院 蔡虹教授）

一、基本案情

王某某的老伴于2019年因病突然离世，老人一生没有生育子女，也没有养子女和继子女等情况。由于两人的银行存款和房产大多在老伴名下，王某某忘记了存款密码，也被不同地域、不同类型房产的继承问题所困扰，多次向公证员咨询相关法律方面的问题，并申请办理继承公证。

二、公证过程及结果

2019年8月，王某某第一次来北京市中信公证处进行咨询，询问在不知道已去世老伴存款密码的情形下，如何获取相应的银行存款。由于王某某当时的情绪过于悲伤，很多事情都表达不清楚，公证员在耐心倾听的同时，一步步引导他叙述自己的情况与需求，并告诉他相应的操作方案。此后，公证员与当事人一直保持联系，协助当事人开具证明材料，第一时间为他办理了继承公证，并加急核实出证，全程跟踪服务，帮助老人顺利取到存款，完成了房产过户。

在后续的两次公证过程中，由于恰逢新冠疫情，当事人还需要继承一套海南的房产和一套房产证还没办下来的房子。为避免王某某去海南申请公证的奔波辛苦，公证员主动帮助老人协调海南的公证机构，采取行业互助的方式帮老人海南的房产顺利过户。另外一套尚未办理房产证的房产继承则比较麻烦。原来，他们夫妻之前以老伴名义购买的单位集资建房一直没有办下来房产证。开发商一会儿要求他先办公证再办理房产证，一会儿又要求先办房产证再过户。2020年10月，王某某向公证员打电话请求帮助。公证员向王某某详细了解了办理房产证的过程和开发商的具体要求，仔细查看集资建房协议书和开发商的所有售房文件。集资建房协议书是以王某某已去世的老伴名义签署的，王某某要想获得该房产，究竟是先办理继承公证变更合同主体，还是等房产证办下来再办理继承公证过户？公证员在疫情期间多次协助老人与开发商进行沟通，寻求合法便捷的解决方案。最后，各方达成一致意见，公证员为王某某办理了集资建房协议书项下合同权益的继承公证，房产开发单位依据继承公证书直接以王某某名义办理了房产证。这一方案既减少了合同更名、房产证过户等繁琐的房产变更手续，又最大限度地减轻了当事人的税费负担。事后,王某某对公证员的公证法律服务给予了高度评价,撰写了感谢信以表感谢,并希望将后续的财产捐款活动、骨灰安放、意定监护、遗嘱信托等事项也交由中信公证处的公证员进行办理。

三、典型意义

1. 暖心服务为孤寡老人办理公证,贴心关怀感动当事人。
2. 根据当事人具体情况,量身定制周全的公证方案,解决继承难题。
3. 疫情期间不退缩,公证服务不能仅停留于出具公证书,更应设身处地为当事人着想,多方协调,通盘考虑,协助老人解决现实问题。
4. 持续跟进,守护公益事业,为老人捐款支援家乡建设、意定监护、遗嘱信托等提供全方位法律服务。
5. 在综合性法律服务方案的设计中具有一定的创新性,对行业具有指导意义。

四、专家点评

继承权公证,本意是公证机构根据当事人的申请,依法确认当事人是否享有遗产继承权的证明活动。但本案的意义不仅依法证明了继承人王某某的继承权,而且克服了种种困难助力其实现了继承权。既帮助了生者,也告慰了逝者,且完成了老人生前捐赠和回馈家乡的愿望。最大限度地发挥了公证法律服务的功能,也借助公证员过硬的专业素养和人格魅力,让公证的价值像阳光一样照进现实,温暖人心。

王某某的老伴于2019年因病突然离世,失去相濡以沫的老伴不仅使王某某精神受到沉重打击,更是深陷财产继承的困境:由于两人的银行存款和房产大多在老伴名下,王某某忘记存款密码,银行存款取不出来;处于不同地域、不同类型的被继承人名下的房产难以继承和过户,仅凭王某某的一己之力根本无法实现法律规定的继承权。

北京市中信公证处公证员及时指导和帮助当事人开具证明材料,办理了继承公证,并加急核实出证,全程跟踪服务,帮助老人顺利取到存款、完成了房产过户。本案的难能可贵之处在于,根据当事人的实际困难,量身定制周全的解决方案。疫情期间,公证员主动帮助老人协调海南的公证机构,采取行业互助的方式帮老人将位于海南的房产顺利过户。对于尚未办理产权证的集资房,公证员协调当事人、房产开发单位后拿出了最佳方案:即帮王某某办理了集资建房协议书项下权益的继承公证,房产开发单位依据继承公证书直接以王某某名义办理了房产证。减少了日后合同更名、房产证过户等烦琐的手续,最大限度减轻了当事人的税费负担。之后,公证员为老人捐款支援家乡建设、意定监护、遗嘱信托等提供了全方位的优质法律服务。

公证是公共法律服务体系的重要组成部分,公共法律服务的核心是满足人民群众追求美好生活及日益增长的法律服务需求。本案的妥善解决在满足特定当事人法律需求的同时,也展现了公证在预防纠纷发生,减低社会治理成本以及构建共建共享型公共法律服务格局方面的独特魅力。

案例五：公证机构全面介入的遗嘱信托公证

江苏省南京市南京公证处

（案例点评人：浙江省杭州市杭州互联网公证处　阮啸公证员）

一、基本案情

申请人鲁某系南京市一名企业家，名下各类型资产数量庞杂，价值较高。为妥善处理身后财产分配事宜，鲁某申请办理遗嘱公证，要求在其去世后，将其所有动产交付姐姐鲁某英，由鲁某英依据其设定的各种时间节点或条件成就时向特定受益人交付部分动产。

二、公证过程及结果

为妥善完成动产交付，保障财产权属明确性，公证员建议鲁某申请办理遗嘱信托公证。在了解清楚相关法律规定和法律后果后，鲁某申请由江苏省南京市南京公证处担任遗嘱执行人，在其去世后将所有动产予以清点并交付鲁某英，由鲁某英设立独立银行账户进行保管；另又申请江苏省南京市南京公证处担任信托监督人，监督鲁某英在实际履行受托人责任时是否尽职尽责，并在鲁某英违反受托责任时以法律手段维护信托受益人的合法权益。

三、典型意义

在本案例中，公证员依据申请人鲁某的真实意愿，将民事信托与遗嘱结合，并且创新性地融入了公证机构的保全职能（清点遗产）、提存职能（将财产依约交付受托人）。公证机构既为鲁某设计了详细的遗嘱方案，又依当事人申请担任了遗嘱的执行人以及信托监察人，充分保障了鲁某真实意愿的顺利实现，保障信托财产的顺利流转，并在受托人出现"道德风险"时，能够及时通过法律手段予以事后救济。

在"民事信托"或"遗嘱信托"这片未来的蓝海中，公证机构开展上述业务具有极大的优势：公证机构的非营利性特征保证了公证机构的中立身份；公证机构以机构形式对外营业的特征则保证了遗产执行和信托监察的持续性；执行、监察人员的充足，更加充分保障了当事人意愿的真实实现。在公证遗嘱优先效力取消的当下，公证机构应当积极开展相关业务，抓住这一转型的机遇。

四、专家点评

信托是一项以财产为核心，以信任为基础，以委托为方式的财产管理制度。随着现代社会对家族财富传承的愈加重视,遗嘱信托作为实现财富传承的一项重要手段,得到了民众越来越多的认可。继《中华人民共和国信托法》之后,2020年5月颁布的《中华人民共和国民法典》对遗嘱信托制度再次予以规定,这使得我国遗嘱信托制度将以民事领域内重要法律制度的崭新形态而发挥其作用。本案中公证机构全面介入并开展遗嘱信托公证,对于公证行业的发展以及信托制度的革新,都具有较强的现实意义与价值。

遗嘱信托作为一项舶来的制度,目前我国法律只是简单地作出了规定。那么,在实践中该制度应当如何运行,才能更好地契合中国的实际国情以及现有的法律体系,才能更好地回应群众的现实需求?南京公证处的实践经验创新性地为自然人信托探索出了一条具有实操性的路线:通过生前遗嘱公证以及提存工具的使用,并结合遗嘱执行人的职能,可以实现在遗嘱人死后将财产交付信托的目的;另外,由相对中立的公证机构担任信托监察人,可以在财产交付信托后继续保障信托目的的实现。同时,该案的承办公证员还谨慎地提示了委托人对非专业的受托人处置财产方式的限制。

本案的一大特色便是公证机构通过提供持续性的公证法律服务,实现了"全流程"遗嘱信托。这意味着公证机构需要改变传统的办证观念,不能再仅仅以"证明"或单份"公证书"作为公证工作的全部结果。因为制作一份遗嘱信托文件只是所有工作的开始,后续还涉及文件的生效、信托的生效、财产的转移、账户的隔离、档案的延续等等,环环相扣。为此,承办公证人员需要充分识别并规避其中各种利益的冲突和矛盾,尽可能降低财产风险。鉴于此,对于本案的理解,不能仅是从某一个环节或者孤立的文书来进行分析,更需要在深刻领会信托制度原理的基础上,整体性地去审视全流程的公证服务方案。

案例六：公证助力化解烂尾楼　业主如愿顺利住新家

云南省红河州和信公证处

（案例点评人：湘潭大学法学院　段明副教授）

一、基本案情

红河州弥勒市某在建小区楼盘，项目竣工验收在即，但因开发企业资金周转困难，小区项目建设陷入停工烂尾状态。400多户购房业主眼看入住新房在即，却因工程无法收尾竣工验收，入住新房遥遥无期。业主多次维权、上访，给当地社会生活带来诸多不稳定因素。针对该项目存在的问题，当地市委、市政府专门成立了矛盾纠纷领导小组，该小区业主也在当地住建局的指导下，推选产生了业主自救代表小组，组织开展小区收尾工程的自救事宜。在自救过程中，有两个问题是业主们重点关心的问题：第一，如何处理原施工方与新施工方工程量结算的问题；第二，自救款的安全性问题。由于业主自救代表小组作为临时机构，无法开立银行账户，即使能开立银行账户，部分业主仍然对代表小组成员的信任度存疑，这极大地影响了业主们缴纳自救款的积极性。

为了打消部分业主的疑虑，降低出现后续矛盾纠纷的风险，尽快启动自救工作，当地住建局就上述问题，向红河州和信公证处进行咨询。和信公证处结合本案的实际情况，以及当地市委市政府关于《某小区二期项目矛盾纠纷处置工作专题会议纪要》的精神，向本案的当事人提出了解决上述问题的公证方案，即办理楼盘施工现状的证据保全公证，与资金监管协议公证相结合。该公证方案获得了当地住建局、业主自救代表小组、开发企业等多方高度认可。

二、公证过程及结果

首先，在当地住建局及业主自救代表小组的推荐下，红河州和信公证处与本项目的开发企业进行了对接，各方同意由开发企业向和信公证处提出公证申请，对该小区的施工现状进行现状保全。和信公证处在收集了开发企业的营业执照及该项目的"五证"后，受理了该公证申请，并按如下步骤进行了现状保全公证：

1. 因本项目停工时间长，原施工队已经撤场多年，故公证员向开发企业及业主自救代表小组成员确认，截至公证员现场办理保全前，未有新施工队进场。

2. 公证员对该小区的全貌，包括地上建筑物、地下停车场、小区绿化等公共区域部分，进行了拍照、摄像等。

3. 邀请监理方、业主自救代表、负责项目竣工验收的政府职能部门工作人员,对照施工图纸对该小区尚未完工的施工节点部分,采取现场记录、拍照、摄像等手段进行证据固定。

现场采集上述证据材料后,和信公证处出具了该小区施工现状保全公证书。该公证书的作用在于保全新施工方进场前小区的现状,成为区分新老施工方工程量的证据之一,同时也是新施工方结算工程量的依据之一。

其次,业主自救代表小组邀请了几家施工方对本项目的收尾工程进行了现场勘查,各施工方也分别进行了报价。在当地住建局的指导下,业主自救代表小组在综合对比各方报价的基础上,择优选择了收尾工程的施工方。依据各方达成的一致意见,和信公证处公证员代书了一份《某小区建设项目收尾工程建设承包工程施工合同书》。

之后,业主自救代表小组全体成员、新施工方、监理方各方协商订立了《资金监管协议》。该协议明确约定了自救款的监管账户及账号、自救款的支取条件以及剩余资金的处置方式等内容,并由和信公证处进行了公证,相关协议也在该小区进行了现场公示。同时,和信公证处公证员及财务人员加入了该小区业主微信群,在群中公布了资金监管协议、本处资金监管账号等信息,并实时在线解答业主的问题。和信公证处在收到业主缴纳的自救款后,向缴纳款项的每一个业主分别开具了收据。

施工方进场施工后,依据协议的约定,每一笔款项的领款方依据各方签署完毕的《工程进度结款通知书》向和信公证处申请支取。和信公证处财务向业主自救代表小组成员进行确认,并在业主群进行公示后,将款项转移支付至相应的账户,直至本项目竣工验收完毕。

在2021年春节前,业主们如愿入住了新家。该小区业主的自救活动,在和信公证处的参与下,取得了圆满成功。基于业主们的信任以及对公证处前期工作的高度认可,该小区业主将后续缴纳的物业费、装修保证金等款项,自愿存入公证处的资金监管账户,由公证处继续进行监管,直至该小区业主委员会成立时为止。

三、典型意义

近年来,随着我国城镇化建设进程的不断推进,城市规模在急剧扩张的同时,也导致烂尾楼的问题屡见不鲜,成为了各地引发社会矛盾、破坏社会和谐的重要因由。对于烂尾楼的问题,业主们要么苦等开发企业"起死回生",继续完成楼盘建设,要么祈祷新企业的入驻,激活项目建设,又或是依靠业主积极自主进行自救,筹款完成剩余开发工作。然而,由于业主、开发企业、施工方等多方主体之间的不信任,上述工作的开展极易遭遇现实难题。此时,便可通过公证机构的介入,发挥其公信力优势,在烂尾楼处置工作的开展过程中,重新构建起彼此之间的信任机制,避免引发新的纠纷或矛盾,从而彻底解决影响社会和谐稳定的烂尾楼问题。

四、专家点评

长期以来,烂尾楼既是城市治理的"疤痕",更是无数家庭的"心病"。积极妥善处置"烂尾楼"的遗留问题,是关乎群众切身利益的民生工程。在"烂尾楼"处置的过程中,面临的最大难题就是信任缺失问题:业主不再信任开发商,业主之间也互不信任,进而导致烂尾楼的处置工作难以正常启动和有序运行。因此,构建"烂尾楼"处置中的信任机制,是有效破解"烂尾楼"处置难问题的关键所在。

作为公共法律服务的重要组成部分,公证制度凭借其证明效力、执行效力与法律行为生效要件效力,在预防纠纷和社会治理中发挥着重要作用。而公证之所以具备上述法律效力,其根本在于公证机构行使的是国家授予的专属性法定证明权,其背后承载的是"国家公信力"。正是因为有了"国家公信力"的背书,公证机构出具的公证文书才能受到社会的广泛认可。因此,公证的本质就是一种信用中介,其可以作为预防和弥补社会信用缺失的基本工具。

该案例中,各方主体之间的信任缺失是引发"烂尾楼"处置工作难以有效开展的重要原因。而通过公证机构的作用发挥,弥合了各方主体之间的信任鸿沟,为有效解决"烂尾楼"的处置问题提供了信任保障。不仅顺利解决了众多业主的"急难愁盼"问题,也彰显了公证在保障民生中的重要价值。具体而言,在案例中主要运用了公证制度的证明效力。一方面,通过对建筑工程项目已经完成的施工情况进行证据保全公证,避免前后开发商之间因为施工完成量问题再次产生争执,影响"烂尾楼"的后期施工。此外,事先固定已经完成的施工量,也可以减少后续开发商的担心和质疑,促使其顺利进行投资。另一方面,为了解决业主在自救款使用上的互不信任问题,通过办理《资金监管协议》公证,能够有效增强业主的自救决心,增进团结,共渡难关。同时,也可以借助公证人员的监管作用,保障自救款的合理与规范使用,避免再生争执。

市场经济既是法治经济,也是信用经济。作为一项预防性法律制度,公证在市场经济的发展中兼具法治保障和信用保障的重要作用,因此应当进一步推动公证体制改革,释放公证发展活力,充分发挥公证制度在经济发展中的重要作用。

案例七：为一件股权变更事项设计系列公证服务方案

湖南省长沙市长沙公证处

（案例点评人：福建省厦门市鹭江公证处　苏国强主任）

一、基本案情

2020年6月，某建筑公司的委托代理人来到长沙市长沙公证处，申请对公司股东之间通过竞价方式取得股权受让人资格的竞价会，进行现场监督公证。公证员在接待过程中了解到，该建筑公司有甲、乙、丙三位股东，甲拥有公司50%的股权，乙拥有公司40%的股权，丙拥有公司10%的股权，甲是公司的法定代表人。其中，乙、丙系父子关系，甲、乙系同学关系，合作经营该公司已有16年。近年来，甲、乙两位股东由于经营理念相悖，在经营过程中产生了一些分歧。由于甲与乙、丙两父子在公司中占有的股权比例相同，经营理念的分歧导致公司经营活动经常受阻。为此，甲、乙、丙经协商决定变更公司股权，或由甲收购乙、丙的全部股权，或由乙、丙收购甲的全部股权。但因甲、乙、丙均有意向取得公司的全部股权，彼此之间也互不相让。经协商，三股东决定采用竞价方式决定股权受让人。但三位股东也存在相应的疑虑：怎样保障竞价过程的公平？如何保证最高出价人在出价后及时支付股权转让款？如何保证相对方能配合办理股权变更登记？如何解决甲方成为受让人后，公司因只有一个自然人股东，而可能变成自然人独资企业的问题？

针对甲、乙、丙三位股东的上述顾虑，承办公证员在与三位股东反复进行沟通后，为本次股权变更设计了一系列公证方案，最终确保了这次股权变更的顺利完成。

二、公证过程及结果

首先，公证员为甲、乙、丙三位股东代书了一份《股权变更协议》，并在协议中明确了以下几点：(1)同意甲指定的一名自然人参与股权受让；(2)以公司50%的股权作为竞价标的，由甲、乙、丙进行竞价，出价高者成为股权受让人，有权受让该公司50%的股权；(3)为保证竞价过程的有序进行，明确甲与甲指定的自然人以甲为代表参加竞价，乙、丙两位股东以丙为代表参加竞价；(4)若甲竞价成功，则由甲以及其指定的自然人共同受让乙、丙两位股东在公司的50%股权，并明确其各自持股比例；若丙竞价成功，则乙、丙共同受让甲在公司的50%股权，并明确其各自持股比例；(5)在竞价前，甲、丙分别提存40万元至长沙公证处作为竞价保证金，任何一方竞价成功后放弃受让股权,则保证金作为违约金支付给相对方。且相对方有权按竞价时其最后一次报价,作为股权转让款,成为新的受让人。但如相对方亦放弃受让,则视为双方均不违约,股东可另行协商股权变更事宜;(6)最高出价人作为股权受让人,应于60天内将股权转让款提存于长沙公证处;(7)为避免股权竞价成功后,出让人不积极配合受让人办理股权变更登记手续,由甲、乙、丙三位股东先各自作为转让人办理委托书公证,委托相对方指定的自然人为代理人,配合受让人办理股权变更登记手续;(8)股权变更登记手续完成后,股权出让人有权向公证处申请领取提存的股权转让款和其原提存的竞价保证金,股权受让人有权向公证处申请受领原提存的竞价保证金。

甲、乙、丙三位股东在达成上述《股权变更协议》后,持公司股东会决议、营业执照、公司章程、竞价会流程(含竞价规则)等向公证处申办了《股权变更协议》公证以及竞价会现场监督公证。甲、丙两位竞价代表于当日分别将竞价保证金提存于公证处,并申请办理了提存公证。随后,甲、乙、丙三位股东分别办理了委托公证,委托代理人配合受让人办理股权变更登记手续,并向公证处申请对三份委托公证书进行保管。在竞价完成后,竞价成功的受让人有权在股权转让款提存于公证处后,受领相对方的委托公证书,以便办理股权变更登记手续。

在竞价会上,两名公证员出席并对竞价过程进行了现场全程监督。甲股东以高于丙股东1万元的报价成为了最高出价人,取得了股权受让人资格,并在竞价后第十日将股权转让款提存于公证处。同时,甲股东按照《股权变更协议》和委托《公证书》申办公证保管时的约定,领取了乙、丙两位股东办理股权变更的委托《公证书》,完成了相应的股权变更登记手续。丙股东按照《股权变更协议》的约定,在股权变更登记完成后,向公证处申请受领了甲作为股权受让人提存的股权转让款和丙方原提存的竞价保证金。至此,这一股权交易与变更工作圆满完成。

三、典型意义

本案中涉及的股权交易,由于各方股东均有意愿获得对方的股权,故而只能通过竞价方式来确认最终的受让人。同时,在竞价成功后,股权交易也面临着受让人是否履行支付股权转让款义务、转让人是否配合办理股权变更登记等一系列风险。公证员为解决上述问题,设计了一整套公证方案:通过代书并办理《股权变更协议》公证,明确受让人资格确定的方式;通过提存竞价保证金公证,确保竞价成功后受让人支付转让款;通过现场监督公证,保证竞价过程及结果的真实、有效;通过各股东竞价前预先办理的委托公证,并由公证处予以保管,确保受让人能顺利办理股权变更登记。本案的典型意义在于,公证员摆脱了传统的公证证明模式,将多种公证事项组合起来,形成了一整套公证法律服务方案,从而规避了股权交易的风险,保证了交易安全。公证人要学会转变传统公证思维,实现由单一的证明职能向综合性法律服务转化,以当事人的现实需求为导向,量身设计相应的公证服务方案。

四、专家点评

公证制度是我国司法制度的重要内容,公证服务是公共法律服务体系的重要组成部分。公证所具有的"销恶于未萌、弥祸于未形"的纠纷预防作用,决定了其在维护社会和谐稳定、推进社会治理创新等方面能发挥巨大的价值。然而,因长期以来受公证"唯证明论"思维的禁锢,以及对公证职能片面化认识的影响,许多公证机构和公证人员将公证直接等同于"证明活动"。因此,实践中出现了不少"拿证来证、坐堂办证""单点收费、单点证明"的现象,公证员未能真正站在当事人角度,并运用法律人的智慧,提出能够解决实际问题的综合性服务方案。这使得公证职能的发挥,在较大程度上滞后于社会发展对公证的需求,影响了当事人对公证的体验感和获得感,并削弱了公证制度在整个社会治理体系中的角色功能。

上述公证案例中,承办公证员能够围绕股权交易的业务流程与操作风险,将协议公证、提存公证、委托公证、现场监督公证、保管等多种公证服务方式组合起来,为当事人设计一整套公证服务方案,保证了股权交易过程的安全,实现了当事人的交易目的。这一案例充分彰显了公证综合服务职能在民商事领域内的重要作用。一方面,本案为整个行业探索股权交易环节的公证法律服务方案,提供了具体案例参考;另一方面,也为公证机构和公证人员指明了公证的未来发展方向,即摆脱公证"证明论"的桎梏,提高专业化、综合化的公证服务能力,从当事人的目的需求与权益保障出发,量身设计公证服务方案,发挥公证制度的组合优势,展现公证的服务特色。

案例八：公证参与深圳市罗湖"二线插花地"棚户区改造项目

广东省深圳市罗湖公证处

（案例点评人：中国公证协会副会长、北京市长安公证处　周志扬主任）

一、基本案情

2016年12月20日，有着"中国棚改第一难"之称的罗湖"二线插花地"棚户区改造项目正式拉开序幕。2017年12月28日，项目正式开工，全面进入规划建设阶段。罗湖"二线插花地"棚改项目占地62万平方米，建筑面积达138万平方米，楼宇1347栋，涉及业主8300多户，居住人员9.3万人，经营性门店1133家。面对棚改面积之大、房屋权属之乱、人员群体之杂、安全隐患之重等现实挑战，如何在保障业主权益的基础上推动项目的顺利开展，这无疑是一个艰巨的任务。广东省深圳市罗湖公证处不负党委政府的重托和群众的期待，历经1387天的艰苦奋战，用公证法律服务助力改造项目圆满完成，全程做到工作"零缝隙"、服务"零投诉"。

二、公证过程及结果

第一阶段，前期拆迁阶段：拆迁之前，由项目工作人员负责与业主谈判并签约。在业主交房之时，罗湖公证处要求业主签署《放弃被拆迁房屋剩余物品声明书》，声明已搬离所有物品，剩余的物品为遗弃物，避免日后产生纠纷。在拆迁过程中，罗湖公证处派出公证人员参与现场监督并全程录像。

第二阶段，房屋回迁前期准备阶段：房屋回迁前期准备阶段长达11个月，主要涉及委托、继承、声明、证据保全、海外人员在外国公证的指导、协议公证、监护等事项。受疫情影响，大多数业主在海外无法回国，当地使领馆也多处于关闭状态，业主们十分担心无法顺利选房。对此，罗湖公证处在深圳公证协会的指导下，通过"线下签字（捺指模）＋线上签字＋邮寄文件"形式，进行海外视频委托公证，切实解决业主的燃眉之急。

另外，部分业主在回迁的过程中不幸去世，如此便涉及财产继承的问题。公证员办理继承公证主要分三步走：第一步，向申请人了解情况。在继承人通过前台、电话、微信方式咨询公证人员之时，公证人员会详细记录继承人陈述的家庭情况，并了解清楚是否有人放弃继承；第二步，确定财产范围。公证员在这一环节面临一个现实难题：改造项目涉及大量无产权证的房屋，且标的物已被拆除，这些遗产在法律上怎么定性？经过公证处集体讨论，最终将这些遗产界定为拆迁合同项下合同权益。如此既符合现行法律的规定，也保障了当事人的权益；第三步，办理继承公证。对于继承人提交的证明材料，公证员通过函件或电话等形式向有关部门逐一核实。对于继承人无法提供的材料，公证员会主动向被继承人户籍地或居住地的社区、单位、派出所、民政局或者其他亲属调查核实被继承人的家庭情况并记录在案。

第三阶段，回迁选房阶段：回迁安置房共计1.2万套，且根据区政府的指导意见，选房工作需在10日内完成。基于"先交房、先选房"的基本规则，相关会议讨论并制定了相应的选房方案：采用计算机选房模式，顺序在前的选房人可以优先在后的选房人20秒。为了保证选房过程的公开公正性，由第三方公司对选房系统进行安全性检测，并对已选房源及时进行销控。

三、典型意义

本案的典型意义主要体现在：第一，作为"中国棚改第一难"的罗湖"二线插花地"棚户区改造项目属于政府民生项目，其涉及的人员数量庞大、改造面积巨大、公证事项繁杂，罗湖公证处勇于担当，充分履行公证职能，积极为政府民生项目建设贡献力量；第二，通过公证处的介入，有效预防改造项目实施过程中发生新的纠纷，降低纠纷化解的成本；第三，本案中涉及的公证业务数量较大，时间较为紧迫，公证处以其优质高效的公证法律服务，赢得了大家的高度认可，实现了全流程的服务"零投诉"；第四，公证员在办证过程中，以业主的切实利益为出发点，积极维护业主的合法权益，解决业主的燃眉之急，让业主早日住上心仪的新房。

四、专家点评

随着社会经济的快速发展，人民群众对改善居住环境的需求越来越高。棚户区改造成为提升城市环境的一个重要举措。深圳市罗湖"二线插花地"棚户区改造项目被誉为"中国棚改第一难"，其棚改项目占地62万平方米，建筑面积达138万平方米，楼宇1347栋，涉及业主8300多户，居住人员9.3万人，经营性门店1133家。这一棚户区改造项目，一头连着千家万户的民生福祉，一头关系着城市的发展建设。能否保障项目的顺利推进，切实维护广大业主的合法权益，不仅考验着罗湖公证处服务当地党委政府重点工程项目的法律业务水平，更直接检验着公证员服务广大人民群众的执业能力和法律素养。

毋庸置疑，面对棚改面积之大、房屋权属之乱、人员群体之杂、安全隐患之重的严峻挑战，罗湖公证处给当地党委政府和人民群众交上了一份亮眼的答卷。通过1387天的艰苦奋战，深圳市罗湖"二线插花地"棚户区改造项目1.2万套回迁房选房活动取得圆满成功,并在数量如此庞大且繁杂的公证业务中做到了服务"零投诉",的确难能可贵。无论是在前期拆迁阶段,公证员参与现场监督并全程录像,还是启动海外视频委托程序,解决业主的燃眉之急;无论是部分业主在回迁过程中去世,公证员贴心办理继承公证,还是在回迁房选房阶段,采用电脑选房并提供公正高效的公证服务,每一份出具的公证书都代表着公证员对法律事实真实性和合法性的审查,彰显了法律的公平与正义,都折射出公证员"坚守法治、精通法律、恪守诚信"的专业素养,真正发挥了公证机构"预防纠纷,减少诉讼,维护当事人合法权益"的职能作用。

深入剖析这起公证典型案例,我们不难发现,罗湖公证处坚持以事实为根据,以法律为准绳,严格遵守公证法律程序,是成功破解"中国棚改第一难"的重要内核;罗湖公证处践行"以人民为中心"的发展思想、为群众提供优质、高效、便捷的公证法律服务,是成功破解"中国棚改第一难"的重要抓手;公证员迎难而上,加班加点履职的敬业精神,是成功破解"中国棚改第一难"的重要保障。

古语云:"天下事有难易乎?为之,则难者亦易矣;不为,则易者亦难矣。"正是罗湖公证处这种用真情服务大局、用热情服务民生、用温情服务百姓的担当有为,以"公正"诠释"公证",才最终啃下这块"硬骨头"。

案例九：公证调解＋赋强公证护航劳动者讨薪

四川省成都市国力公证处

（案例点评人：司法部公共法律服务管理局　施汉生副局长）

一、基本案情

2020年3月2日，四川省成都市国力公证处接待了前来咨询的胡先生。胡先生自称是17名讨薪劳动者的代表，专门负责对接向四川某房地产开发公司讨薪事宜。经过充分沟通与交流，公证员了解到胡先生及所代表的17名劳动者为四川某房地产开发公司员工，双方签订了《劳动合同》。从2017年2月起，该房地产公司以公司经营困难为由欠付其劳动报酬，且多次协商未果。2019年11月22日，该18名劳动者向成都市某区劳动人事争议仲裁委员会提出了劳动仲裁申请。仲裁委员会在查明相关事实后，却以劳动者与用人单位都认可欠付的劳动报酬金额，事实上无争议为由，而不予仲裁裁决。此后，该18名劳动者集体讨薪之路陷入僵局，加上新冠疫情的影响，部分劳动者家庭经济困难，难以维持生计。

二、公证过程及结果

公证员在厘清相关法律关系以后，向胡先生提出了相应的法律建议：由于房地产开发公司与18名劳动者之间关于欠付的劳动报酬金额并无争议，可由公证处对双方进行调解，组织达成欠付劳动报酬协议书，并赋予债权文书强制执行效力。在得到胡先生的同意后，公证员以电话方式联系了房地产开发公司法定代表人。在获悉公证员的致电来意后，对方表示并非不愿意支付拖欠的劳动报酬，而是企业资金周转出现困难，有一大笔款项被冻结。同时，对方表示愿意接受公证调解，达成欠付劳动报酬协议书，承诺在一个月内支付劳动报酬，并同意赋予债权文书强制执行效力。

急事急办，特事特办，为避免错过时机，公证员告知胡先生立即电话询问另外17名劳动者的调解意愿。考虑到疫情防控需求，公证员建议有意向调解的劳动者分批次分时段来公证处接受公证调解。公证员则按照预先沟通的方案，组织双方达成调解协议，草拟欠付劳动报酬协议书，并对双方签订的协议书办理赋予强制执行效力公证。至此，18名劳动者集体讨薪之路迎来崭新局面。公证处考虑到18名劳动者的家庭经济情况，为其减免了公证费，解民之难。

三、典型意义

近年来,部分行业中欠薪讨薪、侵犯劳动者权益的问题时有发生,劳动者讨薪问题已成为社会治理的一大难点。由于劳动者群体的法律意识薄弱,申诉维权成本较高,取证困难,劳动者讨薪很容易引发暴力讨薪等影响社会和谐稳定的事件,不利于社会的安定团结。公证以国家与社会公信力为承载,公证法律服务在助力解决劳动者欠薪问题上具有特定的优势,有助于降低维权成本,减轻欠薪讨薪问题给社会和谐所带来的创伤,切实为民解忧。

在本案中,国力公证处打出了公证调解+赋强公证、执行证书+"一站式"司法辅助平台的公证法律服务组合拳,让劳动者讨薪的荆棘之路变成坦途。首先,通过公证调解,减少企业、劳动者群体之间的针锋相对,进而达成签订欠付劳动报酬协议书的一致意见;其次,通过赋予强制执行效力的债权文书公证,提高维权案件执行力,确保欠付劳动报酬协议书的切实履行;最后,借助公证参与法院司法辅助事务的优势,依托公证机构与法院建立的沟通协调机制,帮助劳动者向法院代为申请执行,提高维权案件执行效率。

四、专家点评

公证作为重要的预防性法律制度,在国家治理体系中发挥着独特且不可替代的作用。公证不仅可以从源头上预防纠纷,将矛盾化解在萌芽状态,推动纠纷治理端口前移,还可通过公证调解、赋强公证等制度或机制,深度参与事后的纠纷化解,以此全方位、全流程地推动纠纷诉源治理,促进社会和谐,提升社会治理效能,减轻法院负担,降低司法成本。公证制度的这一独特功能,在本案中得到了充分彰显。

第一,发挥公证调解优势,搭建纠纷双方的沟通桥梁。在本案中,公证员详细了解案件情况之后,积极联系双方当事人,开展公证调解,促成双方当事人达成劳动报酬协议书。这一方式成功打破了案件僵局,缓和了双方当事人之间的对抗情绪,防止矛盾纠纷的进一步升级恶化,避免因处理不当而引发暴力讨薪、聚众闹事等社会问题,影响社会和谐稳定。

第二,巧用赋强公证制度,降低矛盾纠纷的治理成本。在双方当事人达成协议之后,公证员依申请为其办理了赋强公证,赋予了债权文书强制执行效力。这一公证业务通过执行效力的预先确认,减少了协议履行中的违约风险,降低了劳动者的维权成本,解决了劳动者的后顾之忧,实现了从纠纷预防到化解的全流程治理。

第三,体现公证为民理念,提升公证机构的服务能力。在本案的处理过程中,公证员坚持公证为民的服务理念,解民之所忧,办民之所需,从民众最迫切的现实需求出发,优化公证法律服务,推动纠纷矛盾的完美化解。由于疫情等客观原因,公证机构采取了"急事急办、特事特办"的做法,让双方当事人及时有效地达成了协议。同时,公证机构考虑到本案劳动者的家庭经济情况,减免了部分公证费用。为保障经过赋强公证的劳动报酬协议能够得到有效执行,公证员更是积极帮助劳动者与法院进行沟通,甚至直接代为办理相关事项。这一系列的举措,都体现出了以人民为中心的公证服务理念,真正达到了以提升人民群众的获得感、幸福感、安全感为公证法律服务的基本要求,同时也彰显了公证法律服务工作者的社会责任担当。

综上,本案公证法律服务工作者在工作岗位中对习近平总书记关于"切实实现好、维护好、发展好劳动者合法权益""加强诉源治理,把非诉讼纠纷解决机制挺在前面""完善预防性法律制度"重要指示精神以行动进行了生动的诠释。

案例十：杭州互联网公证处创新模式介入慈善捐赠

浙江省杭州市杭州互联网公证处

（案例点评人：中国政法大学法学院，公证法学研究中心主任　马宏俊教授）

一、基本案情

2020年初，新冠疫情席卷全国，口罩、消毒用品、防护衣等物资短缺成为抗疫工作面临的重大难题，而来自社会的慈善捐赠在一定程度上缓解了这一现实压力。2月10日，杭州互联网公证处参与合作并提供公证法律服务的慈善捐赠溯源平台"善踪"正式上线。该平台由杭州趣链科技有限公司开发和提供技术支持，中国雄安集团数字城市公司负责业务运营。平台运用"区块链技术＋互联网公证"手段，通过物资流转重点环节上链并进行公证，让慈善物资流转流程公开透明，让捐赠行为更加真实、可信。

"2020年2月29日14时50分7秒，杭州互联网公证处接收到趣链区块链节点新增存证事务验证申请……"，北京某公益基金会捐赠紧缺物资225万片消毒片并存证到杭州互联网公证处参与建设并提供服务的"善踪"平台，数秒之后，受赠方雄安新区某社会服务中心便收到了来自杭州互联网公证处出具的存证证明——"善踪"平台电子存证证明。这份PDF形式的文件上面，记录着申请时间、存证账户、存证主体和交易哈希值等关键信息。对于雄安新区某社会服务中心而言，它不仅将这条信息公示在了善踪平台上，还获得了第三方权威机构杭州互联网公证处颁发的存证证明，有效地保证了捐赠的真实性和透明度，对于这样的效果，捐赠双方均表示非常满意。

二、公证过程及结果

第一，平台用户身份审核。为确保发布慈善捐赠及捐赠需求的主体真实、可靠，"善踪"平台对用户身份进行了严格审核。个人用户要求提供姓名、身份证号、手机号、银行卡号、ORC信息以及身份证正反面照片等信息，企业用户要求提供企业名称、经营地点、企业电话、营业执照、组织机构代码证和税务登记证等信息。

第二，慈善物资流转情况公示。"善踪"平台与物流公司合作，实现物资物流状态实时同步，保障物资运输情况可查，并对捐赠物资情况运输、仓储、发放情况进行更新公示，真正做到慈善物资流转情况全透明。

第三，捐赠公示信息存证证明。捐赠方将捐赠信息同步上传至杭州互联网公证处位于区块链的节点处,并通过申请出具存证证明的方式,对存证信息进行在线校验,进一步保障捐赠公示信息上链内容的不可篡改性。

第四,捐赠意思表示固定。捐赠方及受赠方可通过平台提供物资捐赠的相关证明材料(如汇款凭证、物流凭证、慈善捐赠接收证明等),并通过在线签署的方式表达赠与、受赠的意思表示,杭州互联网公证处将对其意思表示进行监督并实时上链。

第五,全流程保全证据方式。杭州互联网公证处通过保全证据的方式,对捐赠方公示的捐赠物资物流、物流凭证、慈善捐赠接收证明等信息进行存证,并出具相应凭证,对捐赠物资流转的相关凭证进行保全。公证处根据储存在区块链节点中的信息,生成PDF格式的捐赠电子存证证明,用户也可自行下载。捐赠电子存证证明作为数据存证凭证,在后续出现问题或产生纠纷时,可作为申请公证书的证明材料,并通过公证书的证据效力在诉讼中发挥作用。

当前,杭州互联网公证处通过"善踪"平台办理的案件已有600余件,且全部免费提供公证法律服务。

三、典型意义

"善踪"是国内首个兼具"区块链技术"和"互联网公证"功能的慈善捐赠溯源平台。"善踪"平台将基于区块链的"技术信任力"与公证机构的"法律公信力"相结合,建立了慈善组织、主管机构、公众(包括捐赠人、受助人)、舆论媒体或司法机关等多元共治监督机制。该平台解决了公益慈善捐赠的供给方与需求方之间信息精准匹配的难题,区块链的运用实现从发布捐赠需求到接收捐赠全流程的可追溯性,提高了资源分配效率,保证了信息的真实可靠。通过公证赋能与技术力量的双重信任机制,可以确保捐赠物资流转全程透明、可查与各个环节的留痕,进而在防疫工作中贡献公证力量。

"善踪"平台利用联盟区块链网络,为本次疫情中慈善捐赠提供全链路可信、高效的解决方案。需求方拥有方便快捷的平台发布捐赠的需求信息,捐赠方也能够通过该平台顺利完成物资捐赠,并确保受捐方能及时收到捐赠物资,人民群众能看见并监督捐赠的全流程,让每一笔捐赠都能找到落脚点,从而进一步提升社会对慈善事业的信任度。这不仅是对捐赠双方权益的保障,更是慈善捐赠体系治理能力的提升。

杭州互联网公证处针对慈善捐赠以及抗击疫情中"需求难发声、捐赠难到位、群众难相信"的三大难题,提供全链路可信高效的解决方案,为社会各界提供全流程公开可查、可追溯、可反馈的监管途径,展现出杭州互联网公证处的责任与担当。

四、专家点评

市场经济的核心是诚信,诚信不仅要在长期的交易习惯中形成,还需要现代法律制度的保护。公证就是保障市场经济有序运作的最为经济、便捷的法律制度,这已经被拉丁公证法律制度的长期实践所证明。杭州互联网公证处的设立与运作,体现了中国公证人与时俱进、开拓创新的改革精神。近年来,公证行业紧跟时代科技脉搏,自发推出的区块链公证服务,用实际行动探索现代社会条件下的新型公证模式,对保障市场交易的安全,完善国家立法,建设法治社会具有重要意义。

互联网公证的对象究竟是什么?需要我们专业人士密切关注,不能让专业人士的专业行为和专业判断与社会公众的理解和认知产生偏差,那不利于我们的制度建设。区块链的公开透明和信息不得更改删除的特点,增加了各节点信息的真实性和透明度,那么公证应当如何实现对信息的全流程监督?社会迫切需要的是由公证机构对于上链信息和线下法律行为实施的真实性、合法性进行证明,尤其是证明实际履行和信息所载内容的一致性。我们更为关注互联网公证书中所证明的内容。如果互联网公证仅仅是证明上链信息的真实性,那么该公证的社会价值不大;如果互联网公证能够对于区块链两端的法律行为的真实性、合法性进行审查核实,则解决了互联网世界的一大难题,两者相得益彰,必然会产生巨大的社会效益和经济效益,也凸显了公证法律制度保障交易安全的重要作用。期待公证同仁能够勇于探索,总结创新,制定出具有规范性的互联网公证程序规则,把"互联网＋公证"的社会价值充分发挥出来。

公证的时间节点和对象是出具公证书非常重要的因素,模糊不清就容易导致对公证法律行为作出错误评价。互联网公证是不是仅仅就是对链上的信息流程进行全过程监督?互联网公证究竟是要证明什么?互联网公证所指向的民事法律关系又是什么?互联网公证主体包括哪些?这些都需要我们在公证实践中进行总结,通过规范性文件或行业规则来明确,至少能够形成一个可以遵照执行的行业标准。向公证行业勇于探索改革的先行者致敬!

下篇 域外公证改革的比较与启示

法国公证的历史、现状和未来

[法]奥利维耶·威克斯著　蔡勇编译*

　　自从诞生文字以来,人们就面临着确认文书真实性的问题。如何认定法律文书上签名的真伪?如果契约人没有书写能力,如何保证文书内容体现了缔约人的真实意愿?求助第三方作证来解决这个难题,会导致另一个困难:第三方的参与赋予了文书何种证明力?公证制度解决了以上全部问题,但在不同历史时期及不同地理区域,公证文书的受理方式及其证明力也在不断演变。必须承认,具有千年历史的公证制度如今已深深扎根于法国社会。公证制度在无数次历史动荡中安然无恙地存续下来:首先是法国大革命扫除了旧制度(从 1589 年到 1789 年的波旁王朝)的大部分机制,后来是蔓延到法国本土的两次世界大战,以及 1929 年的经济危机,还有 2007 年和 2008 年因美国次贷危机引发的全球金融风暴。毫无疑问,这都归功于法国公证为人民提供了有用的服务和法律安全保障,以及公证行业本身极为有效的组织机制。

　　2015 年,时任经济部长、现总统马克龙提交的《促进经济活动和经济增长法》(2015 年 8 月 6 日法律,又称《马克龙法》)对法国公证进行了重大改革。从该法实施至今不到 7 年的时间里,自由职业者身份的法国公证人数量翻了一番。因为改革带来的行业发展,法国公证人数量现已占到欧盟公证人总量的 30% 以上,要知道在欧盟 27 个国家中,有 22 个国家采用了大陆法系公证制度。公证制度的韧性和与时俱进的适应能力使其充满生机,让我们能够平静、乐观地展望它的未来,因为我们要应对的挑战实在令人眼花缭乱,尤其是人工智能在内的新技术所带来的

---

* 本文作者:奥利维耶·威克,法国公证人高等理事会中国事务代表,法国公证人联络大会第二副主席,法国公证人高等理事会法律研究所成员,上莱茵省公证人公会名誉主席。蔡勇,四川省成都市律政公证处公证员,司法部公证理论研究与人才培训基地研究员。

挑战。德国哲学家莱布尼茨指出："现在的枝，花开在未来，而根在过去。"无论是过去、现在还是未来，法国公证始终处于公民生活的中心，它通过保障合同的平衡来保护公民，而这种平衡在中国哲学和良好和谐的社会关系中是如此的弥足珍贵。

下面我们一起来探讨法国公证的历史、现状和未来。

一、法国公证的历史演变

试图在一篇文章里阐明法律文书几千年的历史和巨大差异，这是不可能的任务。在此，我们仅对法国公证的主要历史进程和最具象征意义的里程碑事件进行介绍。

（一）从代书人到达比伦，从法官到公证人

在所有具有成文法传统的国家，少数受过良好教育的人通常会被委以替民众书写契约的任务，法国亦不例外。然而，罗马法对法国法律的影响，尤其是对旧制度时期法律的影响是非常强烈的。在中世纪，公证人的职能被一分为二，其中被称为"cursores"或"notarii"的代书人起草文书，而达比伦（tabellion）则负责保存公证文书正本并制发副本。其时的达比伦，源自查士丁尼大帝统治时期罗马法里的Tabelliones。这种状况持续了很长时间。

现在的法国公证制度起源于中世纪。它在加洛林王朝末期（约公元990年）在意大利诞生，然后在12世纪传播到法国南部。从中世纪直至现代历史之前，随着王权的确立，公证制度也获得不断发展。[1] 1270年，法国国王路易九世在巴黎任命了60名公证人，他们在司法驻地夏特莱宫以公证人的名义替私人起草契约，且无需法官在场，[2]但是公证文书必须由司法官员加盖印章后才能成立。因此，公证在很长一段时间都属于司法机关的特权。

公证制度是在非讼司法程序的推动下诞生的。11世纪左右，意大利北部的公共代书人逐渐从法院脱离出来，他们独立制作的文书被法律学说视为等同于法官的文书。同一时期，在法国北部，"教会法庭在私人契约上用印，从而推动了非讼司法程序的发展"。[3] 文书制作人求助辖区法院，在私文书上使用法院印章，从而转化为公文书，这种现象在当时非常普遍。有学者认为这是公证人行使的司法权。然而，当时法国北部和南部的公证制度存在着很大差异。在王国北部，公证人制作文书必须求助于法院印章；而在南部，公证人自己在文书上签名后文书即告做成，而不再依附于法院。众所周知，当时法国南北方的法律传统是不同的：南部受成

---

[1] N. L. Bonne. L'avenir du notariat est-il dans son histoire?, Dalloz 2014.1771.
[2] S. Ferre-Andre, J-Y Camoz, Le notaire, Dalloz Spécial Concours 3e ed. 2020, p23.
[3] 同上。

文法影响更深,因此其时的公证制度更接近意大利公证;而北方则属于习惯法传统,因此其公证制度也与南方有所不同。

法国国王对公证文书的制作进行了规范。1539 年,佛朗索瓦一世颁布维勒—科特莱法令,规定公证文书必须使用法文,而在此之前公证文书是使用拉丁文制作的。质疑公证文书,相当于质疑法院判决,需适用对法院判决进行抗辩的相同程序。由此,公证人制作的文书被视为公共文书,即公文书(acte authentique)。从 16 世纪开始,公民生活中的某些重要行为(婚约、抵押、赠与)必须采取公证形式才有效。

公证人的地位根据任命机关而有所不同。如果是国王任命,则享有王室公证人的头衔,如果是封建领主任命,则拥有领主公证人的头衔。在中世纪,教会扮演了极为重要的角色,在很大程度上控制了文化教育并引导人们的精神生活,教会任命的公证人被称为教会公证人。路易十四(太阳王)着手对各类公证人进行了统一,但是最终的统一在法国大革命期间才得以实现。

(二)具有公务员身份的公职人员

在旧制度时期,司法体系的所有职位都是官职,但律师除外。"官职"意味着司法人员是其职位的所有人。司法官职由国王或封建领主进行出售,持有人可进行转让。这种旧制度下的司法"官职买卖"的制度,在法国大革命期间被1789年8月5日至11日法令所废除,公证人的身份转变为公务员。这一改革是在痛苦中进行的:公证人获得的补偿不足以弥补损失,公证人的入职考试因候选人数量不足而变得棘手。尽管公证职能因公证人身份变化而发生了剧变,但是公证人仍然是没有被法国大革命摧毁的极少数行业之一,因为革命者认为公证制度对新的社会秩序至关重要。由此,诞生了法国公证的基本法——《公证组织法》(即共和历 11 年风月 25 日法律,又称《风月法》)。

(三)风月法

提到《风月法》,人们马上会联想到这部法律的报告人——参事雷亚尔,因为他对公证职能的定义至今仍被奉为经典。在共和历 11 年风月 25 日(1803 年 3 月 16 日)法律的立法报告中,雷亚尔进行了以下阐述:

"在调解或裁决纠纷的公务人员之外,社会安宁呼唤其他公务人员,他们是当事人无私的顾问,是他们意愿的公正的起草人,他们向缔约人阐明其全部的责任范围,清晰地书写契约人的承诺,赋予其公文书的性质和终审判决的效力,他们让当事人的记忆永恒,忠实地保管客户的资金和文档,防止纠纷产生于诚信者之间,消除贪婪者期待成功制造不公平争端的欲望。这些无私的顾问,这些公正的文书起草人,这些迫使缔约人恪守契约的志愿法官,就是公证人;这种机制,就是公证制度。"

《风月法》明确了"所有公证文书均具有司法证明力,并且在共和国全境具有执行效力"的原则。但是,公证人受到地域管辖权的限制,当时的公证文书如果在公证人所属司法管辖区以外使用,必须办理法官的确认手续。

《风月法》规定必须对公证文书进行存档并编制目录册,规定了与公证人不得兼任其他法律职业(司法官、书记员、司法执达员等)。

该法律还规定公证人在被请求提供公证服务时,不得拒绝服务。"(公证人)必须在当事人申请时提供服务",这一规则类似于法官不得拒绝审判的义务。

直到今天,《风月法》仍在实行,但69条原文中仅剩5条只字未变。

(四)公证制度对社会变革的适应,公证人职位有偿转让的重新引入

在《风月法》之后,相继又进行了几项重要的公证立法改革,通常是由战争引起的,但工业社会带来的经济发展也是引发改革的原因。例如,从拿破仑一世复辟到1815年7月第二次退位的"百日王朝",这个灾难事件导致公证人职位有偿转让被重新引入。由于政府大大增加了公证人缴纳的保证金数额,用以支付战争费用,因此政府在1816年4月28日的财政法案中重新赋予公证人向其继任者收取费用的权利。

工业革命是公证改革的另一个源头。其时,银行网络尚不发达,但工业革命已经使金融活动得以长足发展。公证人负责办理抵押借贷业务,促进了农业、工业、手工业等许多领域的发展。但这项公证活动的监管仍然有所欠缺。

在此期间,公证人的身份地位被多次讨论,一些人呼吁废除公证职位的有偿转让制度,让公证人重返公务员队伍,另一些人则要求维持现状。公证人事务所的数量也有所减少,主要是因为大量农村人口向城市迁移所致。社会关系变得更加复杂,特别是法律层面更是如此。这些因素促成了对公证人进行更好的培训、更规范的监管和对行业内部组织进行优化,并通过两部重要法律得以实施,即1941年6月16日法律和1945年11月2日法令。

(五)1941年6月16日法律和1945年11月2日法令

1941年6月16日法律将每个上诉法院辖区的省级公证人公会联合起来,组建了大区公证人理事会,并在国家层面设立了公证人高等理事会。

1945年11月2日关于公证地位的第45-2590号法令对公证人的地位进行了重新审视。该法令第1条对公证人进行了定义:"公证人是公务助理人员,其设立旨在受理当事人应当或自愿获得公权文书之真实性的所有行为和契约,并确定其日期,负责其保存,发放执行副本和文书副本。"该法条用"公务助理人员"(officier public)这个术语替代了1803年《风月法》第1条公证人定义中的"公务员"

(fonctionnaire)的提法,后者被就此抛弃。

该法令对公证人的行业组织进行了重构:每个省均设立公证人公会,每个上诉法院辖区设立一个大区公证人理事会,而对应司法部长的则是法国公证人高等理事会(第2条)。各级公证人组织均设有一个混合委员会,由相等人数的公证人和雇员组成。

第二次世界大战后,就公证地位的问题开展过几次重要讨论,特别是在1960年的Armand-Rueff报告中,建议公证人必须具有法律学位,并在扩张的城市增加新的公证人事务所。

(六)1973年7月5日政令

该政令对公证人的培训及其雇员的培训进行了区分。想获取公证人职位,必须先获得等同于目前法国硕士1年级的文凭(即本科3年+硕士1年的法律学历)。[①] 然后可以在公证职业培训中心或大学继续学习,并获取公证人高等文凭。至于公证人的雇员,1973年政令规定他们须在公证学校学习。2007年8月20日政令对公证人雇员的学历教育进行了改革,将其纳入欧洲高等教育体系(学士、硕士、博士),以满足公证人事务所不断变化的需求。2007年政令以公证职业学院取代了之前的公证学校。

从以上简短的历史回顾中,我们知道了公证制度已经在法国存在了千年以上,尽管公证人的身份历经演变,但是自中世纪起,公证文书已经获得了公文书的地位,公证人亦成为公文书的制作人。法国公证历经重大社会动荡的洗礼并得以延续,是因为它对公民的保护有益。法国公证的现有地位,使它已经能够顺应时势,持续地满足国家的需要,成为法律体系中坚实而重要的支柱,并在司法机关和公民之间发挥桥梁作用。

二、法国公证的现状

我们可以从几个方面来描述法国公证的现状:公证人的准入机制和任职规则,公证人的执业形式,行业组织,公证人的责任以及一些特殊情形。

(一)公证人的准入条件

1973年7月5日关于公证职业培训和公证人准入条件的第73-609号政令规定了公证人的任命条件。其中规定,"不符合下列条件者,不能成为公证人":

1. 具有法国国籍,或者具有欧盟其他成员国的国籍,或者具有欧洲经济区协

---

① 译注:法国的大学教育学制比较特殊,本科学士的学制为3年,硕士文凭分为1年级和2年级两个阶段。

议其他缔约国的国籍。

2. 未有违背荣誉、正直或良好道德的行为。

3. 未有以下情形：已自然退休；没有受到过罢免、除名、撤职、撤回任命等纪律处分或行政处分。

4. 未有个人破产情形或《商法典》第 L.653-8 条规定的禁止性情形（不得兼任商业企业、手工业实体或法人的负责人、管理者或控制人）。

5. 持有公证人职业文凭（职业培训途径获取）或公证人高级文凭（大学培训途径）。

如今，获得公证人文凭的途径有两种：职业途径和大学途径。

2013年3月13日政令规定，职业培训路径向持有法学、经济学或管理学硕士2年级文凭的毕业生开放（本科3年＋硕士2年）。经考核录取后，需参加由公证职业培训中心组织的30个月的实务培训，在培训中心和公证人事务所交替进行。至于大学培训途径，则只招收公证法硕士2年级文凭的毕业生，录取后进行为期24个月的培训，在大学和公证人事务所交替进行。完成上述两种培训后，需提交合格的实习报告方能获得公证人职业文凭或公证人高级文凭。目前，有关方面正在思考是否对成为公证人的这两条培训途径进行改革。

当然，还存在着一些成为公证人的特殊途径。持有公证人首席书记员头衔者，或者持有公证人雇员职业文凭6年以上并在公证行业工作满9年者，可以通过参加专业技能考试成为公证人（1973年12月5日政令第7条）。公证人雇员如果持有法学硕士文凭满4年，则其在公证行业工作年限的要求可缩短至7年。

此外，1973年7月5日政令第4条规定某些人员无须取得公证人文凭也可担任公证人，包括：最高行政法院和审计法院的法官和原法官，行政法院和行政上诉法院的法官，司法法院的法官和原法官；法学或经济学的教授、前教授或副教授；原大学讲师，在获得博士学位后至少从事过5年法学教学工作；曾在最高法院和最高行政法院任职律师至少2年的；曾经担任律师至少2年的；曾经担任诉讼代理人至少2年的；在行政机关或公共服务部门从事法律或税务工作并担任至少5年的A类公务员；曾经担任破产债权人司法代表、司法管理人、司法代理人以及清算人至少2年的；曾经担任司法执达员和商事法庭书记员至少5年的。但是，上述人员必须在公证人事务所从事一段时间的公证实务工作，并在必要时进行职业技能考试。以上特殊途径也对欧盟地区的某些法律人士开放。

（二）任职规则

公证人由司法部长任命，不能随意到他们想去的地方任职（数量管控）。

但是，2015年8月6日第2015-990号法律（《马克龙法》）修改了公证人的任职规则。自该法实施以来,在"设立公证人职位有助于更贴近民众或加强公证服务"的地区,放宽了公证人职位的设置规则。2016年2月26日第2016-216号政令制定了具体办法,由法国竞争管理局绘制了新设公证人职位的区域图。根据为实施2015年8月6日第2015-990号法律第52条而颁布的2016年9月16日政令,划定了247个被称为"自由任职"的区域和60个管控区域。首个区域规划图的施行期为两年,此后进行了调整。

(三)公证人的执业形式

公证人的执业方式发生了很大变化。在很长一段时间内,公证人在其雇员、书记员和秘书的辅助下以个人自由职业者的形式执业,是个人公证人事务所的持有人。从1960年起至今,公证人除了以个人形式执业(个人公证人事务所)外,还可以以公司形式执业,由公司持有公证人事务所,而公证人则是公司的合伙人。从2016年起,一家公司可以持有一家或多家公证人事务所,公司的合伙公证人在公司持有的其中一家公证人事务所执业。

无论在何种形式的公司执业,公证人均需对其执业行为承担无限责任,没有任何区别。每名合伙公证人均以其全部财产对其执业过错行为造成的损害负责,而公司需承担连带责任。在有限责任类型的合伙公司中,合伙人仅以其出资为限,对其他合伙公证人造成的损害承担连带责任;而在无限责任类型的合伙公司中,合伙人以其全部财产,按照出资比例对公司债务承担无限责任。

目前,最主要的公司类型是民事职业公司(SCP)和自由执业公司(SEL)。

1966年7月24日法律设立了民事职业公司(SCP),由民事职业公司持有公证人事务所,而公证人则是公司的合伙人,公司必须至少有2名合伙人。合伙公证人对自己执业行为造成的损失承担无限责任;合伙人以其全部财产对公司债务承担无限责任,但以其出资比例的债务为限(按份无限责任)。截至2017年6月30日,在以公司形式执业的公证人中,民事职业公司占到了总数的83%。[①]

1990年12月31日法律又设立了自由执业公司(SEL),该类型公司被细分为自由执业有限责任公司(缩写:SELARL,最少需要两名合伙人,但也有单一合伙人类型的SELARL)、自由执业股份有限公司(缩写:SELAFA,至少三名合伙人)、自由执业简易股份公司(SELAS,最少一名合伙人)、自由执业股份有限公司(缩写:SELCA,最少四个合伙人)。

除了上述由公证人合伙的公司类型,2001年12月11日法律还设立了自由职业金融参股公司(缩写:SPFPL),后来2011年3月28日法律又对其进行了补充,

---

① [法]雅安·瑞多:《公证行业的执业结构》,载上海中法公证法律交流培训中心《通讯》第63期,第2页。

允许此类公司持有某一自由职业的自由执业公司的股份,但金融参股公司不能直接从事该行业。

1990年12月31日法律还设立了授薪公证人。公证人文凭持有者为了跨入公证人行列,可以被公证人事务所招聘为授薪公证人。授薪公证人享有全部执业权限,但在身份上与其雇主具有从属关系,与雇主签订劳动合同并领取工资,其职位在他去世、辞职、被解雇或被罢免后终止。

关于公司执业的形式,2015年8月6日法律开启了一个新阶段,允许公证人在一般法意义的所有形式商事公司执业,但赋予合伙人以商人地位的公司形式除外。但是,并非任何人都可以成为这些一般法商事公司的合伙人。他们需要在欧盟成员国、欧洲经济区协议的其他缔约国或瑞士联邦从事过一项法律职业、司法职业或者依法设立的职业,并在上述国家之一开展受法律法规管控的执业活动。还应该注意的是,在此项法律之前,公证人必须持有公司半数以上的投票权,这一限制源于1990年12月31日第90-1258号关于自由执业公司(SEL)法律第5条的规定,但也适用于一般法公司,2015年8月6日法律取消了该限制。

现在,这类商事公司的半数以上资本必须:

(1)由从事相同职业但以不同形式执业的专业人员持有;

(2)或者由从事公证以外的其他法律职业或司法职业的专业人员持有。

因此,在商事公司中,执业公证人的管理权可能会让位于其他法律职业人士,甚至是非法国籍人士。

2015年8月6日法律还允许在多行业公司混合执业。

(四)多行业执业公司(SPE)

早在2014年3月19日政令中,立法机关就允许金融控股公司持有执业公司股份,旨在使法律和会计职业人士混合执业。2015年8月6日法律更进了一步,明确允许受监管的多种法律和会计职业人士共同执业。因此,2016年3月31日法令创设了多行业执业公司(SPE),目标是整合多个受监管行业的人士混合执业,其中包括公证人。① 多行业执业公司可以采用任何公司形式,但授予其合伙人以商人地位的公司除外。如果公司采用有限责任公司的形式,则合伙人对公司债务的责任仅限于其出资。但合伙人的职业责任是无限的,合伙人以其所有财产对其执业行为承担责任,并且公司需对合伙人的执业过错行为承担连带责任。

在多行业执业公司,必须尊重合伙人及雇员从事专业活动的独立性以及职业道德规范。但是,公证人或律师的职业保密义务并不妨碍合伙人向公司其他专业

---

① 除了公证人外,还包括律师、最高行政法院和最高法院的律师、司法拍卖人、司法执达员、破产管理人、司法代理人、工业产权律师和会计师。

人员传达任何必要的信息,以便为客户的利益实施专业行为并在公司内进行工作安排,前提是客户事先已获知此选项传达并表示同意。法律允许公司内参与同一业务的不同专业人士共享职业秘密。此外,必须采取一切手段避免利益冲突。

以上这些新的执业形式引发了需要适应的各种困难,目前尚未得到解决(尤其是保险、职业道德、相互矛盾的职业义务)。

(五)公证行业的组织机构

法国公证行业的组织,结构完善,层级分明。在此,笔者仅介绍其主要组织结构,分为内部组织和外部组织。

1. 内部组织

法国公证的内部组织分为省级、大区级和国家级三个不同的层次。

(1)从公证人协会到省级公证人公会。公证人均属于公证人协会的成员,并可以在每年举行的会员大会上表达自己的意见,会员大会选举代表,组成公证人公会。

每个省均设有公证人公会。公证人公会属于公共机构,具有监管权和纪律处分权。① 公证人公会的主席负责领导所在的公证人协会、组织培训、安排新公证人的就职、组织对公证人事务所的检查、在公共当局面前代表公证人协会并监管所辖公证人的职业纪律。为协助主席的工作,公证人公会设有副主席、理事、司库、秘书长和报告人等职位。随着工作任务变得越来越复杂和耗时,一些较小的省级公证人公会往往会合并为跨省公证人公会。

(2)大区公证人理事会。省级公证人公会之上是33个大区公证人理事会,代表其管辖范围内的公证人(原则上每个上诉法院辖区设一个大区理事会)。大区理事会下设一个纪律公会,由大区公证人理事会主席亲自主持。

大区公证人理事会的成员,包括辖区内各省级公证人公会的主席以及各个公证人协会会员大会选举的代表。

大区公证人理事会成员每两年任命一名主席、一名副主席、一名秘书长和一名司库,但各省级公证人公会的主席不得参选上述职位。

大区公证人理事会拥有原来属于省级公证人公会的纪律处分权力。

大区公证人理事会均设有一个支持委员会,为年轻公证人提供建议并帮助他们加入所属的公证人协会。支持委员会还可以根据公证人的请求,为他们在专业实践中遇到困难的提供建议。

(3)法国公证人高等理事会。对应司法部长的是法国公证人高等理事会,它

---

① 最新的改革已将省级公证人公会的很大一部分纪律处分权上交给了大区公证人理事会。

在公共当局面前代表全国公证行业,并负责制定公证行业的大政方针。法国公证人高等理事会总部设在巴黎,现任主席是大卫·安布西亚诺。

大区公证人理事会代表和省级公证人公会成员负责选举法国公证人高等理事会的代表,任期4年。法国公证人高等理事会的领导机构是主席团,包括主席1名,副主席2名,从法国公证人高等理事会代表中产生。公证人高等理事会代表每年召开4次全体会议,审议主席团确定的工作目标。主席还可以依托公证人高等理事会的下属机构开展工作,包括:各委员会,负责为主席团起草报告,帮助主席团作出相关决策;法律研究所,汇集了公证人和大学教授,他们在与公证相关的各个领域具有专业知识;国际事务部,汇集了国际领域的专家;国际公证史研究所。

(4) 法国公证人联络大会。法国公证人联络大会类似于一个大型"智囊团",从全国公证人中选出,人数众多(约800人),有人认为它像是公证人的议会,但它只能发布建议。公证人联络大会每年组织一次公证人的内部大会,专门处理各种专业问题。会议讨论是开放性的,每个参会者都有发言权。它的第二个任务是促进公证人和行业中央机构之间的信息流动。法国公证人联络大会的领导机构是主席团,每年召开4次全体会议。2022年将召开法国公证人联络大会的第73届大会,历次大会表决通过的建议在多个领域推进了公证事业的发展(例如采用电子签名)。

(5) 法国公证人年会。第一届法国公证人年会于1891年在格勒诺布尔(法国)举行。每年的大会都会研究一个与公证直接相关的法律主题。涉及立法改革或公证实务的建议,会写入大会报告,提交给出席大会的公证人表决。历史上,许多重要的立法动议都是由法国公证人年会发起的(例如,健在配偶地位的演变)。

2. 外部组织

(1) 公证人工会。法国第一个公证人工会成立于1919年,属于1901年法律规定的协会类型。几经波折,2010年12月22日法律确认,公证人不仅可以依照1901年法律成立公会组织,还可以组建《劳动法典》第L.2131-1条规定的职业工会。法国公证行业现在有两个工会,一个是全法公证人总工会,另一个是法国公证人工会。

(2) 青年公证人运动(MJN)。青年公证人运动也是按照1901年法律规定成立的协会组织,并且还组织年度大会。该协会汇集了所有对公证事业的发展感兴趣的人,无论何种身份均可加入,包括法学院学生。

(3) 法国公证研究及信息和文献中心(CRIDON)。法国共有五个公证研究及信息和文献中心,分布在法国不同地域,汇集了公证所有相关领域的法律专家。专门为公证人服务。

五家公证研究及信息和文献中心为其辖区范围内的公证人提供法律咨询服务,并为公证行业提供信息和文件服务。

(4) 公证服务发展协会（ADSN）。1975 年，法国中央遗嘱登记库（由法国公证行业依法设立）实现了信息化登记，这是法国公证开启信息化建设的标志。1983 年 10 月 17 日，法国公证人高等理事会建立法国公证服务发展协会（ADSN），该协会统一负责法国公证的信息化建设，特别是管理电子签名、电子印章、所有电子公证文书正本的信息化存档，并且提供办理远程视频委托公证的安全平台。该协会目前有 400 名员工，致力于保护公证行业以及其他受监管行业的敏感数据，这使其成为数字化的主要参与者。

（六）公证人的职业义务

无论其以何种形式执业，公证人都必须遵守非常严格的职业道德义务，这既源于 1945 年 11 月 2 日第 45-2590 号法令所规定的公务助理人员身份，也源于公证行业的特殊规则。这些规则既适用于公证人与客户之间的关系，也适用于公证人之间的关系，主要包含在 2009 年 12 月 24 日经司法部长 2009 年 12 月 24 日命令批准并经 2011 年 7 月 21 日、2014 年 7 月 24 日和 2018 年 5 月 22 日命令修改的全国公证人规章之中。这些规则最近经历了重大改革。2022 年 4 月 13 日法令修订了公证人、最高行政法院律师和最高法院律师、司法代理人和商事法庭书记员的职业道德和纪律处分的法律制度，以增强对这些行业的信任度，并为上述每个受监管行业制定了职业道德规范。

公证人必须以忠诚和正直的方式履行公证职责，禁止一切违反法律的行为。面对客户，公证人必须公正、廉洁并提供最完整的信息帮助。客户的利益永远高于公证人自己的利益。公证人应当依法选择最合适的方式来达到客户期望的结果。公证人不能受理无用的文书。在当事人申请时，公证人必须提供服务。如果涉及无行为能力人或违反法律、欺诈或无效的行为，公证人可以拒绝受理。公证人必须遵守普遍、绝对的职业保密义务，该义务涵盖公证人在履行职责时所获知的所有信息，并且公证人必须确保他的所有雇员也知晓并遵守这项义务。近年来，为了改善与客户的关系，公证人可以诉诸个性化宣传，因为根据 2019 年 3 月 29 日第 2019-257 号政令，公证人等公务司法助理人员可以通过电子媒介对其职能和信息进行实事求是地宣传，但不得对同行进行比较或诋毁。

由于公证人介入的领域非常广泛，包括家庭法、税法、农村法、商法、不动产法、城市规划法、公司法、合同法、证券法、行政法、环境法、国际私法、财产法、民事和集体程序、劳动法等，因此公证人必须在整个职业生涯期间持续接受培训（每 2 年至少接受 60 小时的培训）并提供培训证明。公证人的收费也必须接受管控。

（七）定价收费

规范公证收费的主要法律法规有 2015 年 8 月 6 日第 2015-990 号法律、2016

年2月28日政令、2020年2月20日政令和2020年2月28日部长令。在此之前，1978年3月8日第78-262号政令确定了公证人的收费定价，该政令一直实施到2016年5月1日。根据2015年8月6日第2015-990号法律，第2016-230号政令设定了新的公证收费标准，该收费标准目前受《商法典》约束。根据文书涉及的财产标的，公证收费按比例递减。此外，公证人都可以主动给予适当折扣，但需受到严格监督。相关法规还对公证收费(émoluments)和公证酬劳(honoraires)进行了区分：公证收费是指对公证人专属职责的公证行为的明确定价；而公证酬劳则适用于公证人提供的其他所有服务，例如咨询、不动产谈判或交易服务等。

（八）纪律处分

公证人任何违反法律法规的行为，任何违反职业规范的行为，任何有违公务助理人员或司法助理人员的廉洁、荣誉或高尚品德的行为，甚至即使是职业活动以外的关联行为，都将受到纪律处分。

1945年6月28日法令第3条规定了六种纪律处分，即警告、简单处分、在公证人公会大会上接受处分、禁止重犯、临时停职、除名。前三项处分可由公证人纪律公会或法院实施，而后三项处分则只能通过法院实施。今后，随着职业道德法典的生效，纪律处分措施也将发生变化，尤其是将增加经济处罚措施。

（九）公证人履职的监督和检查

公证人在监管机构特别是检察机关的监督下行使职权。各总检察官对其管辖的所有司法助理人员（包括公证人）进行监督，公证人事务所受共和国检察官监督。检察机关的检查主要通过年度检查和临时检查的方式实施。

（十）职业民事责任保险和行业担保

公证人必须强制购买职业民事责任保险（1955年5月20日第55-604号政令，第13条），用以赔偿公证人及其雇员在公证活动中因其过错造成的损害。另外，公证行业还有一个很特殊的行业共同担保机制——行业担保基金，作为职业民事责任保险制度的补充，用以覆盖民事责任保险不能覆盖的风险或者赔偿不足的部分。

（十一）例外情形：阿尔萨斯-摩泽尔地区的公证制度

在1870年至1918年期间，法国东部有三个省（上莱茵、下莱茵和摩泽尔）归德国吞并。这三个省回归法国后，法国的法律体系在这里并未完全得以恢复。1925年7月17日法律以一种特殊的方式组织了该地区的公证制度，该法律的主要内容至今仍然有效。公证人职位有偿转让于1871年在该地区废除，此后未予恢复。司法部长根据由法官和公证人组成的委员会的推荐任命该地区的公证人。无论公证人职位是新设的还是空缺出来的已有职位，新任公证人均无需购买，而是通过考核竞争获得。

在某些情况下,该地区的公证人可以选择使用德语起草公证文书。此外,他们还可以代表法院实施某些民事程序(如司法分割,扣押不动产,或资金的司法分配等)。

在常见的继承和不动产登记事务方面,该地区的公证制度也存在特殊规则。

三、对法国公证未来的思考

法国公证的明天会是什么样子?尽管笔者没有未卜先知的能力,但我们可以考虑从或多或少已经显现的一些端倪来进行描画,但这只是笔者的个人思考,不代表行业的看法。

自2015年《马克龙法》以来,法国已经对公证实施了多项改革,意欲把公证的门槛向其他法律职业放开,同时还允许设立多行业执业公司。在或远或近的未来,公证人可能将在跨专业的环境中执业。对此,公证人必须要有清醒的认识,并且要提前克服几个障碍。事实上,并非所有的公证人都愿意与会计师等其他专业人士混合执业,因为不同的行业,其职业道德规范以及承担责任的程度也会有所差异。相对来说,公证人承担的责任更重,因为在大多数情况下,公证人负有结果义务。各个职业群体与其行业组织的关系也是千差万别。可以看到,公证人纪律严明,行业权力结构非常集中,而律师则具有更大的灵活性,行业权力相对更分散,享有更多的自主权。如果公证人和律师在同一公司混合执业,需要与不同行业组织建立相同的隶属关系,我们并不能看到多行业执业公司能带来什么样的附加值,反而会增加额外的公司管理成本。多行业的联合性工作或互补性工作,完全可以通过公司之间的协作很好地得以实施,而并不需要成立专门的多行业执业公司。

抛开多行业执业公司不谈,公证的未来是否会因为资本涌入执业公司而变得美好?

《马克龙法》为公证人提供了新的公司执业形式,通过资本调动更多资源来实现发展,但随之而来的是公证人职位的转让价格也可能节节攀升,从长远来看,这可能会造成自由职业公证人的准入门槛变得难以企及。可以肯定的是,个人公证人事务所的数量会因此日趋减少。我们也在反思公证行业是否真的有必要花如此力气来引入资本,因为公证人与普通商业企业的需求不同,后者必须通过广告、营销、研发来不断实现自我发展。

某种公证执业形式的良好发展,首先取决于它本身能够产生的收益。而吸引外部投资,则更多是一种股市逻辑。如果改革的目标,是像出售商业企业一样以更好的价格转让公证人职位,那么《马克龙法》的这些新规则理应受到欢迎。如果改革目标是大幅增加公证人的数量,那么这种资本密集型方法也是不错的选择。但是,这并非没有风险。

最终，公证行业可能会越来越像一个普通的商业企业，失去它的特质，从而失去它的灵魂。我们也不能确定是否所有合伙公证人都能获得高级合伙人的地位，这将无可避免地造成一些公证人被压榨甚至致贫。

此外，虽然拥有发展的视角很重要，但我们仍然很有必要弄清楚公证人希望朝哪个方向发展。

随着公证人的工作日渐复杂，对公证人按专业技能进行整合似乎显得很有必要。从这一角度看，某些形式的公证执业公司可能将走向美国的大型律师事务所模式，并且似乎只有一步之遥。

公证行业必须面对的最具代表性的挑战之一，是对新技术的掌握。公证人一直是使用技术工具的先行者。法国公证服务发展协会（ADSN）的创建，完美地展示了公证行业的信息化建设成果。未来的挑战，将是人工智能和区块链技术的运用，从而延续公证行业在信息化领域的掌控能力。近年来，有两次法国公证人年会都对新技术主题进行了思考：2018年的年会专门讨论了人工智能；2021年的年会更广泛地讨论了新数字工具及其法律影响。合适的公证执业体制和先进技术，都是公证行业发展所必不可少的，尤其是拓宽公证服务领域的需要。

在传统公证领域之外，开拓新的业务空间是我们必须要做的。这些新领域，必然涉及目前公证人尚未充分掌握的数字合同，或者涉及一些社会群体，因为这些群体需要独立、受严格职业道德规范制约的职业人士的专业服务。这些新领域，可能会涉及老年群体的财产管理以及监督措施，也可能涉及为面对强势机构的弱势消费者提供帮助，并且这些需求将越来越多。老龄化挑战，适宜的空间环境和令人满意的生活水平，都属于公证人开拓新领域所要解决的问题。另外，国际法和国际合同仍然是被公证行业忽视的领域。可以设想，一些公证员应该可以专门从事国内和国际仲裁，因为这是公证人在预防纠纷、避免诉讼的日常工作中已经提供的一项自然职能。特别是公证人在非讼司法活动中已经扮演着越来越重要的角色，因为法官正在逐渐退出这个领域，而把精力集中于其核心职能——裁决纠纷。

2040年以后，法国公证人数量很可能将达到3万人，会进行更专业化的整合，更多地干预公民生活，更多地承担咨询建议角色。但是，国家赋予我们的公共职能，如不动产登记、公共文书保存、税收征收、防止偷税等，原则上仍然会是公证活动的传统领域，前提是公证人的工作要能够让所有人满意，并且给用户带来很好的性价比体验。我们也有可能被整合为大型公司，为客户提供法律和会计、财富管理方面的所有一站式服务。可以肯定的是，对公证职能的需求不会枯竭。因为法律规则总是很繁杂的，尽管法律程序将越来越自动化，重复性工作不断吞噬人的因素，但做出选择、提供建议、对问题进行透彻分析，无疑将在很长一段时间内仍然会是提供以人为本法律专业服务的公证人的专属职能。

法国公证制度的最新发展

蔡 勇[*]

2022年4月7日,法国公证人高等理事会发布了2021年法国公证年度报告,主题为《传承与未来——适应环绕我们的世界》。根据该报告,截至2021年12月31日,法国共有16747名公证人,平均年龄44.5岁,其中男性7565人,女性9182人,女性公证人占比54.83%。全国共有6727家公证人事务所,另有1364个分支办公室,总计8091个公证业务受理点。全年共出具548万份公证文书,公证收费101亿欧元,替国家收税350亿欧元,接待了2400万名法国公民,经手交易资金1.01万亿欧元。

从中可知,自2015年《马克龙法》对公证行业实施重大改革以来,古老的法国公证焕发出新的发展活力,无论是公证人数量还是业务数据均呈增长趋势(具体数据如下图所示)。此外,从这些数据也可以看出,法国公证人在经济社会发展中的职能作用日益凸显,业已成为经济社会发展的重要支柱之一。

一、作为公共服务提供者的公证人

1. 贴近民众、遍布全国的公证公共服务网络。截至2021年12月31日,法国有16747名执业公证人,64200名具有各种专业技能的雇员,8091家公证业务受理点遍布全国城市和乡村。公证行业承担着公共职能,为民众近距离提供优质服务。在法国,不存在公证服务的荒漠地带,两家公证人事务所之间平均距离8公里,同时行业还为偏远地区的事务所提供援助。

依托遍布全国的地理格局,公证行业每年为2400万民众提供服务。2021年

---

[*] 本文作者:蔡勇,四川省成都市律政公证处公证员,司法部公证理论研究与人才培训基地研究员。

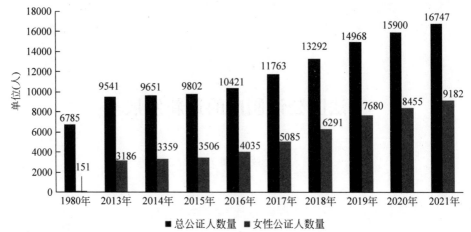

1980—2021年来法国公证人数量变化

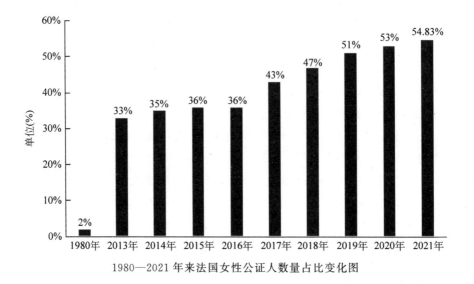

1980—2021年来法国女性公证人数量占比变化图

共办理了548万份公证文书,经手交易资金1.01万亿欧元,为国家经济做出了重要贡献。

2. 人人享有的法律服务可及性。公证人遍布全国,所有人都能够就近咨询公证人。另外,绝大多数省份的公证人公会都定期提供专人免费咨询,为人人享有法律服务做出贡献。

3. 行业互助。2021年,通过削峰填谷等项目,为全国1900多家公证人事务所提供援助1300多万欧元。

4. 现代公共服务。作为企业主,公证人有责任实现事务所的经济收支平衡,并在此前提下提供现代公共服务,恪守职业道德规范,确保效率和安全,而国家无

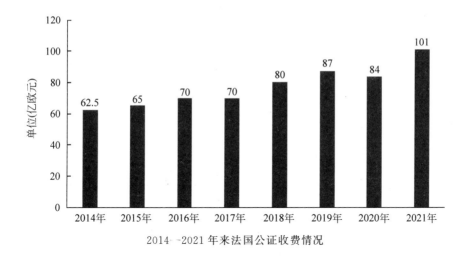

2014—2021年来法国公证收费情况

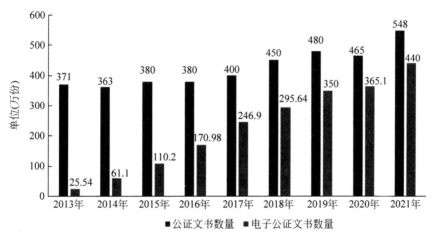

2013—2011年来法国公证人办理公证文书数量以及电子公证文书数量占比图

须支付任何费用。在公证文书涉及税收时,公证人还承担着替国家和地方政府征税的职责(包括交易税、继承税、印花税、增值税和不动产登记的其他税费)。2021年,公证人共计收取税费350多亿欧元,由公证人承担责任,政府无需为此承担任何成本。

在2020年10月8日法国政府与法国公证人高等理事会签订的《公证行业发展目标协议》中,对公证人和公证行业的公共使命进行了总结,该协议有效期为4年。

5. 反洗钱。公证行业在以反洗钱为宗旨的 Tracfin 框架中扮演了重要角色。在这项任务中,公证界与国家一起创建了专门工具,从3个方面的风险来调整警惕程度:各方当事人的身份;资金运作的对象和一致性;资金的来源和去向。通过

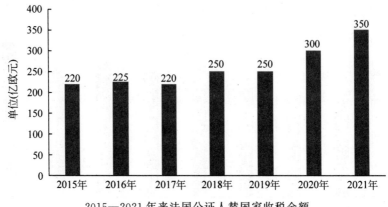

2015—2021年来法国公证人替国家收税金额

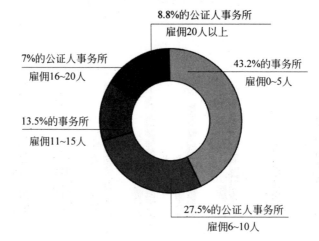

法国公证人事务所的雇员规模(2018年)

这些工具,公证人每年向 Tracfin 发送洗钱的可疑线索。

6. **数字化:贴近性和可及性**。公证文书的数字化及其安全存储是公证工作的常态。截至 2021 年 12 月 31 日,公证人已签署了超过 2000 万份电子公证文书。

受新冠疫情和防控政策的影响,公证人的数字化革命在 2020 年大幅提速。法国政府于 2020 年 4 月 3 日通过政令,临时允许公证人远程在线办理公证文书。2020 年 11 月 20 日,法国政府总理签署政令,正式设立了远程在线受理电子公证文书的程序,但目前仅限于委托公证。

法国公证的远程在线公证系统,建立在行业统一、安全的基础设施之上,保障了公证人与客户之间的交流绝对保密。有了这些新工具,公证行业变得更贴近民众,更具有可及性。

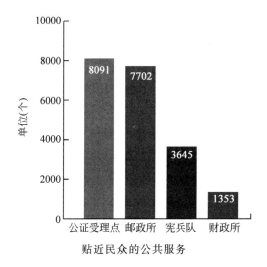

二、作为预防性司法官的公证人

1. 和平司法官。公证人是由国家任命的公务助理人员,国家赋予其特定权力,干预法国民众日常生活的多个法律领域。公证人使用国家印章,以严谨和公正的态度提供建议,提供人性化和谨慎的服务。这一直是公证人的使命。

2. 平衡当事人的意思表示。为了完成国家托付的使命,公证人对其受理的文书进行公证,由其个人对文书内容承担责任。在向当事人提供相关法律建议后,公证人须核实当事人的身份,确保他们作出知情、真实和有效的意思表示,固定他们的意愿和承诺。公证人是中立和公正的,必须保障合同的平衡,符合每个人的利益并严格遵守法律。公证人以法兰西共和国的名义出具公证文书,其文书不能被质疑,对所有人均具有约束力。公证人保障所受理文书的法律安全。

3. 永久保管文书。自公元 1500 年以来保存的公证档案,其档案架长度达数千公里,这些档案被称为公证文书正本。公证文书正本由公证人事务所保管 75 年后,将转移到公共档案馆永久保存。

2008 年 10 月 28 日,法国公证人签署了第一份电子公证文书,"电子公证文书正本中央档案库"(MICEN)同步成立,统一存放全国的电子公证文书。截至 2021 年 12 月 31 日,超过 2000 万份电子公证文书入库存档。

4. 保存记忆。中央遗嘱登记库(FCDDV)是法国公证人运营的国家级法定档案库,对个人遗嘱进行登记,这也是公证人承担的一项公共登记职能。登记对象包括公证遗嘱、自书遗嘱、撤回、撤销及其他改动等。登记库于 1971 年成立,受 1972 年巴塞尔公约的规制,1975 年起采用信息化登记。截至 2021 年 12 月 31 日,中央遗嘱登记库共收集了 2134 万条遗嘱信息,其中 2021 年的新增数量为 43.61 万条。

2021 年,中央遗嘱登记库共受理了 64.26 万次遗嘱查询。为了确保当事人的意愿被人知晓并得到尊重,公证人把遗嘱和遗愿在中央遗嘱登记库进行登记。亲人去世之后,家人或者他们指定的负责遗产处置的公证人,可以凭借死亡证明查询遗嘱信息,这样很快就能知晓死者是否在信息库有过登记(遗嘱、夫妻间遗赠、某人的继承人资格证明等),并且迅速找到入库登记的文书。在任何情况下,公证人都必须在处置遗产之前查询遗嘱登记库。

5. 欧洲的遗嘱联网登记系统。2005 年,法国、比利时和斯洛文尼亚三国公证人发起成立了欧洲遗嘱登记系统协会(ARERT),现有 21 个成员国和伙伴国,可以在各国遗嘱登记系统之间交换遗嘱信息和欧盟继承证书信息。

6. 民事同居协议登记库。根据 2011 年 3 月 28 日的法律,国家托付给法国公证人高等理事会一项公共任务:对公民的民事同居协议的进行登记和公示。

通过信息化的民事同居协议登记系统(PACSen),公证人对以公证形式做出的民事同居协议的申报、更改和解除进行登记和公示。截至 2021 年 12 月 31 日,信息库登记了 25.56 万条民事同居协议信息,其中 2021 年共登记了 2.28 万条新信息。

7. 公证调解。公证调解旨在快速解决争端,将争端提交给完全独立、中立和公正的公证人调解员。通过调解,达成每个参与者都能接受的协议,从而避免通过法官或仲裁员来强加解决方案,这就是公证调解的目的。法国有 20 个公证人调解中心,分布在全国,处理的争端涉及家庭法、继承法、财产法、农村法、商业法、公司法或不动产法。目前法国有 256 名公证人调解员,2021 年有 169 名公证人参加了调解方面的培训课程。

8. 意定监护(未来保护委托协议)。自从法国 2007 年立法设立这项成年人提前安排未来生活的法律保护机制以来,公证人在其中承担了主要角色,成为成年人监护制度去司法化的主力军。到 2021 年,公证人每年受理超过 15000 份未来保护委托协议。

三、作为不动产专家的公证人

1. 不动产领域承担重要角色。作为不动产交易法律安全的守护者,公证人是一位特权顾问,干预不动产交易的每个环节。不动产业务一直占据着公证活动的重要份额,法国公证人在 2021 年共办理了 117.8 万份二手房交易文书。

在不动产领域,公证人肩负着对公民和国家的公共使命。对公民,公证人保障了交易安全;对国家,公证人在不动产登记和收税环节承担了主要职责,维护着国家不动产登记系统的安全,同时也为国家节省了大笔财政开支(减少了不动产登记和税收系统的公务员数量)。

2. 不动产数据库。市场透明是不动产活动的关键因素之一,无论对于国家及其住房政策,还是对于家庭或企业的投资计划而言,均是如此。作为价格公平的促进者,法国公证人于1989年建立了不动产数据库,将日常的不动产交易数据输入其中,从而广泛参与市场透明度建设。目前,该数据库已累计保存了2200万套不动产交易档案,成为不动产交易市场的参考数据库。仅在2021年,数据库就收录了187.5万套各类新房和二手房交易档案(其中巴黎大区26万套,外省和海外省161.5万套)。

归功于这个数据库,国家在不动产领域赋予了公证人一项新的公共法定职能。2011年3月28日法律修改的《公证组织法》(又称《风月法》)第6条,规定:"公证人负责发布与不动产有偿转让相关的信息。法国公证人高等理事会根据最高行政法院政令明确的条件履行这项公共服务的职责,公证人应当向法国公证人高等理事会传输相关的必要数据。"

四、作为公证制度推广者的公证人

1. 国际公证合作。公证人在不动产领域的专业技能和重要贡献被许多国家所重视。2021年,尽管有疫情的限制,仍有11个国家的975名法律人士前往法国,学习法国公证的先进经验。各国意识到,相对于英美法系的制度,大陆法系传统所构建的可靠司法、土地和财产权的可追溯性以及交易安全是促进经济增长的引擎。国际公证合作转化为世界各国公证人之间富有成果的交流和团结,对满足跨国流动日益频繁的家庭需求更是极为宝贵。

2. 世界银行。世界银行历来都是英美法系在全球进行法律输出的重要推手,并利用《营商环境报告》对法国、德国为代表的大陆法系公证制度进行持续攻击,特别是贬低法国和德国的不动产登记制度。2021年9月16日,世界银行宣布放弃其《营商环境报告》,该报告的方法一再受到诟病,包括来自法国公证界的批评。此外,世界银行在2021年12月发布了"司法、法律与发展全球论坛"的一份报告,该报告强调了法国公证在新冠疫情背景下所采取的行动,并将其称为"最佳实践"。

近二十年意大利公证制度的主要改革

——简评第 166/2006 号法令

[意]Lavinia Lantieri 著　谢蔚译*

一、引言

本文旨在对近 20 年公证制度的主要改革进行简要回顾,即主要是针对第 166/2006 号法令的内容,因为随后 2009 年颁布的第 69 号和 2017 年颁布的第 205 号法令仅是对第 166/2006 号法令进行了细微的修改。不得不说,尽管经过了这些年的种种革新,现行的公证制度仍然是以一百多年前公证制度作为其夯实的基础。以下这一点即是一个很好的旁证:直至 2003 年颁布的第 306 号法令才在公证法领域取消使用"王国"一词来指代意大利国家领土范围[①]。

最古老但最为重要的公证规范首先需提及 1913 年颁布的第 89 号法令[②],该法与公证及其档案制度相关,一般将其认为是公证领域的基本法,是整个意大利公证制度的基础;除此之外,意大利还有为了执行上述法律而颁布实施的第 1326/1914

---

* 本文作者:Lavinia Lantieri,意大利博洛尼亚大学法学博士。谢蔚,意大利罗马第一大学法学博士,湘潭大学法学院副教授。

①　2003 年 11 月 30 日颁布的法律(官方公报号 15/11/2003 n.266)第 6 条做了如下规定:1913 年 2 月 16 日颁布的第 89 号法律第 5 条及其后修订的条文,做出以下修改:(a)第 1 项中"王国"替换为"意大利或欧盟其他成员国";(b)第 4 项"王国的任一所大学"替换为"在意大利大学或根据 2002 年 7 月 11 日第 148 号法律承认的同等学历"。

②　L. 16/02/1913 n. 89 (G. U. 07/03/1913 n. 55).

号皇家法令①，接着颁布了第 3138/1923②、1737/1924③、64/1934④ 和 1666/1937⑤ 号关于公证档案以及有关公证制度的补充规定；其后还颁布了关于公证人考试程序的 1953/1296 号皇家法令⑥，和关于公证人职级规则的第 1365/1926 号法律⑦。

二、2006 年 4 月 24 日第 166 号立法令

第 166/2006 号立法令是为了具体实施第 246/2005 号法令第 7 条第 1 款而颁布，法令内容完全致力于公证制度的改革。具体而言，即关于公证人的任命制度的改革，第 89/1913 号法律第 5 条被修改成为第 1 款第 5 项⑧（后由 2017 年 12 月 27 日颁布的第 205 号法律第 1 条第 497 款修正⑨），并在同一款条文中插入第六项。该法对第 45 条⑩（公证人助理的相关规定⑪）也做出了修订，同时根据第 1953/1926 号行政条例，增加了关于考试委员会的组成规定以及公证人考试的程序规则。

下面将对第 89/1913 号法律和第 1953/1926 号行政条例的具体修改进行分析。

（一）对 89/1913 号法律内容的修订

让我们逐一审视这些规定，首先是第 89/1913 号法律第 5 条。将原法律文本与修改后的条文第 5 款第 1 项对比可以明显看出，公证实习生的实习期间从两年缩短到一年半，并规定在大学最后一年可以提前申请实习，但只能从总共十八个月

---

① R. D. 10/09/1914 n. 1326 (G. U. 11/01/1915 n. 7).
② R. D. 31/12/1923 n. 3138 (G. U. 06/02/1924 n. 31).
③ R. D. 23/10/1924 n. 1737 (G. U. 12/11/1924 n. 264).
④ R. D. 22/01/1934 n. 64 (G. U. 03/02/1934 n. 28).
⑤ R. D. L. 14/07/1937 n. 1666 (G. U. 07/10/1937 n. 234).
⑥ R. D. 14/11/1926 n. 1953 (G. U. 27/11/1926 n. 274).
⑦ R. D. 06/08/1926 n. 1365 (G. U. 19/08/1926 n. 192).
⑧ 第 89/1913 号法律第 5 条第 1 款修订前的内容为："毕业后在公证委员会获准注册实习，并在注册后连续实习两年，实习生可以选择跟随管区内的一名公证人实习，但要取得公证人本人同意并经委员会批准。担任司法机关工作人员两年以上、执业律师、检察官执业两年以上，至少连续实习一年。在某一管区开始实习，后转换到另一个管区实习，实习期间可连续计算；在此种情况下，实习生必须将在前一地区获得的注册转移到后一管区公证人委员会，才能跟随其打算继续实习的后一管区公证人进行实习。"
⑨ 条文内容如下：1913 年 2 月 16 日颁布的第 89 号法律第 5 条第 1 款第（5）项，在"毕业后持续"之后，增加以下内容："即使在根据 2012 年 8 月 7 日颁布的第 137 号共和国总统法令中提到的规定从实习生登记册中注销之后。"
⑩ Testo previgente dell'art. 45 L. 89/1913.
⑪ 参见 Treccani 百科全书（公证人）助理词条："从同一地区公证人或有资格被任命为公证人的人员中选取，帮助失明公证人、失聪公证人、不能写作的公证人或已达到 40 年执业年限的公证人的人。"

的公证实习期中最多折抵六个月①。实习的连续性以及向实习所在管区公证人委员会提交相关证明的有关的实践程序则仍然按照1326/1914号皇家法令第8条②规定执行。因此,对于提前实习的在校学生,除了提供上述证明外,还须根据2000年12月28日颁布的第445号总统令第19③条和第46条④提交一份自我证明。

另一个重要修订涉及针对曾担任法官和律师人员的所谓"短期实习",即,必须至少执业两年才可要求"缩短实习期",原条文第5条规定该实习期必须持续一年,修订后规定,法官和律师只需曾执业一年,实习期便可以缩短为连续实习八个月⑤。而后学界主流观点进一步明确,上述主体必须实际进行实习,而不仅仅是登记在册⑥,尽管立法令并未明确修改这一内容。值得注意的是,就读法律职业学校⑦也可以参加公证人考试。

---

① 89/1913号法律第5条第1款第5项:"[……]法学专业的本科生、专科生以及硕士生可以在在校的最后一年注册实习。实习必须在注册后三十个月以内完成。如果超出上述期限,则毕业前的期间不计算在此期间内。为了计算十八个月实习时间,毕业前的实习期间可以计算在内,但最长只可以计算六个月,无论其实际实习时间持续多久[……]"。

② 1914年9月10日颁布的1326号皇家法令(G. U. 11/01/1915 n.7)第8条规定如下:"实习期间从在实习登记册中登记之日起计算。实习必须实际操作且具有连续性。实习如果发生中断,实习人员必须告知公证人委员会中断的原因;如果这些中断原因不可归咎于实习人员,之前进行的实习可以计入实习期。如果实习人员停止前往其所跟随执业的公证人所在的公证机构实习超过两个月,则实习中断;对于曾担任过司法机关职员、执业律师或者检察官的实习人员,停止时间不能超过一个月。为了证明实习的连续性,司法机关职员、执业律师以及检察官必须每月向公证人委员会提交一份证明,其他实习人员则每两个月出示其所跟随实习的公证人出具的证明。公证人委员会秘书将此证明标注在实习名册的背面。实习期间由其所跟随完成实习的公证人开具的证书证明,并由公证委员会主席认可。实习证明在实习名册上标注后,退还有关人员。"

③ 条文标题为"副本认证的替代形式",条文内容为:"第47条所指的多人作证的证书(atto di notorietà)的替代声明也可能包括公共行政机构存放或出具的契约或文件的副本、出版物的副本或与学位证或服役证原本一致的副本。该声明还可能包括与必须由个人保管的税务文件原件一致的副本。"

④ 条文标题为"证书的替代声明",条文内容为:"证书的替代声明。以下状态、个人资质和事实可经声明证明,但同时应经申请,由相关方签署并替代常规证明:(a)出生日期和地点;(b)居住地;(c)公民身份;(d)享有公民权利和政治权利;(e)未婚、已婚、丧偶或离婚状态;(f)家庭状况;(g)生存证明;(h)孩子的出生、配偶、长辈或晚辈的死亡;(i)在行业登记簿中注册,在公共行政部门保管的名册中登记;(l)同业公会会员;(m)学历、考试成绩;(n)持有的执业资格、专业资格、培训、进修和技术资格;(o)收入或经济状况,也用于根据特别法规定给予某种福利;(p)具体缴款义务的履行,并注明已支付金额;(q)税号、增值税号和税务登记文件中的数据;(r)失业状况;(s)是否领取养老金及养老金类别;(t)学生身份;(u)自然人的法定代理人或法人的法定代表人、自然人的监护人、保佐人以及类似身份;(v)协会或社团注册情况;(z)与服兵役相关的所有情况,包括服役状态记录表中证明的情况;(aa)未受到刑事处罚,并非根据现行法律在犯罪记录登记的适用有关事先措施、民事决定和行政措施的对象;(bb)不处于刑事诉讼程序之中;(cc)由他人扶养状况;(dd)公民身份登记册中包含的有关当事人的直接数据;(ee)未处于清算或破产状态,且未提交协调申请。"

⑤ 89/1913号法律第5条第一款第五项:"[……]担任司法机关职员至少一年以及执业至少一年的律师,需要连续执业八个月。"

⑥ Sul punto, tra i tanti, si veda lo Studio del CNN n. 490-2008.

⑦ 475/2001号部门规章第一条:根据1997年11月17日第398条立法令第16条及其后进行的修订,于法律职业学校获得的专业文凭,需要在完成律师及公证人实习后,进行为期一年的评估。

正如上文已经提及的,现行规定在1913年颁布的第89号法律第5条第1款基础上增加了一项,即第6项第2目①,其中包括通过公证人考试的人有义务与一名或多名公证人一起完成120天的见习②,公证人必须记录该见习人员在本管区发生的事实来证明见习人员实际进行了见习。

最后,应该指出的是,该立法令也修改了多次论及的第89/1913号法律中的5-bis、5-ter和5-quarter等条款,涉及公证人考试预选中的计算机测试,随后这些条文为第69/2009号法律第66条③所废除,因此笔者就不在此处论述这些内容。

如前所述,2006年修订的第89/1913号法律的另一条文是规定公证人助理的第45条④。首先,公证人要求指定助理公证人的具体障碍类型已被移除,但"公证人请假或遭受暂时执业障碍"的条文被保留。其次,按照现行法规定,有权指定公证人助理的主体为"公证人委员会主席,在公证人委员会主席请假的情况下则为资深公证人委员会理事",不再由司法部长参考公证人委员会建议后指定。另一方面,在代替有执业障碍的公证人期间,公证人助理须履行的职能应该与公证人的一致。另外,有关公证人因服兵役而不能执业的规定也已被删除,因为义务兵役制已于2005年1月1日⑤被废除。

(二)对1953/1926号行政条例的修正

166/2006号立法令修改了为选拔公证人而设置的考试委员会的相关规则⑥。

---

① 条文内容如下:"通过口试后,必须跟随一名或多名公证人完成一百二十天的见习期,公证人必须对此期间给予证明。该期间必须在见习所在管区的公证委员会登记。候选公证人可以向其实习所在管区的公证委员会主席申请指定其跟随见习的公证人,也就是说他可以跟同一公证人完成见习,也可以跟被直接指定的其他管区的公证人完成见习,如果候选公证人曾担任公证人助理,担任助理的期间也被算入见习期内。"

② 译者注:前面提到的"实习期"为注册之后参加公证人考试之前的预备阶段,通过公证人考试之后还有为期120天的"见习期"。

③ L.18/06/2009 n.69 (G.U.19/06/2009 n.140).

④ 2006年修订之前的文本:"失明、失聪或完全无法书写的公证人,或已实际执业40年的公证人,可以根据其申请,在听取了公证委员会的意见后,由司法部长从具备可担任公证人所有必要条件的人中,甚至是在同一管区的执业公证人中为上述公证人指定一名公证人助理。公证人助理以受助执业公证人的名义且为其利益行使全部公证职能并承担全部义务,但无权继任。受助公证人有义务协助公证人助理,或与助理一起行使公证职能,但不能单独行使。暂时性的公证人助理可同样由有权批准请假的主管机关,为服兵役缺席的公证人指定,或者替代第44条规定的受托人,替补请假缺席或暂时执业受阻的公证人履行职能。"

⑤ L.23/08/2004 n.226 (G.U.21/08/2004 n.204).

⑥ 166/2006号第5条:"1.根据1926年11月14日第1953号法律第一条第一款,公证人考试委员会至少在考试开始前十天,根据司法部长的法令任命,统一的考试委员会由以下人员组成:(a)一名符合进一步选拔担任更高管理职能、具备合法职权的最高法院法官,由他担任考试委员会主席;(b)具备符合进一步选拔任命为最高法院法官资格的法官,由其担任考试委员会副主席;(c)四名上诉法院法官;(d)三名法学专业的大学教授或者副教授;(e)六名公证人,可以已经停止执业,这些公证人至少有十年的公证人执业资历。2.上述公证人由国家公证人委员会在专为每次公证人考试而提名的18位公证人中选出。3.以前参与过甚至部分参与过考试程序的公证人无法在接下来的两届考试中获得提名。4.考试委员会还根据1913年2月16日颁布的法律第5条第2目和第5条第3目以及随后的修正条文的规定,监督预选考试的过程。5.委员会在预选和改卷期间以及口试期间须由五名成员在场进行工作:(a)主席或副主席;(b)具有上诉法院法官资格的法官;(c)一名大学教师;(d)两名公证人。6.法官和大学教授从开始预选考试到委员会形成考试排名,全部或部分免除在各自单位的工作任务。法官工作任务的免除由最高司法委员会。大学教授工作任务的免除由所属大学规定。"

1926年法令中原法律文本实际上规定了由一名法官、一名大学教授或高等学校教师、一名上诉法院法官和两名公证人组成该考试委员会①。该条于2006年被废除，根据考试委员会的最新规定(205/2017号法律)，委员会须包括九名法官(其中包括一名最高法院法官，由其担任委员会主席，一名符合最高法院法官任命条件的法官，由其担任副主席职务，以及七名上诉法院法官)、七名法学专业教授(教授或副教授)和九名公证人(至少执业十年，包括入选时已经停止执业的公证人)。

此外，分别规定了公证人考试的笔试和口试内容的皇家法令第15条②和第16条③被废除。以前，笔试也分为三门，分别是生者间文书、死因行为(遗嘱)文书和非讼程序的文书，而现在虽然仍然是三门考试，但非讼程序的文书被生者间商事文书科目考试取代。一方面，每门笔试题目的结构保持不变，因为每门笔试都由三部分组成，即狭义上的文书、在起草该文书时采用何种解决方案的理由以及文书涉及法律制度的理论论述。另一方面，口试的科目保持不变，但对口试科目的顺序做出了更改。此外，法条第17条已被废除④，第166/2006号法令第8条⑤修订了部分笔试的顺序。由于修改前的法条并没有规定笔试期间考试委员会应固定集合的时间，最新的规定将集合时间设置为考试当天上午六点三十分。此前考试题目由委员会确定，但立法并未明确选取主题的标准，而最新的法条规定通过抽签决定考试题目。三个不同科目考试的程序是相同的，由考生中的一人抽签选取，再由考试委

---

① 1953/1926号皇家法令第13条(已由第166/2006号法令废除)："考试委员会根据司法部部长长法令任命，由以下人员组成：a) 一名法官，其应具备最高法院法官或同等等级，即使其在司法部供职，由其担任考试委员会主席；b) 大学或高等研究机构的教授、民法或商法教师；c) 上诉法院法官或具备同等职务，在司法部担任司长或高级监察员职务；d) 两名执业公证人。"

② 条文内容如下(现已废除)："笔试包括三个不同主题的理论和实务考试，分别包括生者间的文书、遗嘱行为的文书和非讼程序的文书。每个主题都需要完成文书以及论述与文书相关的法律制度的主要理论"。

③ 条文内容如下(现已废除)："口试由以下三组不同的科目组成：a) 民法和商法，特别是与执行公证职能相关的法律制度；b) 公证人和公证档案制度；c) 有关公证收费的规定。"

④ 1953/1926号皇家法令第17条(已由第166/2006号法令废除)："委员会必须逐日确定笔试主题，为该主题本身制定了三个不同的卷面，由主席密封并加盖印章放于相同数量的信封中。上午九点主席对考生进行点名，并让其中一名考生抽出三个信封中的一个。主席打开信封，与一位秘书登记主题卷面，然后自己或让秘书向考生口述。考题口授开始时未在场的考生将被取消考试资格。记载考题以及进行写作的纸张均由委员会提供。每张纸上都有一个特殊的委员会识别印章。所有考试作答内容均须在考题口述后七小时内交卷。在每次考试过程中，至少有两名委员会成员、一名秘书和负责监考的官员必须始终在场。"

⑤ 条文内容如下："1.公证人考试委员会在主席和副主席均在场或仅其中一人在场，至少两名法官，两名大学教授和四名公证人在场的情况下有效成立。委员会在笔试当天上午六点三十分在笔试考点集合，并在抽签选择笔试内容后，形成三个不同的主题，由主席签字密封于等同的信封中。2.主席让其中一名考生抽出装有题目的三个信封中的一个。一旦打开信封，他会与一位秘书登记题目，主席自己或让秘书立刻口授给考生。3.考题口授开始时未在场的考生，将被取消考试资格。4.笔试所用的每张纸上都加盖了委员会的识别印章。5.考题口授后八小时内，所有考试作答内容必须交回。6.主席确保并组织对每个考试房间进行监考。在每次考试过程中，至少有五名委员会成员、一名秘书和负责监考的官员必须始终在考点。其他委员会成员和秘书在抽取考试内容后不得进入考试房间，并且一旦他们离开考试房间后，就不得再次进入。"

员会成员口授给所有考生。关于口授题目时未到场考生考试资格的取消、每门科目考试的起算时间和考试用于答题的纸张,新法未对之进行修改。但是,每个考生每门考试的最长时间从 7 小时增加到了 8 小时。最后,关于考场监考规则,根据最新规定,"至少五名委员会成员、一名秘书和负责监考的官员必须始终在场①"。此外,关于每位考生在笔试当天如何接收信封以及每天将信封提交给委员会的具体程序,1953/1926 号皇家法令第 19 条②仍然有效,尽管第 166/2006 号法令对此做了部分修正,主要是针对上文提及的立法令第 10 条第 8 款③的修正,该条款还规定

---

① Idem al comma 6 del suddetto e già citato articolo 8 Dlgs. 166/2006.

② 1926 年最初法条文本规定如下:"每位考生收到两个颜色相同的信封,一大一小,小信封中装有一张白色卡片。考生在完成答卷后,无须签名或作任何其他标记,将答卷放入大信封中。考生在小信封中的卡片上写下自己的名字、姓氏,说明亲属关系,然后将卡片放回小信封,并将小信封合上。之后,考生还需将小信封放入大信封中,合上大信封并提交给委员会主席(或接替主席的人)。每天考试结束时,每个信封上都会进行累进制数字编号;然后,所有信封被收集在一个或多个文件袋中,由主席将他们密封,并由主席、委员会的另一委员、一位秘书一起在信封上签名。"根据 01/29/1950 第 231 号总统令修订的新条文措辞如下:"在每个考试日,考生都会收到两个相同颜色的信封,一个大信封,附有累进制数字编号区纸片,一个小信封,装有一张白色卡片。编号区必须填写发给考生的准考证上标注的号码。除了已发放给考生的信封外,剩余的信封都将放入大的文件袋内密封,并盖上办公室印章。主席(或接替主席的人)、一名委员会成员和一位秘书在密封的文件袋上签名。此文件袋将不能再次打开,除非是考生发现发放给他们的信封有损坏,要求从该文件袋中取出信封更换,此时,考生持有的受损信封必须退回。在这种情况下,所有剩余的信封,包括考生交回的受损信封,需要放入另一个文件袋,并按照前文第二款的规定进行密封和签名。交回信封的数量应与考试当天交给主席的信封数量减去分发给考生的信封数量等同。考生在完成答卷后,无须签名或标记,将一张或多张答卷放入稍大的信封中。他在小信封的卡片上写下自己的名字、姓氏和亲属关系,然后合上小信封。之后,考生还需将小信封放入大信封内,合上大信封并交给主席(或接替主席的人),并出示准考证。主席(或接替主席的人)在确定大信封填写的号码与准考证号相符后,在信封上横向签署姓名和日期,以便覆盖封口和信封的其余部分。每天考试结束时,所有信封都收集在一个或多个密封的文件袋中,由主席、一名委员会委员和一名秘书在密封文件袋上签名。在考试结束后主席将指定日期和时间召开全体考试委员会会议,在此前主席须指定十名考生并及时通知他们在场,委员会需确定印章和签名的完整性,当场打开内含考卷的密封文件袋,将三个编号相同的信封分为一组,摘下三个信封上的编码信息区纸片后,将三份包含答卷的信封统一放入一个更大的信封。当所有信封分组完成后,还需将这些信封进行乱序排列,然后重新为新信封按照累进制编号。所有信封正确编号后将被收集在文件袋中,按照第二款所述的相同手续,再次进行密封、签字。以上所有过程,以及笔试期间发生的一切,都需要形成书面报告,并由主席(或接替主席的人)和秘书签字。"

③ 该条文内容如下:"1.完成第 9 条规定的程序后,委员会须在 15 天内召开评卷会议。2.委员会在开始评阅试卷前,需要确定评阅标准和评阅顺序。3.主席与副主席协商后,制定会议日程。4.主席将委员会分成两个小组委员会,根据第 5 条第 5 款的规定确定人员组成,其中第一个小组委员会由主席主持,第二个小组委员会由副主席主持。5.每个小组委员会每周至少评阅六次笔试试卷,每次不少于四个小时。6.主席的任务是确保改卷的小组委员会内的成员定期变化,以适应组织阅卷工作的需要。7.为确保评阅的一致性,主席有权召集委员会全体会议或扩大会议,以便在此场合无表决权和发言权的其他委员也可以辅助阅卷。8.在核实文件袋和单个信封的完整性后,秘书在打开这些信封后,立即将大信封上已标记的号码贴在三个装有答卷的信封上。一旦包含答卷的信封被打开,相同的号码将被转登记在纸张或相关纸张的顶部,以及包含身份信息的小信封上。9.如果委员会有充分的理由认为答卷的全部或部分是从另一份答卷或其他来源复制而来的,答卷所属考生的考试成绩无效。10.在考生身份被识别的情况下,其考试成绩也作无效处理。11.为了保证工作的速度,委员连续两次不参加委员会会议,即使有正当理由,如果缺席导致会议推迟,将构成撤销对其任命的理由。12.不遵守本条和第八条所规定的程序,构成主席、副主席被免职的理由。"

了委员会的新职能,委员会必须提前制订阅卷要遵循的标准,一旦小组委员会成立,其必须每周至少召开六次会议,每次会议持续时间至少四个小时①。委员们不仅须验证两个信封的完整性②(即答题所在的信封和候选人姓名所在的信封③),而且还需验证提交的内容没有明显的可识别标记④,也不是由考生从考场外部抄袭完成的考试内容⑤。至于以前由第 22 条规定的改卷程序⑥,最新立法令除了废除该条外,立法令第 11 条⑦还引入了新的内容:特别是规定了对每份答卷进行集体评分以及根据总分⑧判断考生是否通过,每门考试的最低分为 35 分,最高分 50 分,每位考试委员会成员可以选择打分,分数区间为零到三分⑨。关于每个委员进行评分的规定已经进行了重大革新,因为在原 1953/1926 年颁布的 R. D. 第 24 条⑩(正好也由立法令第 11 条予以废除)中,每个委员都有十分的处置权限,每门笔试及格分为 30 分,而现今规定每门考试及格分为 35 分。

此外,如果存在严重缺陷或形式无效,委员会将认定该考生未通过考试,且必须提供不合格的理由⑪,同时,该委员会根据在改卷前制定的标准,也将不再评阅

---

① Art. 10 co. 5 Dlgs 166/2006.

② Art. 10 co. 8 Dlgs 166/2006.

③ 采用两个信封的基本原理是避免在阅卷前知道考生姓名:委员会实际上只会打开大信封,而不会打开包含有候选公证人(考生)身份信息的小信封,小信封只会在考生三门考试的试卷全部阅卷结束时才会打开,以此作出不受任何影响以及公正的判断。

④ Art. 10 co. 10 Dlgs 166/2006.

⑤ Art. 10 co. 9 Dlgs 166/2006.

⑥ 1953/1926 号皇家法令第 22 条(已由第 166/2006 号法令废除):"在对笔试考卷进行阅卷之前,委员会将检查密封袋以及每个信封是否完整。然后秘书打开装有考生答卷的信封,立即在答卷的顶部和包含姓名的信封上抄写已经贴在密封袋外面的号码。委员会在阅读每篇考卷后立即根据本法令第 24 条中规定的规则为其打分。当委员会有充分的理由认为某些答卷的全部或部分是从其他答卷或其他作者处复制而来时,委员会将取消答卷所属考生的考试成绩。在考生身份被识别的情况下,其考试成绩也作无效处理。"

⑦ 该条文内容如下:"1. 第 10 条所指的小组委员会在同一会议上集体阅读每位考生的答卷,以便对考生是否能够参加口试作出总体判断。2. 除第 7 款所述情况外,一旦完成三份答卷评阅,小组委员会以多数票决定考生是否通过。3. 评阅通过需要三门笔试中的每一门至少取得 35 分的评分。4. 评阅通过的情况下,小组委员会根据每位委员的评分,计算每门笔试总分,最高不超过 50 分。为此,每位委员拥有从零到三分的打分区间。5. 认定考生未通过笔试需要说明理由。如果认定通过,评阅分数可视为理由。6. 秘书须记录每份答卷的总分或理由,使其出现在过程纪要中。7. 如果对第一份或第二份答卷的评阅过程中,考生答卷存在无效或存在严重缺陷的情况,则根据委员会确立的标准,以及第 10 条第 2 款的规定,小组委员会宣布考生未通过笔试,并不再继续评阅未通过考生的其他答卷。"

⑧ Art. 11 co. 2 Dlgs 166/2006.

⑨ Art. 11 co. 4 Dlgs 166/2006.

⑩ 1953/1926 号皇家法令第 24 条(已由第 166/2006 号法令废除):"对于每门笔试和口试,每位委员都有 10 分可供分配。在分配分数之前,委员会以多数票决定考生是否应获得通过该门考试所需的最低分数。如果委员会认为考生可以通过考试,每位委员宣布他打算分配给考生的分数:这些分数的总和构成考生最终得分。单项笔试成绩低于 30 分、笔试成绩总分少于 105 分的考生不能参加口试。"

⑪ Art. 11 co. 5 Dlgs 166/2006.

该考生的其他科目的试卷①。

166/2006 号立法令对 1953/1926 号皇家法令的最后一项修改与面试过程相关,也即废除了皇家法令(RD)的第 25 条②并引入了立法令中的第 12 条③。该条文沿用了以往关于考试公开的规定,但在面试开始前必须先确定评价标准④。此外,委员会主席仅授权一位考试委员会委员询问整个考场所有考生这一规定被修改,转而规定主席本人可以询问考题内容,每位委员都可以就该考题内容向考生提问,以此确保每位小组委员会成员均可以向考生提问的权力⑤。该条还规定了每个候选人每场考试中可以取得的最高分数,即 50 分⑥,同笔试一样,面试如果不合格,也必须说明不合格的理由⑦。

三、第 69/2009 号法律和后续改革的一些说明

第 69/2009 号法律第 66 条⑧对公证制度作出进一步修改,尽管修改程度非常有限。最重要的变化有两个,即废除 2005 年引入的计算机预选测试(前已述及),以及明确口授试题后未在场的考生将被取消考试资格,即等同于该考生未通过考试。

然后是对电子文件的规定,这并非专为公证人规定的,但是与公证人密切相

---

① Art. 11 co. 7 Dlgs 166/2006.
② 1953/1926 号皇家法令第 25 条(已由第 166/2006 号法令废除):"口试是公开的。委员会的每个成员都可以就任何内容对考生进行提问;但一般来说,主席在每次笔试中委派一名委员就一个或多个主题向考生提问。每位考生口试结束后,将根据上条中的规则进行打分。秘书记下每组的分数,使它们出现在过程纪要中。如果每门科目获得 30 分,并且三门口试总分不低于 105 分,则通过口试。"
③ 条文内容如下:"1.在口试开始之前,公证人考试委员会确定口试评价标准。2.口试是公开的。3.主席在每次会议上指明委员向考生提问的主题,但不影响小组委员会每位成员均可就任何内容向考生提问。4.每位考生完成口试后,小组委员会根据每位委员的分数给每门科目打分,最高不超过 50 分。为此,每位委员拥有从 0 到 10 分的投票权。要通过口试,每门科目的最低分数要求为 35 分。5.判断考生未通过口试需要说明理由。如果判断通过,评阅的分数可视为通过的理由。6.秘书记下每门口试的成绩或理由,使其出现在口试过程纪要中。"
④ Art. 12 co. 1 Dlgs 166/2006.
⑤ Art. 12 co. 3 Dlgs 166/2006.
⑥ Art. 12 co. 4 Dlgs 166/2006.
⑦ Art. 12 co. 5 e 6 Dlgs 166/2006.
⑧ 条文内容如下:"1.取消公证人职位分配考试的计算机预选考试。2.在 1926 年 8 月 6 日颁布的第 1365 号法律第 1 条第三款的(b)项之后,插入以下内容:(b)项之(2)之前的三门考试中没有被宣布未通过;口授题目后因考生未到场而取消考生考试资格即等同于考生未通过考试。3.为适用第 2 款的规定,不考虑本法生效前(根据旧法)宣布考生未通过的声明。4.2006 年 4 月 24 日颁布的第 166 号立法令第 5 条第 5 款由以下内容代替:"5.该委员会通过三个小组委员会运行,每个小组委员会由五名成员组成,分别由主席、副主席和由主席选出的第 1 款 c)项中的一名法官分别担任小组委员会主席"。5.2006 年 4 月 24 日颁布的第 166 号立法令第 10 条第 4 款中的"两个小组委员会"替换为"三个小组委员会"。6.下列规定被废止:(a)1995 年 7 月 26 日颁布的第 328 号法律第 1 条法律第 1 条第 6、7 款;(b)1926 年 11 月 14 日颁布的第 1953 号皇家法令第 9 条第 4 款;(c)1926 年 8 月 6 日颁布的第 1365 号法律第 1 条第三款第(c)项;(d)1913 年 2 月 16 日颁布的第 89 号法律第 5 条之二、第 5 条之三和第 5 条之四。7.1926 年 11 月 14 日颁布的第 1953 号皇家法令第 9 条第 3 款被以下内容取代:"公证人任命考试每年举行一次"。

关。具体而言,根据上述法律第 65 条①,规定了公证制度应适用数据电文的新规定,后者由 82/2005 号立法令首次予以规定。在第 29/2009 号法律颁布之后,通过第 110/2010 号立法令②专门制订了起草电子公证文书的规范,这里不予详述。

最后需要注意的是,通过 150/2011 号立法令第 26 条③对公证人纪律措施进行了改革,并通过第 205/2017 号法律第 495 条④解决了与地区公证机构有关的问题以及将电子公证文书传输至公证档案馆的问题。

---

① 条文内容如下:"1.政府被授权在本法生效之日起一年内,在遵守第 5 款所述原则和指导标准的情况下,颁布一项或多项关于公证人制度的立法令,立法令的内容包括起草公证文书、验证文书、保存目录和登记册、保存公证文件,以及更正公证书数据转录错误有关的电子信息化处理程序。2.第 1 款中提到的立法令,应与行业法相一致,并符合第 5 款中提到的原则和指导标准,并与其他现行规定进行必要的协调,包括形式上的协调。3.立法令草案须根据司法部部长提议,经济和财政部长以及公共行政和创新部长批准,随后转交给议会,听取议会主管委员会的意见,对草案的意见应于传送之日起三十天内提出,此期间经过,如果各委员会没有提出意见,则立法令予以颁布。如果该期间在第 1 款规定的期间届满前三十天或其后届满,则 1 款规定的期间延长六十天。4.自本条规定的立法令生效之日起十八个月内,可根据第 3 款规定的程序发布一项或多项修改和补充法令。5.在执行授权立法过程中,政府应遵守以下原则和指导标准:(a)普遍使用电子信息系统和程序,确保在任何情况下履行公证职能的确定性、安全性和正确性,符合 2005 年 3 月 7 日颁布的第 82 号法令涉及数字管理法中的一般性规定;(b)在不损害第三方权利的情况下,由公证人自己通过自己的证明,纠正在起草公证文书之前存在的数据转录中的错误或重大遗漏。

② Decreto Legislativo 02/07/2010 n. 110 (G. U. 19/07/2010 n. 166).

③ 条文内容如下:"1.有关 1913 年 2 月 16 日颁布的第 89 号法律第 158 条和第 158 条之九分别规定的纪律处罚以及事先措施的争议,除法律另有规定外,适用简易程序。2.地区纪律执行委员会作出的纪律决定,委员会所在的管区的上诉法院具有管辖权。如果上诉法院根据 1913 年 2 月 16 日颁布的第 89 号法律第 158 条之七第 2 款采取事先措施,委员会所在地最近的管区的上诉法院具有管辖权。检察官须要参加审判。3.针对纪律措施的上诉必须由利害关系人在收到决定通知后的三十天内提出,如果没有收到通知,须在决定存放(deposito)后的六个月内提出,否则不予受理。对事先措施的上诉要在收到处罚决定的十天内提出,否则不予受理。4.只有在《民事诉讼法》第 360 条第一款第三项和第五项规定的情形下,可以就上诉法院对纪律处分的决定向最高院提出申诉。5.就上诉法院对事先措施的决定,在违反法律的情况下可以向最高院提出申诉。6.最高法院在听取各方意见后在议事厅作出判决。"

④ 条文内容如下:为完善公证档案管理工作,控制费用支出,维护国家公证基金社会保障平衡,根据 1913 年 2 月 16 日颁布的第 89 号法律,现作如下修改:(a)将第 4 条第 2 款替换为以下内容:"2.确定公证人人数和居住地的表格必须在上诉法院和公证人委员会听取意见,每七年进行一次审查,根据第一款确定的标准,考虑到公证人收到或认证的契约数量和类型的统计趋势变化,在合适的情况下,可在较短的时间内进行部分修改";(b)在第 65 条第 3 款之后增加以下内容:从第 9 款所述法令规定之日起,公证人应利用电子方式和数字格式向公证档案中心办公室传送以下文件,以便存入中央计算机档案系统,传送的文件包括第一款中提到月度目录表,以及金额和价值登记簿的季度副本,或否定性认证,以及任何其他相关文件,并通过管区公证档案馆支付款项,支付款项存放在由公证档案中心办公室管理的邮政往来账户。公证档案管理部门在现行区公证档案管规定的期限内,代其向国家公证人委员会和国家公证基金支付款项并预扣 2%的溢价。税款和缴款的结算以及公证人支付的金额的管理,滞纳金的申请和追缴属于区公证档案管的职责。根据第 114 条的规定,以公证档案中心信息档案库保管的信息表副本中提取的数据取代公证行为涉及的各方当事人的索引文件。由公证档案管理部门对本条所指的由公证档案管保存的纸质版本的月度副本进行信息化处理作出规定。由司法部部长颁布一项或多项法令,与经济和财政部长以及公共行政部长达成一致,并与国家公证人委员会、个人数据保护机构和意大利数字机构协商后,在遵守 2005 年 3 月 7 日第 82 号法令的规定的情况下,确定第四款所述副本的格式以及电子传输,以及第四款和第五款所述的付款,以及纳入中央计算机档案的文件和数据的保存、检索和使用的实施细则。前文规定的生效日期和区公证档案管履行相应义务的终止日期也要一并确定。(c)在第 93 条之三的末尾添加以下段落:"第一款之二,关于纪律程序的促进行为适用 1990 年 10 月 10 日颁布的第 287 号法律第 8 条第 2 款的规定。"

匈牙利公证制度概述

刘浅哲*

公证制度起源于11、12世纪的意大利,被分为大陆法系国家为主的拉丁公证制度(Latin notary)和以英美法系国家为主的益格鲁-撒克逊公证制度(Anglo Saxon notary)。匈牙利深受大陆法系的影响,因此其公证制度也是基于拉丁公证的框架而建构。目前,匈牙利已经形成了一套比较完整的公证制度规范体系。该规范体系的效力层级由高到低依次为法律、司法部部长命令以及匈牙利公证行业的自治规范。在法律方面,其中以1991年颁布的《公证人法》与2008年颁布的《特定非讼事件公证程序法》为主要规定,同时在匈牙利《民法典》《民事诉讼法》等法律中也有大量关于公证的规定。本文将根据上述这些规定,以匈牙利公证人的职能为线索对匈牙利公证制度的几个方面展开介绍,以期为我国公证制度的理论研究提供些许参考。

一、公证人的角色定位

就匈牙利公证人的角色定位而言,可以说匈牙利公证人是非讼领域的法官,有学者认为匈牙利"公证人的地位在性质上与法官的地位最为接近"。② 具言之,主要表现在以下两个方面:(1)公证职权的司法属性。匈牙利宪法法院在关于公证人的行为或活动的性质的判决中,认为公证人属于国家司法系统的一部分,只能在法律规定的职权范围内以国家名义行事,预防纠纷与保障交易安全。③ 同时,匈牙

---

* 本文作者:刘浅哲,湘潭大学法学院博士研究生。

② Tóth, Ádám. "The Notaries' Profession in Hungary." In: Sándor, István (ed.): "Business Law in Hungary."Patrocinium, Budapest, 2016, p. 82.

③ Szécsényi-Nagy, Kristóf. "New functions of Hungarian civil law notaries." Acta Juridica Hungarica 50 (2009), pp. 220-221.

利《公证人法》第1条第4款规定作为国家司法体系的一部分,公证人可以在法律规定的权限范围内执行司法公务。《公证人法》第5条第2款规定公证人基于公证程序所作出的决定与地区法院的裁判具有同等效力。《特定非讼事件公证程序法》第1条第2款规定,公证人开展的非讼程序与法院的非讼程序效力相同。同时,上述法律还规定了许多与法官开展诉讼程序相类似的制度和原则,比如回避制度、送达制度、中立原则、独立原则等。(2)公证职能的非讼性。匈牙利公证人的职能除了提供最传统的制作公证文书等服务之外,相当一部分的职权是处理非讼事件,并且法律规定的由公证人处理的非讼事件的种类还在持续增加。公证人对非讼事件职责的承担,在很大程度上缓解了匈牙利法院的案件数量过载的压力。值得注意的是,匈牙利公证人的职能将在具有明显官方性质的非讼领域不断拓展。尤其是在匈牙利加入欧盟之后,匈牙利官方与公证人对于这一发展趋势的推动更为积极,目的就是赋予匈牙利公证人更多的官方职能,使其不仅能够从欧盟竞争规则等条约中得到豁免,而且可以保留匈牙利公证人的一些垄断地位,免于受到其他强势法律职业的冲击,并最大化地发挥出公证制度的预防功能。这一发展趋势也促使了匈牙利公证制度在公证人的执业区域、公证收费等方面发展出与其角色定位相适应的制度安排。

二、非讼事件公证程序

根据《公证人法》第1条第5款的规定,公证人实施的公证程序属于民事非讼程序,除依《公证人法》关于公证程序的规定之外,还应当适用《特定非讼事件公证程序法》的相关规定。可以说在匈牙利,法律将公证人的公证程序赋予了非常浓厚的司法性质,将公证人的公证活动框定在非讼程序的构架中进行,赋予公证人非讼裁判权。其实匈牙利的这一制度安排并非是一种创新,而是对公证制度非讼本质的回归。因为自从非讼与诉讼裁判权分离之后,公证人基于其角色传统,就成为管辖非讼事件的独立机构。而匈牙利基于其特定国情形成了一套与法院非讼程序相类似的公证非讼程序体系。具言之:在法律效力方面,根据《特定非讼事件公证程序法》第13条第1款的规定,公证人通过非讼程序所作决定的效力等同于地区法院裁决的效力。在程序类型方面,根据匈牙利《公证人法》《民法典》,尤其是《特定非讼事件公证程序法》的规定,除了制作各种公证书的非讼程序外,还有如下几类主要的特定非讼事件公证程序:(1)开展各类公证登记程序,并且负责保存相关的登记册。比如管理同居声明登记册、担保权益登记册、国家抵押登记册、机动车抵押登记册、国家遗嘱登记册等。其中每一种公证登记程序,都是为了保障其对应的民事实体法律制度稳定运行,预防纠纷的产生;(2)关于支付命令的程序;(3)公证调解程序;(4)涉及继承事宜的非讼程序;(5)关于初步证据认定与选任专家证人的程序；(6)已注册同居关系终止程序；(7)证券、文件的法律效力废止程序；(8)对可执行的公证书与支付命令发布执行命令的程序；(9)其他非讼程序,包括提存与各类保管程序,后者比如保管文书、遗嘱、现金、贵重物品和证券等。提存、保管程序与其他公证程序密切联系,一般都是为其他公证活动的顺利开展起辅助作用。

三、公证人的执业区域与形式

在匈牙利,公证人必须严格遵守执业区域的规定,只能在法定的执业区域范围内开展公证业务。根据《特定非讼事件公证程序法》第5条第3款的规定,如果公证人在其执业范围之外实施公证行为,此行为将不具有法律效力。设置公证人执业区域的目的不仅是为了防止公证人间的无序竞争,同时也是为了保障全国各地的公证服务能够得到均衡发展,为寻求法律服务的公民提供尽可能接近公证服务的机会。根据《公证人法》第12条的规定,原则上公证人的执业范围与其所在地的地区法院管辖区域的范围一致。其中在匈牙利首都布达佩斯的公证人可以在首都全域内执业。如果公证人所在地没有对应的法院,那么其执业区域的范围将由司法部部长以部长命令的形式确定。并且为了保障各地公证服务的不间断与质量,主管部门每年都会对公证人的职位数量与执业区域进行审查。同时,为了保障交易的便利性与灵活性,促进市场经济的活跃发展,也存在例外的情况,比如公证人可以受理来自全国范围内的支付命令程序的申请。目前,匈牙利总共有300多名公证人。在大多数公证执业区域内,不止一名公证人在工作,因此可以说当地居民获得公证服务比诉诸当地法院更容易。

就公证人的执业方式而言,除非有紧急情况等正当理由外,公证人必须在其注册的公证办公室内开展公证活动。经地区公证人协会的批准,同一执业区域内的两名或两名以上的公证人可以组成联合公证办公室。虽然组成了联合公证办公室,但是其中的公证人仍是以个人名义对外开展业务,独立承担责任。同时,根据《公证人法》第31/A条中第1款与第3款的规定,公证人也可采取公证处的形式来开展公证活动,公证处具有法人资格,除了依据《公证人法》的相关规定外,其设立、登记、营运、控制、终止及责任,以及其成员之变更、合并及分立,适用《民法典》中关于有限责任公司的规定。

四、匈牙利公证行业自治组织

匈牙利公证行业的自治组织为公证人协会,立法者在当时的《公证人法》法案前言中着重强调了全国的公证人必须形成自治组织,以便通过该组织来实现公证行业的内部管理,并通过该组织以赋予公证人个人强制性的会员身份的方式来监督公证人是否认真履行国家赋予的职责。① 该协会的层级设计与上述公证人的执业区域的规定有着密切的联系,这也是为了公证协会方便监督本执业区域内的公证人。具言之,匈牙利公证人协会分为两个层级,即匈牙利国家公证人协会与地区公证人协会。其中根据公证人执业区域的划分,全国共有 5 个地区公证人协会,分别为布达佩斯地区公证人协会、米什科尔茨地区公证人协会、塞格德地区公证人协会、佩奇地区公证人协会、久尔地区公证人协会。公证员、副公证员和见习公证员都是当地地区协会的成员。同时,匈牙利国家公证人协会由上述 5 个地区公证人协会组成。

公证人协会出台的内部规则也是公证人行为规范的重要法律渊源,并且也是公证职业独立化的重要表现。主要包括如下几种:一是行为准则。这些准则均是由匈牙利公证协会理事会通过的对全国公证人具有强制效力的规范。大部分内容均是对法律与司法部长命令的解释与细化,这些准则具有填补法律漏洞的功能。二是决议。这些决议均是由国家公证人协会的相关委员会通过的,比如关于职业道德问题的决议、见习公证员的职责的决议。三是决定。国家公证人协会主席以及各地区协会负责人所作出的决定对公证人来说也具有强制效力,特别是关于职业伦理与职责方面的问题。②

五、公证行业的信息化建设

匈牙利公证行业的信息化处于一个较高的水平,很多公证业务,尤其是非讼业务已经可以实现线上办理。我们以公证登记程序与支付命令程序的为例。首先,在公证登记程序方面,这些登记程序基本上以电子化的形式进行,它们不是纸质登记簿,如国家遗嘱登记册。③ 根据《公证人法》的相关规定,由匈牙利国家公证人协会负责统一管理并运营公证登记程序的数字化系统,同时负责公证电子档案等信息的存储与安全保障。其次,在支付命令程序方面。该程序已经实现了当事人申请、审查、出具决定的全流程线上化。根据匈牙利国家公证人协会的支付程序命令系统的设计,以电子方式提交的支付命令签发申请将自动分配给各公证处,并且系统会保障各公证处在这方面的业务数量基本均等。所以基于线上形式展开的公

---

① Szécsényi-Nagy,Kristóf. "New functions of Hungarian civil law notaries." Acta Juridica Hungarica 50 (2009),pp. 213-227.
② Tamas Molnar,"The Assertion of Fundamental Principles Relating to Civil Law Notaries in the 21st Century with Special Focus on Hungary,"Pro Futuro-A Jovo Nemzedekek Joga/Pro Futuro-Law of the Future Generations 2019,no. 4 (2019),pp. 25-45.
③ Id. ,p. 31.

证支付命令程序,绝大多数当事人都没有自由选择公证人的权利,只能通过系统将提交的申请自动分配给公证人。并且如果要执行已经生效的支付命令,也只能选择向发出该支付命令的公证人申请执行。所以这就使得支付命令程序从申请到最后的执行,都实现了自动平均分配,所以几乎没有当事人选择公证人的空间。[①] 可以说,这一模式突破了拉丁公证制度中当事人自由选择公证人的原则。之所以选择这种模式,是因为支付命令程序属于不受执业区域规则限制的例外情况,这样设计可以防止全国公证人在这方面出现市场竞争或者业务发展不均衡的现象。当然,这也与匈牙利公证人在非讼领域中类似法官的角色定位紧密相关。

六、公证收费

在匈牙利,根据《公证人法》第 6 条的规定,公证人的收费必须严格遵守国家规定,也即固定费用原则。在收费形式上分为公证费与报销有关成本支出两个方面。公证人对不同的公证非讼事件根据相应的规定收取公证费以及报销费用。在 2018 年,匈牙利司法部对公证收费制度进行了调整,并颁布了新的公证费用法令,于 2019 年 7 月 1 日正式生效,这一法令对公证固定费用原则进行了强化。公证人对上述费用不存在任何自由裁量的余地,公证人必须按照国家规定的费用进行收取,不得私自增减。可以说固定收费原则与匈牙利公证人的非讼领域的法官角色定位息息相关。此外,固定费用原则也与公证人的独立性和中立性原则相关联,即固定费用的设计是这些原则得以运行的基础。有学者认为相较于市场定价而言,固定费用的设计,不仅可以显示出公证人的公信力与公共性,而且能够避免公证人间的价格竞争,真正降低人们办理公证的成本,增强公证服务的可及性。

七、公证人的民事责任

匈牙利公证人虽然与法官的角色十分接近,行使的公证权具有国家公共权力的属性,以中立的身份来开展公证活动。但就公证人本身而言并不属于国家公职人员,其独立行使公证职权和承担民事责任。换言之,公证人对其专业活动过程中的行为承担全部责任,这些行为不涉及国家责任。根据《公证人法》第 10 条第 1 款的规定,公证人应按照《民法典》的有关规定承担其在执行职务的过程中所产生的损害赔偿责任。在实际的公证业务开展的过程中,公证人可以雇佣副公证人与见

[①] Viktor Rak; Tamas Balogh,"The Nationality Requirement Case of Hungarian Notaries,"Hungarian Yearbook of International Law and European Law 2017(2017), p. 468.

习公证人。关于副公证人和见习公证人的责任,一般情况下是由公证人承担替代责任,因为他们只能根据公证人的指示行事。同时,《公证人法》第10条第2款规定了强制责任保险,规定要求必须购买价值至少1亿匈牙利福林的责任保险来支付赔偿和损害。该责任保险由匈牙利国家公证人协会统一购买,与保险公司签订保险合同。在有些情况下,公证人个人也可以购买补充责任险。

乌兹别克斯坦公证制度的转型

蔡 勇*

在 2021 年 12 月 3 日举行的国际公证联盟成员大会上,乌兹别克斯坦被正式批准加入国际公证联盟,成为联盟的第 91 个成员,标志着这个中亚人口最多国家的公证制度完成了从苏联模式到大陆法系模式的转型。相对于哈萨克斯坦从 2003 年起三次递交申请,等待了 18 年时间才得以和乌兹别克斯坦同一天加入国际公证联盟,乌兹别克斯坦的入盟历程则要顺利得多,从 2020 年 8 月 28 日递交申请,仅用了一年多时间就顺利加入国际公证联盟。

近年来,乌兹别克斯进行了一系列大刀阔斧的公证改革,其中包括:明确将公证制度定位为预防性司法制度,将公证改革纳入国家行动战略的框架;把乌兹别克斯坦公证制度定性为拉丁公证(又称大陆公证);修改《公证法》和《民法典》等相关法律,强化公证在民事法律活动中的职能作用;实施公证体制改革,激发公证人职业群体活力,公证人从"国家公证人"转型为"自由职业公证人",行使公共职能并且受严格管控监督;大力推进公证信息化建设,打造由司法部直接管理、全公证行业统一的公证信息化平台;推出改善公证服务质量的具体措施,等等。得益于政府推进公证改革的决心与力度,乌兹别克斯坦实现了向大陆法系公证制度的彻底转型,改革效果初步显现。

一、改革前的乌兹别克斯坦公证

乌兹别克斯坦拥有 3400 多万人口,是中亚五国中人口最多的国家。自 1991 年独立后,乌兹别克斯坦很快就建立了自由职业公证人的公证体系。然而,由于立

---

* 本文作者:蔡勇,司法部公证理论研究与人才培养基地特邀研究员。

法配套的不完善、制度设计的缺陷以及一些自由职业公证人所犯的严重错误,第一次公证制度转型仅仅开始几年就以失败告终,乌兹别克斯坦重新回到了国家公证体制。第一次公证体制改革失败表明,如果缺乏全盘统筹的制度设计和立法配套,公证体制转型不仅难以成功,而且很可能会动摇公证制度的根基。

但是,回归国家体制以后,乌兹别克斯坦公证行业严重缺乏活力,难以满足民众和社会的公证服务需求。该国司法部发现,公证活动中存在的制度性问题和短板,阻碍了国家政策在公证领域的全面落实;公证制度预防纠纷的职能也无法在经济、家庭、继承和不动产等领域充分发挥。公证活动存在的问题主要有:公证服务质量差、效率低;公证当事人排队等候情况严重;公证服务脱离基层民众;公证制度落后于社会发展;公证从业人员缺乏创新意识;公证信息化水平低下,公证行业与公共部门之间的信息化协作不足;对公证人履职缺乏有效的监督机制,等等。

二、重启公证改革

2016年12月,米尔济约耶夫当选乌兹别克斯坦总统,他上任后首先推出的重大举措之一便是颁布《乌兹别克斯坦共和国2017—2021年五个优先发展领域的行动战略》的法令,加速推进经济、司法、行政等领域的改革,及时回应民众和社会的关切。公证制度的改革也被纳入该《行动战略》,其主要目标是充分发挥公证的预防性司法职能,预防法律纠纷,使公证制度成为保护公民和企业民事权益的重要机制。

在上述《行动战略》的框架下,2018年5月25日,米尔济约耶夫总统签署了《关于进一步完善公证制度作为预防性司法机制的措施》的法令,力图通过采取多方面举措,提高公证服务质量,增强公证制度在保护个人和企业合法权益方面的作用和重要性。

2019年9月9日,米尔济约耶夫总统又签署了《关于对乌兹别克斯坦共和国公证制度进行彻底改革的措施》的法令,该法令规定的核心措施包括:从2020年1月1日起,国家公证人逐步转型为自由职业公证人;成立乌兹别克斯坦公证人公会,所有自由职业公证人必须加入公证人公会;自由职业公证人对其公证行为过错独立承担民事责任,并且必须购买民事责任保险;自由职业公证人自主设立公证人事务所,自主经营,在司法部和公证人公会的双重管控监督下开展公证活动;确定乌兹别克斯坦共和国司法部为全国统一的信息化公证平台"公证人"的技术支持和维护机构,与相关国家机构实现信息交互,推进电子公证文书,等等。

三、走向公证人本位的自由职业公证人体制

为配合上述三个总统法令的实施,乌兹别克斯坦修改或颁布了一系列法律法

规和部门规章,在几乎令人难以置信的短时间内,实现了从苏联模式"国家证明权"制度到大陆法系"民法公证人"的彻底转型。从2020年1月到5月,乌兹别克斯坦在全国完成了国家公证人到自由职业公证人的转型。根据乌兹别克斯坦公证人公会提供的数据,截至2021年9月,全国共有885名自由职业公证人,占公证人总数的99.5%。为了保障偏远地区的公证服务,只有极个别的国家公证人得以保留,但是,将来这些极个别的国家公证人一旦能够在经济上实现自给自足,也将逐步转型为自由职业公证人。

在立法方面,首先是对《乌兹别克斯坦公证法》进行了修改,建立了以个人事务所形式执业的自由职业公证人制度。建立全国公证人公会,所有的自由职业公证人均自动成为公证人公会的成员,其行为受司法部和公证人公会的双重监督。公证人由司法部任命,其数量和地域分布由政府决定。《乌兹别克斯坦公证法》第8-1条规定,自由职业公证人设立自己的个人事务所,事务所不具有法人地位。事务所的银行账户以公证人的个人名义开立,由公证人个人享有和承担事务所的财产性与非财产性的权利和义务。公证人自主决定与雇员订立和终止劳动合同。公证人以自己的名义从事公证活动,并执行法律规定的其他行为。

立法明确了自由职业公证人行使的是公共职能。根据《乌兹别克斯坦公证法》第12条的规定,公证人印章上印有乌兹别克斯坦共和国国徽图案,这表明了公证人是在代表国家行使公证职能。乌兹别克斯坦政府内阁批准的《关于私人执业公证活动的组织条例》明确规定,公证人是公共关系的参与者,是在公证领域履行国家职能的人。

《乌兹别克斯坦公证法》第30条规定,公证人事务所是公证人开展公证活动的场所,公证人只有在法律规定的情况下,方可在其工作场所以外执行公证行为。根据《关于私人执业公证活动的组织条例》,自由职业公证人应当是事务所办公场所的产权人,拥有使用和处分该不动产的权利。公证人事务所在政府划定的公证辖区内设立,公证人只能在其公证辖区内执行公证行为,但是公证人在公证辖区范围之外进行公证行为的事实不应成为认定该行为无效的理由。

《乌兹别克斯坦公证法》第19条规定,公证人违反职责,依法承担责任。国家公证人因违反其职责而造成的损害由国家承担赔偿责任,而自由职业公证人因公证行为违法造成个人和企业财产损失的,由公证人独自承担民事责任,国家不承担赔偿责任。《公证法》第19-1条规定,从事私人执业的公证人在进行公证活动时,必须购买公证人民事责任保险,否则不得履行职责和进行公证行为。自由职业公证人的执业行为对个人或者企业财产造成损害时,应当按照公证人民事责任保险合同规定的保险金额予以赔偿;在民事责任保险不足以赔偿损失时,由公证人的个人财产进行赔偿;如果公证人的个人财产仍然不足以赔偿,则由公证人公会的赔偿基金承担赔偿责任。

  在明确公证职能定位的前提下,乌兹别克斯坦通过公证改革实现了公证制度的成功转型,选择了回归大陆法系公证传统,建立了具有公共职能和自由职业双重特征的拉丁公证人职业制度。经过慎重考虑,乌兹别克斯坦政府最终决定保留大陆法系的公证传统,并且对其进行了适应本国经济和社会发展的立法改革。

越南公证活动的社会化进程*

张红旺

越南自2006年推行公证活动社会化政策以来,公证机构和公证员人数量速增长,公证从单纯的行政行为向法律服务转变,在保障民事交易安全,优化营商环境,减轻国家财政负担以及满足人民群众日益增长的法律服务需求等方面发挥了关键作用,为越南的经济社会发展做出重要贡献。[①] 本文将对越南实施公证活动社会化政策的基本情况以及在此过程中的遇到的几个主要问题进行说明,希望能为我国的公证体制改革提供些许借鉴。

一、越南公证活动社会化的基本情况

公证活动社会化是越南执政党和政府的重要司法改革政策之一。越共中央政治局在2005年6月发布的第49/NQ-TW号决议《2005—2020年司法改革战略》中明确提出"建设公证的国家管理模式,朝着国家只设立适当的公证机构的方向发展;采取相应措施逐步将公证活动社会化"。[②] 此外,根据该决议的精神,公证办公室将被改为社会公证组织或过渡到财务自理体制,以减少公务人员编制和国家财政负担。

越南国会于2006年11月29日通过了第82/2006/QH11号《公证法》(以下简

---

* 本文在《人民法院报》2022年5月27日第8版刊文的基础上进行了适当修改。
本文作者:张红旺,湘潭大学法学院博士生。
① 参见《越南公证法实施五年总结》,载 https://tapchitoaan.vn/bai-viet/phap-luat/tong-ket-5-nam-thi-hanh-luat-cong-chung5704.html,最后访问日期2020年3月20日。
② 该决议全文参见越南共产党电子报网,载 https://tulieuvankien.dangcongsan.vn/he-thong-van-ban/van-ban-cua-dang/nghi-quyet-so-49-nqtw-ngay-262005-cua-bo-chinh-tri-ve-chien-luoc-cai-cach-tu-phap-den-nam-2020-272,最后访问日期2022年3月20日。

称"2006年《公证法》"),后于2014年6月20日通过了第53/2014/QH13号《公证法》(以下简称"2014年《公证法》")。上述两部法律为越南公证活动的专业化、社会化发展奠定了法律和制度基础。越南公证活动社会化的主要表现为:国家不再垄断公证服务的供给,鼓励符合条件的公证员开办社会公证组织;对于主动设立在经济、社会发展落后地区的社会公证组织给予一定的优惠政策;对于因经济、社会发展特别落后而难以设立社会公证组织的地区,通过设立公证办公室来保障其公证服务需求。

自实行公证活动社会化政策以来,越南公证事业取得了长足发展。据统计,截至2019年底,越南共有2782名公证员,其中公证办公室公证员383名,社会公证组织公证员2399名;共有1151家公证机构,包括120家公证办公室和1031家社会公证组织。120家公证办公室中有33家改为经常性支出和投资支出自理单位;有50家改为经常性支出自理单位,①而在2006年2月以前,越南仅有公证机构123家,公证员380人。在2014年《公证法》实施的5年中,越南共办理公证案件2700多万件,认证案件近5200万件,年均办理公、认证案件共1580万件;公证收费近8.5万亿越南盾,认证收费近3460亿越南盾,纳税和上交国家财政共约1.7万亿越南盾。② 目前,越南63个省、直辖市均设立了社会公证组织。社会公证组织的设立和发展有助于减轻政府的公证服务供给和财政支出压力。

二、越南公证组织的法律性质及其改革历程

(一)越南公证制度的公证机构本位

越南是拉丁公证制度国家中少有的与中国一样实行机构本位的国家,其公证机构本位主要体现在以下几个方面:一是在执业形式和执业登记方面,公证员的执业形式包括公证办公室所属公证员、社会公证组织设立公证员以及与社会公证组织签订劳动合同的公证员三种,但无论哪种形式的公证员都须经所在公证机构向当地司法行政部门注册登记后方能执业。二是在公证程序方面,公证文书须加盖公证机构印章后才具法律效力。三是在公证责任方面,根据2014年《公证法》第38条,公证过程中,由本单位的公证员、职员或与之合作的翻译者造成的损失,公证机构要对公证申请人和利害关系人等先行赔偿。公证员、职员或与之合作的翻

---

① 以上数据参见《2022年越南公证法实施总结会议》,载 https://laichau.gov.vn/tin-tuc-su-kien/chuyen-de/tin-trong-nuoc/hoi-nghi-toan-quoc-tong-ket-thi-hanh-luat-cong-chung.html,最后访问日期2022年3月20日。

② 参见《越南2014年公证法实施五年情况的总结》,载 https://pbgdplthainguyen.gov.vn/news/hoat-dong-pbgdpl-cap-tinh/tong-ket-5-nam-thi-hanh-luat-cong-chung-nam-2014-208.html,最后访问日期2022年3月18日。

译者应全额支付公证机构已先行作出的赔偿；如不完全支付，公证机构有权向法院提起诉讼。

(二) 越南公证组织的法律性质

目前，越南的公证组织只有公证办公室(Phòng công chúng)和社会公证组织(Văn phòng công chứng)两种。其中，公证办公室由省级人民委员会决定成立，是隶属于司法行政部门的公共事业单位(Đơn vị sự nghiệp công lập)。公证办公室的负责人须为公证员且由省级人民委员会主席任免。社会公证组织是由2名以上公证员联合成立的合伙企业，其负责人需是有2年以上执业经验的公证员。社会公证组织有独立的财务和公章，根据财务自主的原则运作，以收取的公证费、公证酬劳和其他收入为经费来源。社会公证组织的合伙公证人需对公证组织的债务承担连带责任。但债权人只有在先要求社会公证组织偿还债务且其无法完全清偿的情况下，才有权要求合伙公证人承担连带责任。

(三) 越南公证组织的改革历史

越南在2006年通过制定《公证法》推行公证活动社会化政策之前，只有公证办公室一种公证组织形式。2006年《公证法》第26条规定了公证组织的两种社会化形式，即由单个公证人成立的私营企业(Doanh nghiệp tư nhân)和由两个及以上公证人设立的合伙企业(Công ty hợp danh)。在2006年《公证法》实施5年后，越南建立了487个社会公证组织，其中352个以私营企业形式运作，135个以合伙企业形式运作。虽然60个省和直辖市都设立了社会公证组织，但其中多达43个不存在以合伙企业形式运营的社会公证组织。

不过，实践证明私营企业的公证组织形式存在重大缺陷。因为一旦公证人死亡、生病或请假处理个人事务，整个公证组织将无法正常运作，尤其是在法律不允许其雇用公证员工作的情况下。在2006年《公证法》实施近四年后，司法部意识到该局限性，因而在其职权范围内表示不鼓励建立由单个公证人成立的公证组织，同时建议各省和直辖市人民委员会制定相应政策。此后该做法被2014年《公证法》认可，并专门在其第79条规定由单个公证人成立的私营企业形式的公证组织必须在本法生效之日起的24个月内转为合伙企业形式。

2016年底是落实2014年《公证法》第79条的截止日期。但此时，越南仍有178家私营企业形式的公证组织，约占社会公证组织总数的22%。这178个公证组织分布在54个省和直辖市，并主要集中在西南、北部三角洲和北部山区的一些地区。之所以无法按时转制，主要是因为没有足够的公证员建立合伙关系，尤其是对于设立在经济不发达地区的公证组织。对此，越南政府本打算请求国会发布一项决议以延长落实期限。然而，在2017年3月的工作例会上，越南政府决定不再继续起草请求国会发布关于延长执行 2014 年《公证法》第 79 条的提案,而要求各地坚决贯彻落实此规定,并责令司法部承担主要责任,要求其与各省、直辖市人民委员会协商制定解决方案。最终,私营企业形式的公证组织全部转为合伙企业形式。

三、关于公证机构执业目的之争论

越南于 2014 年修改公证法时,曾在草案中把"不以营利为目的"增为公证执业原则。此做法引起了各国会代表的激烈争论。[①] 关于该问题,主要有三种意见:

第一种意见是支持把"不以营利为目的"作为公证执业的基本原则。主要理由是:公证活动首先是为了帮助国家向社会提供公共服务,因此必须把服务放在第一位。同时,公证是国家授权的公共服务类型,国家也对某一地区的公证机构数量进行了限制,所以公证活动的竞争程度受到很大限制。因此,公证员、公证机构不能利用这些优势像通常的商业服务那般以营利为目的。还有人认为公证机构是"人合组织"而不是"资合组织",其主要根据设立公证人的声誉而不是出资额运作。如果允许出资人参与公证机构的设立,将无法确保公证活动的客观性。因为出资人可以用其出资来控制或"强迫"公证人进行不保证质量的公证行为。

第二种意见认为,公证组织根据《企业法》运作,没有国家补贴,自负盈亏。因此,即使提供公共服务,公证组织的活动也不能不考虑营利问题。另一方面,不以营利为目的将直接与《公证法》允许公证处转制或转让的规定相抵触。如果不允许以营利为目的,受让方或转制后的社会公证组织将如何补偿原公证机构因转制或转让而应得的款项。

第三种意见提出,越南《企业法》修正案中,正在考虑"社会企业"的概念,这是一种虽以营利为目的但只被允许按银行利率分红的企业。在分红之后剩下的营业收入将全部用于公证机构的进一步发展。部分国会代表认为可以根据这一组织形式来调整社会公证组织,并担心如果要求公证机构不得营利的话,恐怕会很少有公证员愿意主动设立社会公证组织。

或许是为了继续推行公证活动社会化政策,进一步鼓励社会力量积极参与到公证服务的供给之中,最终 2014 年《公证法》进行了折中——虽没有把"不以营利为目的"增为公证执业原则,但却在第 22 条明确了社会公证组织"无融资成员",也

[①] 参见《关于"公证不以营利为目的"的讨论》,载 https://baophapluat.vn/giay-nay-voi-quy-dinh-cong-chung-khong-vi-muc-dich-loi-nhuan-post178799.html,最后访问日期 2022 年 3 月 20 日。

即不承认有限合伙人的存在。①

四、关于公证机构的规划和设置问题

越南对于公证处的设立以总体规划的形式实行政府控制。2014年《公证法》第18条规定,设立公证执业机构必须遵守本法的规定,并符合国家总理批准的公证执业机构发展总体规划。同时规定,国家公证办公室只设立在一些还没有条件发展社会公证组织的地区。如果社会公证组织主动设立在经济、社会条件困难或特别困难的地区,则可享受政府规定的优惠政策。该原则这充分体现了公证活动的社会化政策。2014年《公证法》第69条规定,司法部需要拟定和提请政府颁布公证行业的发展政策,并提请政府总理颁布全国公证执业机构发展总体规划。第70条规定,省级人民委员会根据总理批准的公证执业组织发展总体规划,采取相应措施促进本地区公证执业组织的发展;决定设立公证办公室,确保公证处的设施和工作设施;依照本法的规定决定解散或转制公证办公室;颁布申请设立公证处的文件审查标准;决定许可公证处设立、变更和撤销决定,允许转让、合并公证处。②

2019年越南《规划法》取消公证规划,这对政府的公证管理工作提出重大挑战。当公证规划被取消后,各地设立公证组织的愿望强烈。司法部一直努力控制新设公证处的数量;许多省市也出台了较为严格的公证组织设立条件,但这都是情势的解决办法。③ 同时,公证组织的设立条件越严格,公证员设立公证组织的机会就越小;尤其对设立资金的要求越高,将导致公证员对社会资本的依附性越强。

---

① 参见陶维安:《公证法关于只允许公证组织以合伙形式经营规定的不足》,载 https://daoduyan.com/2020/04/su-bat-cap-tu-quy-dinh-van-phong-cong-chung-chi-duoc-phep-hoat-dong-theo-loai-hinh-cong-ty-hop-danh/,最后访问日期2022年3月20日。

② 本文列出的越南2014年《公证法》有关条文参照了苏国强、汤庆发、刘志云主编的《亚洲公证法汇编》(厦门大学出版社2020年版)所载越南公证法的汉语版。

③ 参见陶维安:《公证规划:需要审查公证执业机构的法律地位》,载 https://daoduyan.com/2020/09/quy-hoach-cong-chung-can-xem-lai-dia-vi-phap-ly-cua-to-chuc-hanh-nghe-cong-chung/,最后访问日期2022年3月20日。

卢旺达公证服务的民营化改革

常 芸[*]

自 2014 年起,卢旺达启动了为期三年的公证民营化制度改革,并根据社会需求不断巩固公证行业民营化的制度设计。改革后卢旺达公证机构从仅由政府特设公证处,转为政府公证处与民营公证机构并行;公证员由单一的公务员任命制,转为与个人许可制并轨,同时逐步放宽个人公证员的服务权限。这一系列重要举措,解决了卢旺达因经济迅猛发展以及国内土地改革而造成的公证服务需求陡增与公证机构及其人员数量严重不足的矛盾,为卢旺达经济发展、国际营商环境优化起到关键作用。本文将对卢旺达公证行业民营化的基本情况进行说明。

一、卢旺达公证服务民营化基本情况

允许个人担任公证员并组成民营公证机构,是卢旺达适应现代经济发展的一项重要司法改革。2014 年 8 月,卢旺达司法部在其发布的《司法部 2013—2014 年度工作报告》(以下简称:《报告》)中表明,新的公证法案着重强调公证的服务性,许可有资格的个人充实公证法律服务队伍,且个人公证员可组成民营公证机构,同时将逐步下放个人公证员在不动产交易等方面的服务权限。

改革以 2014 年至 2017 年的系列立法为主要路径,并注重在新法运行中不断与其他部门法衔接,使公证法律服务不断广泛化、灵活化、高效化。2014 年 5 月 21 日,卢旺达政府公报发布第 13bis/2014 号《公证处管理法》(Law governing the Office of Notary),规定了民营公证处的组织形式和公证员工作模式,赋予了经公证文件较高的证据价值和强制执行力,指明公证行为仅能由主管法院宣布无效。

---

[*] 本文作者:常芸,湘潭大学法学院硕士生。

2017年3月27日,卢旺达司法部实施第013/MOJ/AG/2017号《民营公证处管理办法》,细化了个人公证员的从业条件、工作方式和监督方式,允许符合要求的个人律师行使16项公证职能。同年,卢旺达陆续颁布《公证服务收费办法》《民营公证处准入办法》《公证员签章管理办法》等系列保障公证行业民营化运作的配套法案。2018年起,土地管理和使用管理局(RLMUA)开始强调个人公证员在土地交易公证方面的作用,赋予个人公证员除土地所有权之外的不动产交易相关的公证权限。2022年2月,个人公证员以特别许可方式正式被授予与公共(公务员身份)公证员同等的土地交易公证权限。

2017年的《民营公证处管理办法》一经颁布,便有47名律师申请成为个人公证员,6个月内公证了21371份文件,为国库带来了21527900卢旺达法郎。2018年4月25日,又有84名个人公证员获批执业,他们有权认证公司章程、合同、授权书、声明和证书副本。世界银行在《2020年营商环境报告》中将卢旺达列为世界第3位,称其在登记财产方面进行了最有利于商业的改革。在卢旺达公证行业民营化改革前,公证员数量与公证需求极度失衡,创业者要经过漫长的等待才能获取各种商业证书。改革后,数百名新公证员使商业证书获批缩短至半天。可以说,卢旺达公证行业民营化改革,真正做到了公证行业服务于国家经济发展、服务于民众生活。

二、卢旺达公证组织的行政层级分布及其改革历程

(一)卢旺达公证组织的行政层级分布

自前殖民时代以来,卢旺达一直受到严格的等级制度的统治。现行宪法将卢旺达分为省、区、城市、直辖市、城镇、部门、小区和村庄。基于地理因素,卢旺达将以前与最大城市相关的12个省划分为北部省、南部省、东部省、西部省和中部的基加利市,这5个省(市)充当国家政府与其组成地区之间的中间人,以确保国家政策在地区一级得到执行,政府公证处也以这样的行政区划进行设置和统一管理。

早期卢旺达公证体制具有严格的等级特征。2005年7月5日,卢旺达发布第29/01号总统令,颁布《政府公证员法令》(Government notary officers)。法令明确在司法部设置国家公证处,在每个省、基加利市以及各地区负责促进投资的政府部门分别设置一个公证处。各省负责司法事务的官员担任该省公证员,政府投资促进部负责公证工作的官员为负责投资事务的公证员。在此体制下,公证员以官员自有等级进行层级管理,司法部设国家公证处管理全国公证员,司法部部长可对公证员进行纪律制裁。此外,公证员履行职责时因疏忽或违反法律而造成的任何过失,均应承担个人责任。

当代卢旺达公证体制保留了司法部统一管理全国公证行业、司法部部长拥有

全国公证员管理权、公共公证员层级管理的特点。但个人公证员间相对平等,并赋予了民营公证业较大活力与市场性。根据2020年5月卢旺达法律改革委员会发布的《司法法律汇编》(第二版),个人公证员的组织和履行职责的方式应由法律来决定。在个人公证员的管理上,注重对公证员的执业准入、公证活动合法性等方面进行监督。

(二)卢旺达公证制度改革历史

卢旺达公证制度源于1953年的《公证契约法令》。自2005年《政府公证员法令》指定政府官员担任公证员,明确政府公证处总部和公证处层级管辖起,标志着卢旺达公证事务正式被纳入公共法律服务范畴。2014年4月25日,卢旺达发布总理第40/03号命令,公布关于公证服务民营化运作的全新立法计划,并确定新法案由法律改革委员会起草。同年5月《公证处管理法》出台,确定了公证机构的组织和执业模式,将公证员定义为公务员(civil servant)或者是经司法部部长授权的任何其他个人(or any other private person authorised by the minister),并且将土地管理部门的官员列入公证员任命范围。这标志着非公务员的个人正式被纳入公证服务从业人员队伍,同时开始将土地公证服务纳入该法调整范围。

2017年2月24日,卢旺达100/01号总统令发布《公证服务收费办法》,区分了公共公证员(public notary)和个人公证员(private notary)的收费标准,并特别规定了土地公证服务的费用标准。同日,卢旺达司法部发布第013/MOJ/AG/2017号和第011/MOJ/AG2017号部长令,公布了《民营公证处管理办法》和《个人公证员证管理办法》,分别确定个人进入和从事公证工作的方式、个人公证员的监督和其保存真实契约的义务,以及获得个人公证员证的方式。

公证员的个人团队由积极法律执业的律师和司法系统的合格人员组成,与公共公证员相比,他们以更灵活的方式开展公证活动。且自2017年起,司法部长有权根据各地区公证服务量,灵活确定公证员数量。到2018年,卢旺达民营公证机构逐渐普及全国。卢旺达公民可以在家中或者附近的民营公证机构,办理对证书,销售协议,合作章程和其他文件的公证服务,但有关土地所有权的公证除外。如果生病或有紧急情况时,可以电话预约个人公证员在家中办理公证事务。这对卢旺达公民来说是一种极大的便利,公证服务民营化改革前,卢旺达公民为了一项学位证书或文件的认证,要被迫前往数量极为有限的地区政府公证处,以获得公共公证员的认证,而这至少需要三天到一周的时间。

三、民营公证员办理土地交易公证情况

个人公证员土地公证服务权限开放前,公共公证员是唯一提供土地公证服务

的人,但公共公证员数量较少,又需要处理其他行政事务,导致土地交易手续的办理十分缓慢。为缓解土地交易公证需求与公证员数量不足的矛盾,卢旺达在2017年系列保障公证行业民营化运作的法案颁布后,进一步扩宽了个人公证员的服务范围。

2018年卢旺达土地使用和管理局(RLMUA)提出,要不断扩宽个人公证员在土地公证方面的权限,并采取允许个人公证员在对遗产继承中涉及不动产和矿产交易中涉及土地合同进行公证的方式,使个人公证员附带地提供土地交易相关公证服务,但仍不能提供土地所有权方面的公证服务。2020年9月,卢旺达法律改革委员会在卢旺达《土地相关法纲要》第三章土地所有权转让的第22条规定,由家庭代表进行的任何土地权利交易需要征得土地登记权利人的同意并签署同意书。同意书应以土地事务主管公证处提供的文本为准,或在土地事务主管公证员现场见证下签署自行准备的文本,即土地交易公证仅有公共公证员有权进行。

2022年2月14日,卢旺达RLMUA总干事Esperance Mukamana接受《新时报》(卢旺达杂志)采访时表示:"土地交易数量如此之多,压倒了公共公证员""土地交易服务完全由部门一级的公证员提供,但过程并不顺利,市民们抱怨这个过程太慢了",并公布了86名可提供土地交易公证服务的个人公证员名单。同时以官方名义宣布,如果个人公证员符合RLMUA设定的某些要求,即可提供土地公证服务,服务权限包括对涉及动产或使其无效的文件的遗嘱进行认证,对通过继承、捐赠、遗赠、租赁、出售、土地租赁,以及为第三方利益提供担保等方式转让土地和其他不动产的协议进行公证。该权限开放后的一个月,个人公证员已处理了772笔土地交易,其中339笔在基加利,133起在东部省,109起在南部省,61起在西部省,130起在北方省。该政策的施行,以较快缓解了土地交易公证需求与公证员数量不足的矛盾。